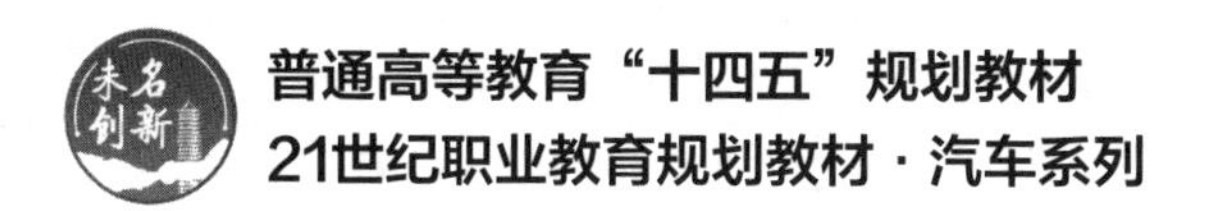

汽车保养与维护

主　编 ◎ 王　猛　霍　峰
副主编 ◎ 汪振凤　李　斌　张恩威　李洪元
参　编 ◎ 王伟银　赵　金　郑　义　于　友　王建国
主　审 ◎ 刘德发　韩卫东

图书在版编目（CIP）数据

汽车保养与维护 / 王猛，霍峰主编. -- 北京：北京大学出版社，2025. 5. -- (21 世纪职业教育规划教材）. -- ISBN 978-7-301-35950-1

Ⅰ. U472

中国国家版本馆 CIP 数据核字第 2025BX2710 号

书　　名	汽车保养与维护 QICHE BAOYANG YU WEIHU
著作责任者	王　猛　霍　峰　主编
责任编辑	周　丹
标准书号	ISBN 978-7-301-35950-1
出版发行	北京大学出版社
地　　址	北京市海淀区成府路 205 号　100871
网　　址	http://www.pup.cn　　新浪微博：@ 北京大学出版社
电子邮箱	编辑部 zyjy@ pup.cn　总编室 zpup@ pup.cn
电　　话	邮购部 010-62752015　发行部 010-62750672　编辑部 010-62704142
印 刷 者	山东百润本色印刷有限公司
经 销 者	新华书店 787 毫米×1092 毫米　16 开本　13.5 印张　345 千字 2025 年 5 月第 1 版　　2025 年 5 月第 1 次印刷
定　　价	45.00 元

前　　言

汽车养护是指根据车辆各部位不同材料所需的保养条件，采用不同的专用护理材料和产品，对汽车进行全新的保养护理的过程。

近年来中国汽车保有量不断攀升，汽车平均年龄不断增大，为汽车养护市场的发展提供了充足的动力。2018 年，中国汽车的产量和销售量均下滑，整车增量的停滞，一定程度上给汽车养护市场的发展提供了一个黄金期。随着汽车车龄的增加，车主对汽车养护市场的服务需求将呈现更强劲的增长。

职业院校汽车维修专业着力培养具备扎实汽车检修专业知识、熟练汽车检修技能和具有解决实际问题能力的汽车售后服务领域实践型人才。现在汽车维修企业日常工作中，车辆的常规保养的工作占工作量的一半以上，在汽车保养课程中，教授的内容应更接近实际工作，规范地进行车辆的保养工作，使学生更适应维修与保养岗位的工作。

本教材主要以理论和实践相结合的方式进行讲述。全书共分为十五个项目：汽车保养基础，机油及机油滤清器的认知与更换，空气滤清器的认知与更换，空调滤清器的认知与更换，冷却液的认知与更换，火花塞的认知与更换，传动皮带的认知与更换，汽油滤清器的认知与更换，自动变速器油的认知与更换，轮胎的认知与更换，车轮动平衡，盘式制动系统的认知、检查与制动块的更换，制动液的认知与更换，车轮定位的检测与调整，新能源汽车的保养。

每个项目均针对具体的、真实的车辆保养项目来进行。每个项目中又分为多个具体任务，每个任务会有一个任务报告，读者通过完成任务报告来巩固已学习的知识。任务报告在本书中分为两种形式：第一种是通过学习任务中的理论知识，并利用网络查找相关学习内容来完成任务报告；第二种是在学习完理论知识的基础之上，学习实践操作技能，来完成实践的任务报告。

本书由黑龙江农业工程职业学院王猛、霍峰担任主编；黑龙江农业工程职业学院汪振凤、李洪元，黑龙江职业学院李斌，黑龙江旅游职业技术学院张恩威担任副主编；哈尔滨华德学院王伟银，黑龙江农业工程职业学院赵金、郑义、于友，以及阿勒泰职业技术学院王建国共同参与编写。具体撰写分工如下：项目一由王猛编写，项目二由霍峰编写，项目三由汪振凤编写，项目四由李斌编写，项目五由张恩威编写，项目六、七由李洪元编写，项目八由王伟银编写，项目九、十由赵金编写，项目十一、十二由郑义编写，项目十三、

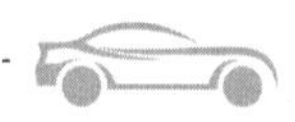

十四由于友编写，项目十五由王建国编写。由于编写水平有限，书中难免有不妥甚至错误之处，敬请广大读者给予批评指正！

本二维码内包含的测试题目、操作视频等内容，将会定期进行更新。敬请保持关注，以便及时获取最新信息。

读者扫描右侧二维码，即可获取上述资源。

一书一码，相关资源仅供一个人使用，二次扫码将无法获取资源。

本教材配有教学课件或其他相关教学资源，如有老师需要，可扫描右边二维码关注北京大学出版社微信公众号“北大出版社创新大学堂”(zyjy-pku) 索取。

• 课件申请
• 样书申请
• 教学服务
• 编读往来

目　录

项目一

汽车保养基础

知识体系

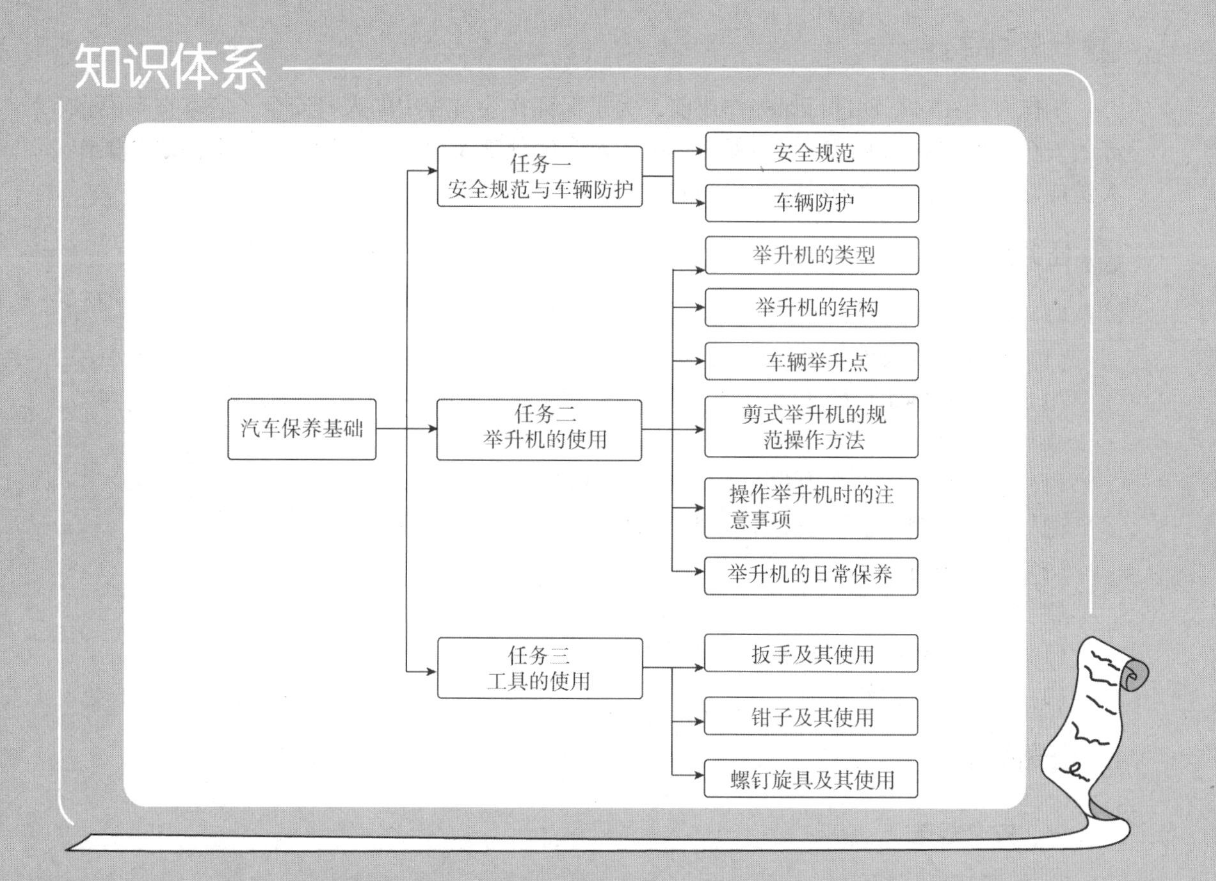

学习任务

本项目主要介绍汽车保养的基础知识，分为三个任务：

任务一：安全规范与车辆防护。

任务二：举升机的使用。

任务三：工具的使用。

通过三个任务的学习，了解工作人员在对车辆进行保养时应遵守的安全规范；掌握车辆防护内容和操作步骤；掌握举升机的使用规范，以及保养相关工具的使用规范。

任务一　安全规范与车辆防护

任务引导

工作人员在对车辆进行保养作业前，为了保证作业过程中的人身安全，应掌握车辆保养的安全规范知识。为了防止在保养过程中对车辆外部及内饰造成划痕或溅上油渍，工作人员应对车辆外部和内饰进行相应的防护。

任务目标

◎ 知识目标

（1）了解车辆保养的安全规范。

（2）掌握车辆防护的基本内容。

◎ 能力目标

（1）能严格遵守安全规范，保证人员人身安全。

（2）能根据规范的要求对车辆进行防护。

（3）严格执行工作现场 8S 管理。

◎ 素质目标

（1）培养吃苦耐劳的精神、安全意识。

（2）培养团队协作意识。

任务资讯

一、安全规范

1. 人员的着装与防护

工作人员的着装规范主要有：佩戴工作帽、穿清洁的工作服、扣紧袖口、不露出小臂、不佩戴手表和戒指、系无带扣的皮带（如果是连体工作服则无皮带）、穿安全鞋等。

（1）工作服：工作服必须结实、合身，袖口应收紧，不暴露皮肤。工作服主要分为分体式工作服和连体式工作服两种，如图 1-1 所示。

（a）　　　　（b）

图 1-1 分体式工作服和连体式工作服

（2）安全鞋：工作人员在工作时不要穿凉鞋、运动鞋，因为偶然掉落的物体会砸到脚上，容易受伤，工作人员在工作时要穿安全鞋，安全鞋前端带有防砸钢板，可以保护脚趾。

（3）工作手套：工作人员在提升重物或拆卸温度较高的部件时，建议戴上手套，能对手起到保护作用。

（4）护目镜：在汽车保养作业中，工作人员的眼睛可能会受到各种伤害，如飞来的碎屑、飞溅的腐蚀性液体、有毒的气体或烟雾，因此要佩戴护目镜。护目镜可以在进行金属加工、使用压缩空气、使用清洗剂等情况下使用。

（5）耳罩和耳塞：汽车保养场地的噪声有时很大，如空气压缩机、砂轮机、发动机、排风机等各种设备会发出刺耳的噪声。短时的高噪声会造成暂时性听力丧失，而持续的低噪声则会让人出现耳中有压迫感、耳痛、鼓膜损伤、耳鸣、头痛、恶心、呕吐、平衡失调、视觉模糊等症状。听力保护的装备有耳罩和耳塞。

2. 保养作业时的安全注意事项

（1）不要在工作场地使用可燃物或吸烟，防止发生火灾。

（2）在存储机油或使用化油剂清洗部件时，不要在附近使用明火。

（3）蓄电池在充电时，不要在附近使用明火。

（4）不要将废机油、制动液、齿轮油等油液直接倒入下水道，必须将其倒入专用储藏罐。

（5）用于擦拭汽油及机油的抹布，应该放置在专用的金属垃圾桶中。

（6）工作人员应熟悉灭火器的放置位置和使用方法。

（7）工作人员应熟悉工作场地的场地布置情况及防火通道的位置。

（8）工作人员工作时不要把工具放在地上，地上的油渍应及时清理，以防摔倒。

3. 使用工具时的注意事项

（1）在操作砂轮机或钻床时不要戴手套，以免手套被旋转的物体卷入，使手臂受伤。

（2）在使用可能产生碎片的工具时，应戴好护目镜。

（3）在擦洗车辆时，应佩戴手套。

4. 电气设备安全措施

（1）如果发现电气设备有异常，应立刻关闭电源开关。

（2）如果电路中发生短路或火灾情况，应先关掉电源开关再灭火。

（3）不要靠近或触碰断裂的电线。

（4）不要触碰有“发生故障”标识的开关。

（5）拔插头时，不可用力拉电线，应当拔下插头。

（6）不要让电线通过潮湿或有水、有油、炽热或高温的环境。

5. 工作现场管理规范

工作现场管理规范包括整理（SEIRI）、整顿（SEITON）、清扫（SEISO）、清洁（SEIKETSU）、素养（SHITSUKE）、安全（SAFETY）、节约（SAVE）、学习（STUDY）八个项目，简称为8S管理规范。8S管理规范的核心和精髓在于提升企业员工的职业素养。

8S管理规范的定义与目的如下：

（1）整理：整理是指区分要用和不要用的，将不要用的清除掉。目的是把“空间”腾出来以供使用。

（2）整顿：整顿是指将要用的东西依照规定定位、定量地摆放整齐，并明确标识。目的是可以实现不浪费时间找东西。

（3）清扫：清扫是指清除工作场所内的脏污，并防止污染的发生。目的是消除脏污，保持工作场所干干净净、明明亮亮。

（4）清洁：清洁是指将上面整理、整顿、清扫实施的做法进行制度化、规范化，并维持成果。目的是通过制度化来维持管理成果，并易于显现“异常”之处，对不符合规范的情况及时纠正。

（5）素养：素养是指人人依规定行事，养成好习惯。目的是提升人员素质，使工作人员养成工作认真细致的习惯。

（6）安全：安全包括在管理上制定正确的作业流程，配置适当的工作人员监督工作；及时消除不符合安全规定的因素；加强对工作人员安全意识的教育；与工作人员签订安全责任书。目的是能让相关工作人员预知危险，防患于未然。

（7）节约：节约是指减少企业的人力、成本、空间、时间、库存、物料消耗等。目的是使工作人员养成节约成本的习惯，加强对工作人员节约意识的教育。

（8）学习：学习是指要求工作人员深入学习各项专业技术知识，在实践和理论中获取知识，同时不断地向同事及上级主管学习，学习他人的长处从而达到自我完善，提升自己的综合素质的目的。目的是使企业得到持续改善、培养学习型组织。

二、车辆防护

在对车辆进行保养之前，必须对车辆进行防护。车辆防护主要是在车辆保养过程中，防止车辆车漆被损坏、内饰被油污污损等。车辆的内外防护用品如图1-2所示，车外防护有三件套，包括前格栅布、左翼子板布、右翼子板布；车内防护有三件套，包括座椅套、转向盘套、挡把套，另外还需要地板垫。

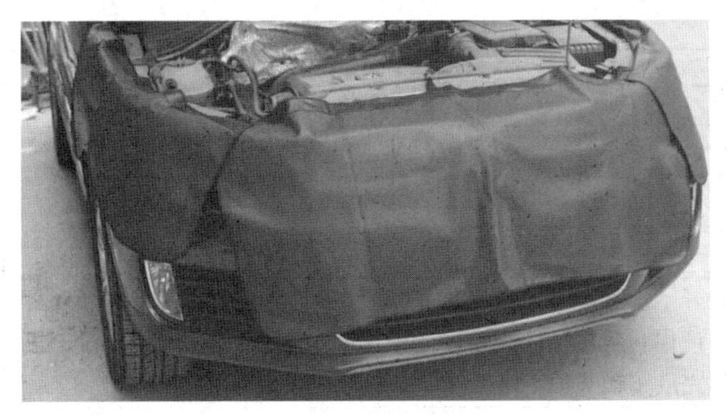

(a) 车外防护三件套

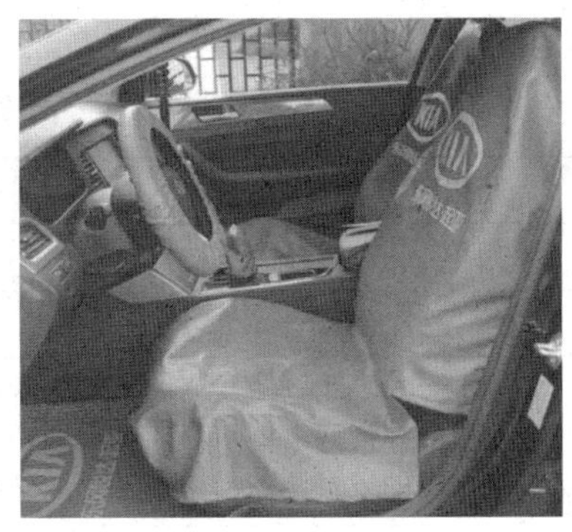

(b) 车内防护三件套

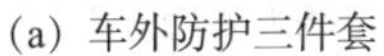

图 1-2　车辆的内外防护用品

在车辆静止，并且不需要举升保养时，需要在车辆的车轮前后放置挡车胶墩（见图 1-3）。挡车胶墩的安置位置如图 1-4 所示。

图 1-3　挡车胶墩

图 1-4　挡车胶墩的安置位置

任务实施

☞ 任务准备

（1）防护装备：常规实训工作服、车内外防护三件套。

（2）工具设备：大众汽车 1 辆、尾排设备。

（3）辅助资料：卡片、记号笔、翻纸板、教材。

☞ 实施步骤

（1）参观保养维修场地，注意观察场地内的各项安全设施和防火通道。

（2）灭火器的使用演示。

（3）对车辆进行安全防护。

（4）根据查询的信息，填写完成任务报告。

任务报告

<table>
<tr><td colspan="4">任务一　安全规范与车辆防护</td></tr>
<tr><td>班级</td><td></td><td>姓名</td><td></td></tr>
<tr><td>组别</td><td></td><td>组长</td><td></td></tr>
<tr><td colspan="2">1. 接受任务（5分）</td><td colspan="2">得分：</td></tr>
<tr><td colspan="4">你是一名汽车维修专业的学生，现在开始学习汽车保养与维修这门专业课程，需要了解车辆保养的安全规范、掌握车辆防护的基本知识。请你利用教材、参考书及网络资源等进行学习，并将学习到的相关知识记录、总结到报告中，并实际完成车辆防护工作。</td></tr>
<tr><td colspan="2">2. 信息收集（20分）</td><td colspan="2">得分：</td></tr>
<tr><td colspan="4">（1）所谓的8 S管理规范是指__________、__________、__________、__________、__________、__________、__________、__________。</td></tr>
<tr><td colspan="4">（2）不要在工作场地使用可燃物或________，防止发生火灾。
（3）在使用可能产生碎片的工具时，应戴好________。
（4）在存储机油或使用化油剂清洗部件时，不要在附近使用________。
（5）在操作砂轮机或钻床时不要________，以免手套被旋转的物体卷入，使手臂受伤。
（6）如果电路中发生短路或火灾情况，应先关掉________再灭火。
（7）不要触碰有________标识的开关。
（8）用于擦拭汽油及机油的抹布，应该放置在专用的________中。</td></tr>
<tr><td colspan="2">3. 制订计划（15分）</td><td colspan="2">得分：</td></tr>
<tr><td colspan="4">请根据工作任务制订车辆防护工作计划及任务分工方案。</td></tr>
</table>

序号	工作内容	负责人

<table>
<tr><td>4. 计划实施（50分）</td><td>得分：</td></tr>
<tr><td colspan="2">实施内容：对车辆进行安全防护。</td></tr>
</table>

序号	工作内容	分值	得分
1	铺装车外防护三件套	10分	
2	铺装座椅套	10分	
3	安装转向盘套	5分	
4	安装挡把套	5分	
5	放置地板垫	10分	
6	安置挡车胶墩	10分	

（续表）

5. 检查评价（10 分）	得分：
请根据个人及小组成员在完成任务过程中的表现及工作结果进行自我评价和小组评价。 自我评价：________________。 小组评价：________________。	
任务总成绩：	

任务二 举升机的使用

任务引导

举升机是汽车保养作业中最常用的设备，整车保养和维修都需要它。举升机的规范操作和日常保养直接影响着保养工作人员和车辆的安全，所以保养工作人员必须掌握举升机的规范操作方法和日常保养内容。

任务目标

◎ **知识目标**

（1）了解举升机的类型。

（2）掌握举升机的规范操作方法。

（3）掌握举升机的日常检查与保养内容。

◎ **能力目标**

（1）能规范地使用举升机。

（2）能对举升机进行日常检查与保养。

◎ **素质目标**

（1）培养精益求精的工作态度。

（2）培养团队协作意识。

任务资讯

一、举升机的类型

用于保养作业的举升机主要分为两大类：柱式举升机和剪式举升机。

1. 柱式举升机

柱式举升机主要分为单柱式举升机、双柱式举升机和四柱式举升机。

（1）单柱式举升机：单柱式举升机操作简单、外形美观；单柱式举升机不占用空间便能将重物方便省力地举起，能达到省时省力的效果；单柱式举升机在不用时可完全放置于地面，方便汽车的倒车和物品放置。单柱式举升机如图 1-5 所示。

（2）双柱式举升机：双柱式举升机也叫双柱龙门式举升机，广泛应用于 3 吨以下汽车等小型车辆的维修和保养作业中。双柱式举升机具有结构紧凑、外形美观、操作简便等特点，适用于汽车修理和保养单位。使用双柱式举升机后，修理人员不必钻到空间狭窄的汽车底部，只需将汽车举升到一定的高度，即可快捷地对汽车底部的零部件进行检修。双柱式举升机如图 1-6 所示。

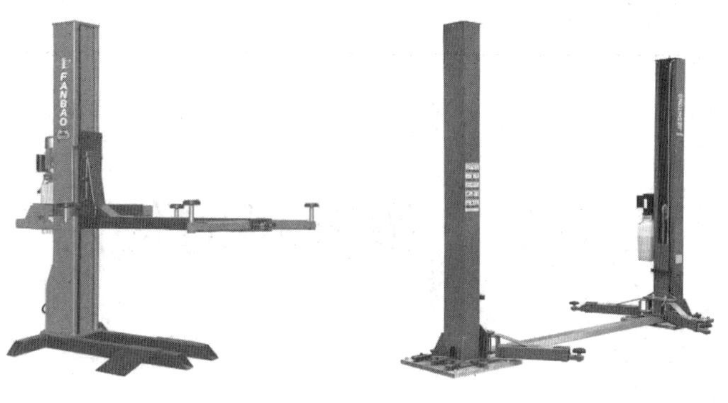

图 1-5　单柱式举升机　　**图 1-6　双柱式举升机**

（3）四柱式举升机：四柱式举升机是一种适用于大吨位汽车或货车修理的、保养单位常用的专用机械举升设备。四柱式举升机还可用于四轮定位，因为一般四柱式举升机都有四轮定位挡位，可以确保汽车水平。根据是否配备二次举升，四柱式举升机可分为定位四柱式举升机和普通四柱式举升机，定位四柱式举升机如图 1-7 所示。

图 1-7　定位四柱式举升机

2. 剪式举升机

因挖槽后与地面相平、完全下落后不占工作场地等优点，剪式举升机广泛应用于小型汽车底盘的检修和保养。剪式举升机分为小剪举升机和大剪举升机：小剪举升机主要用于汽车的维修保养，安全性高，操作简便；大剪举升机（子母剪）主要可用于四轮定位、汽车维修、轮胎和底盘的检修。剪式举升机如图 1-8 所示。

（a）小剪举升机

（b）大剪举升机(子母剪)

图 1-8　剪式举升机

二、举升机的结构

（1）双柱式举升机的结构主要有立柱、举升臂、液压系统、启动按钮、手动阀和机械安全锁，如图 1-9 所示。

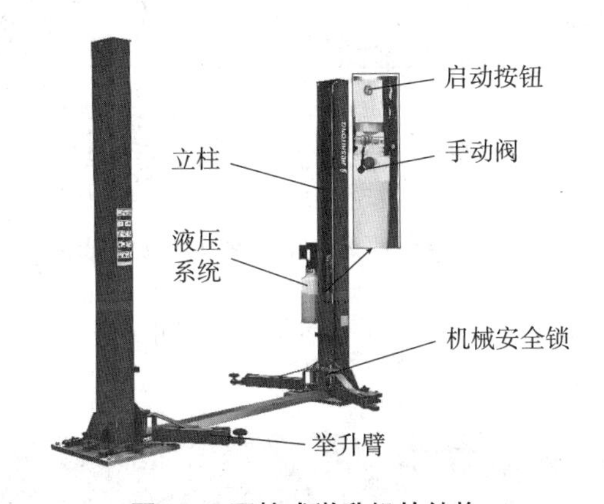

图 1-9　双柱式举升机的结构

（2）剪式举升机的结构主要有控制台、支撑板、剪式叠杆、液压缸等，如图 1-10 所示。

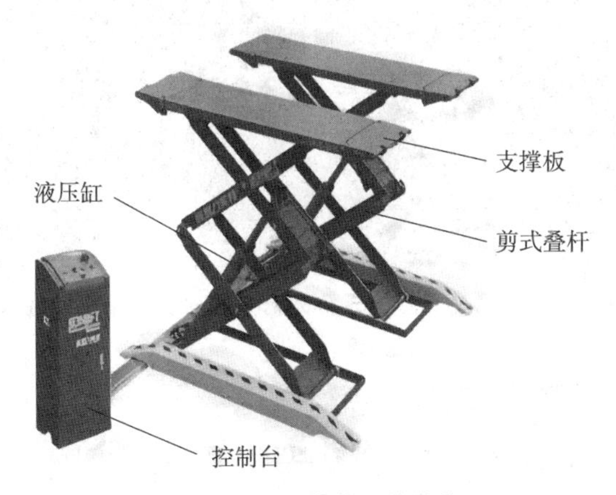

图 1-10　剪式举升机的结构

三、车辆举升点

车辆举升点是指汽车为适应举升设备的使用而设计的可靠的举升支撑点，车辆举升点的设计强度应满足举升要求，在车辆举升过程中应对车辆的影响最小，且在举升车辆时，能有效地分布整车的重量，以确保保养作业的安全。

工作人员在进行保养与维修作业时，可通过以下两种方法来获取车辆举升点的位置信息。

（1）通过查询车辆维修手册获取车辆举升点位置的相关信息，图 1-11 所示为车辆维修手册中车辆举升点位置提示。

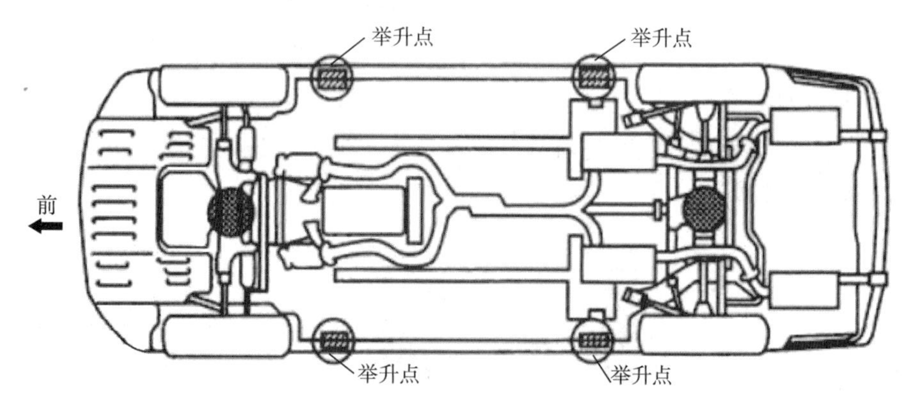

图 1-11　维修手册中车辆举升点位置提示

（2）直接查看车底标记，每种车型的标记各不相同，图 1-12 所示为车辆举升点的三角标记（在前后门踏板的底部）。

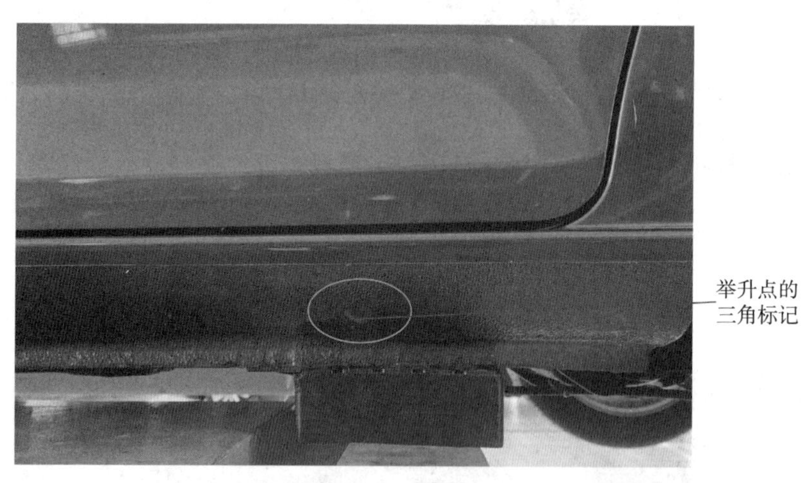

图 1-12　车辆举升点的三角标记（在前后门踏板的底部）

四、剪式举升机的规范操作方法

（1）工作人员应先接通剪式举升机的电源和气源。

（2）工作人员驾驶车辆，驶入举升机工位，检查车内是否有重物，若有重物应取出，防止车辆总重量超过举升机的最大举升重量。

（3）工作人员拉紧驻车制动器，防止车辆移动。

（4）工作人员在支撑板上放置橡胶块，对准车辆底盘的支撑位置。

（5）在准备举升之前，工作人员应发出车辆举升语音信号，如“车辆举升，注意安全”。

（6）车辆升起 30～40 cm 时，停止举升，检查车辆支撑位置是否正确，应确保车辆举升状态平稳，无倾斜。

（7）工作人员继续举升车辆，并发出举升信号，把车辆升至适当高度。

（8）工作人员停止举升后，按锁止按钮，将举升机锁止。

（9）工作人员完成保养作业后，发出车辆下降语音信号，如“车辆下降，注意安全”。

（10）工作人员按住下降按钮，举升机会先上升一段高度，解锁锁止装置，然后再下降。这里需要注意，如果没有打开气源或气罐没有足够的压缩空气，举升机将不会下降。

（11）当支撑板完全落入地槽中，并不再下降时，工作人员松开下降按钮。

（12）举升机停止下降后，工作人员收取四个支撑点的橡胶块。

（13）工作人员关闭电源和气源开关。

（14）工作人员驾驶车辆驶出举升机工位后，进行现场整理。

五、操作举升机时的注意事项

（1）在使用举升机前应清除附近妨碍维修保养作业的器具及杂物，并检查操作手柄是否正常。

（2）应检查举升机的操作设备是否灵敏有效。

（3）在使用剪式举升机时，待车辆驶入后，应调整、移动举升机支撑点的橡胶块，对正该车型规定的举升点。

（4）双柱式举升机在支车时，四个支角胶垫应在同一平面上，调整支角胶垫高度使其接触车辆底盘支撑部位，并且车辆不可支撑得过高，支起后四个托架要锁紧，举升要稳，降落要慢。

（5）举升时工作人员应离开车辆，举升到所需要高度时，必须锁止举升机，确保安全可靠后才可以开始到车底作业。

（6）除底盘保养及小修项目外，其他烦琐笨重作业不得在举升机上进行。

（7）举升机不得频繁起落。

（8）有人在车上作业时，严禁升降举升机。

（9）当发现操作设备失灵，电机不同步，托架不平或液压部分漏油等故障时，工作人员应及时报修，不得使用举升机。

（10）工作人员应定期排除举升机液压缸积水，并检查油量，油量不足时应及时加注相同品牌型号的液压油。

六、举升机的日常保养

（1）工作人员应每三个月进行一次举升机的常规维护，如果举升机使用频率较高或在较恶劣的环境中使用，工作人员应自行视具体情况相应地缩短保养与维护的时间。举升机的日常保养与维护记录如表 1-1 所示。

表 1-1　举升机日常保养与维护记录

（　　）年（　　）月　　　　　　　　　　　　　　　　责任人：

序号	日期	保养与维护项目							保养人	备注
		升降速度	托臂下降自锁装置	托臂胶块无破损	左右托臂无松动、钢丝绳松紧度	升降电机、开关功能正常	油缸油位	表面清洁无油迹、灰尘		
1										
2										
3										
4										
5										
6										

（2）工作人员在每天的操作过程中，必须检查安全装置是否灵敏有效，液压系统是否正常，油量是否充足。

（3）检查液压缸内的油量，补足液压油。

（4）液压油通常是一年更换一次（首次使用时，应在满三个月时更换）。

任务实施

☞ 任务准备

（1）防护装备：常规实训工作服、车内外防护三件套。

（2）工具设备：大众汽车 1 辆、剪式举升机、双柱式举升机、四柱式举升机、挡车胶墩、橡胶块等。

（3）辅助资料：卡片、记号笔、翻纸板、教材、车辆维修手册、举升机操作说明书。

☞ 实施步骤

（1）三种举升机的结构认知。

（2）三种举升机的操作过程演示。

（3）对车辆进行安全防护。

（4）举升机规范使用的实践操作。

任务报告

任务二　举升机的使用			
班级		姓名	
组别		组长	
1. 接受任务（5 分）		得分：	
现在有一辆大众宝来汽车需要保养，请工作人员选择合适的举升机，对车辆进行安全规范的举升。请你利用教材、说明书及网络资源等进行学习，并将学习到的相关知识记录、总结到报告中。			

（续表）

2. 信息收集（20 分）	得分：

（1）举升机主要分为两大类：________________和________________。

（2）双柱式举升机的结构主要有________、________、________、启动按钮、手动阀和机械安全锁。

（3）剪式举升机的结构主要有________、支撑板、剪式叠杆、________等。

（4）在使用举升机前应清除附近妨碍维修保养作业的________________，并检查操作手柄是否正常。

（5）举升机的液压油通常是________更换一次。

（6）双柱式举升机在支车时，四个支角胶垫应在________，调整支角胶垫高度使其接触车辆底盘支撑部位，并且车辆不可支撑得过高。

（7）工作人员在每天的操作过程中，必须检查________________是否灵敏有效，液压系统是否正常，油量是否充足。

3. 制订计划（15 分）	得分：

举升机的规范操作步骤。

序号	工作步骤	工作内容

4. 计划实施（50 分）	得分：

实施内容：举升机的规范操作。

序号	工作内容	分值	得分
1	正确打开电源和气源	5 分	
2	找到车辆举升点	10 分	
3	正确规范支撑	10 分	
4	举升至工作高度并锁止	10 分	
5	解锁并下降举升机	10 分	
6	关闭电源和气源	5 分	

5. 检查评价（10 分）	得分：

请根据个人及小组成员在完成任务过程中的表现及工作结果进行自我评价和小组评价。

自我评价：____。

小组评价：____。

任务总成绩：

任务三　工具的使用

任务引导

汽车维修保养工具是汽车保养与维护工作高效、正确实施的保证。工作人员应了解汽车维修保养工具的规格、规范使用的方法，避免损坏工具和汽车部件，避免因工具使用不当而受伤。

任务目标

◎ 知识目标

（1）了解汽车维修保养工具的规格。

（2）掌握汽车维修保养工具的使用方法。

◎ 能力目标

（1）能识别各种汽车维修保养工具的名称及作用。

（2）能够规范、安全地使用工具。

◎ 素质目标

（1）培养精益求精的工作态度。

（2）培养团队协作意识。

任务资讯

一、扳手及其使用

常用的扳手主要有开口扳手、梅花扳手、两用扳手、套筒扳手、扭力扳手、内六角扳手等。

1. 开口扳手

开口扳手又称呆扳手，如图 1-13 所示，主要分为单头开口扳手和双头开口扳手。它的作用广泛，主要用于机械检修、汽车保养等。开口扳手的制造材料一般选用优质碳钢，通过整体热处理加工而成。开口扳手必须通过质量检验，避免在使用过程中因质量问题造成人身伤害。双头开口扳手的规格如图 1-14 所示。

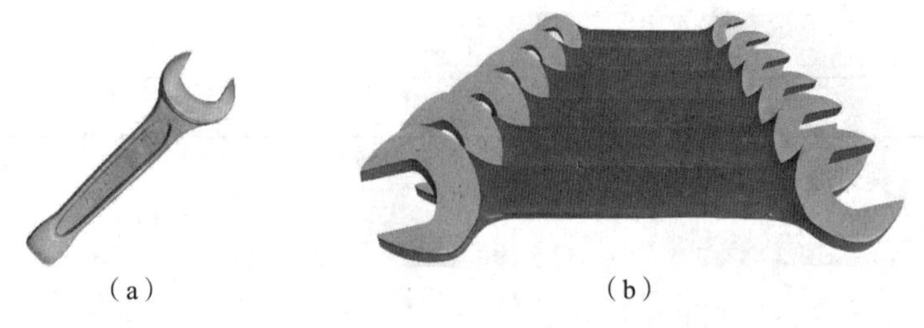

（a）　　（b）

图 1-13　开口扳手

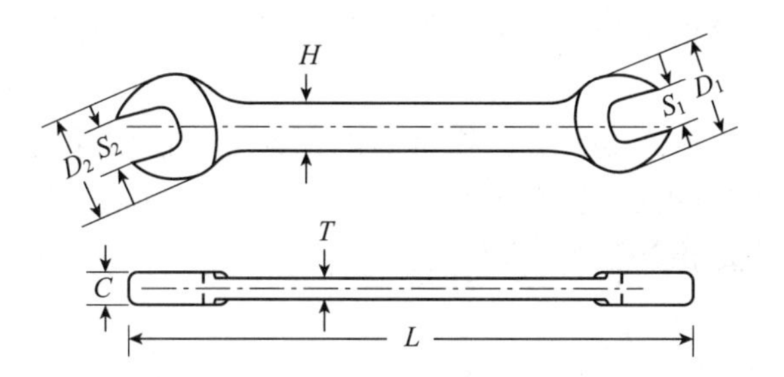

规格(mm)	总长 L(mm)	开口侧厚度 C(mm)	手柄厚度 T(mm)	手柄宽度 H(mm)	小开口外侧宽度 D_1(mm)	大开口外侧宽度 D_2(mm)	小、大开口内侧宽度 S_1, S_2(mm)
6×7	108.2	5.0	3.5	7.9	14.4	17.3	6, 7
6×8	115.5	5.0	3.5	7.9	14.4	17.4	6, 8
7×9	128.2	5.4	3.9	7.9	17.7	19.8	7, 9
8×10	128.2	5.4	3.9	7.9	17.7	19.8	8, 10
10×11	133	5.9	4.2	10.2	21.1	24.4	10, 11
10×12	133	5.9	4.2	10.2	21.1	24.4	10, 12
11×13	146.2	6.6	4.9	11.4	24.8	27.8	11, 13
12×14	156.8	7.8	5.8	13.8	27.8	31.1	12, 14
13×15	179	7.8	5.8	13.8	31.1	34.4	13, 15
14×17	179	7.8	5.8	13.8	31.1	34.4	14, 17
16×18	198.1	8.3	6.3	15.0	34.4	37.8	16, 18
17×19	221.9	8.6	6.6	16.2	37.8	41.1	17, 19
19×21	237.7	10.0	8.0	18.0	41.1	47.8	19, 21

图 1-14　双头开口扳手的规格

开口扳手的使用应注意以下几点：

（1）为了防止开口扳手损坏和滑脱，应使拉力作用在开口较厚的一边。

（2）要根据螺栓头部的尺寸来选择合适型号的开口扳手，并确保钳口的直径与螺栓头部直径相符，配合无间隙，只有这样才能进行操作。

（3）在使用时，先将开口扳手套住螺栓或螺母六角的两个对向面，确保扳手与螺栓完全配合后才能施力。在施力时，一只手推住开口扳手与螺栓连接处，另一只手的大拇指抵住扳手，另外四指紧握扳手柄部往身边拉扳手。当螺栓、螺母被扳到极限位置时，将扳手取出并重复前面的过程。

（4）在紧固转向横拉杆的调整螺母时，为防止扳手和转向横拉杆同向转动，需要两只开口扳手协同作业，一只扳手固定左侧螺母，另一只扳手紧固右侧螺母，如图 1-15 所示。

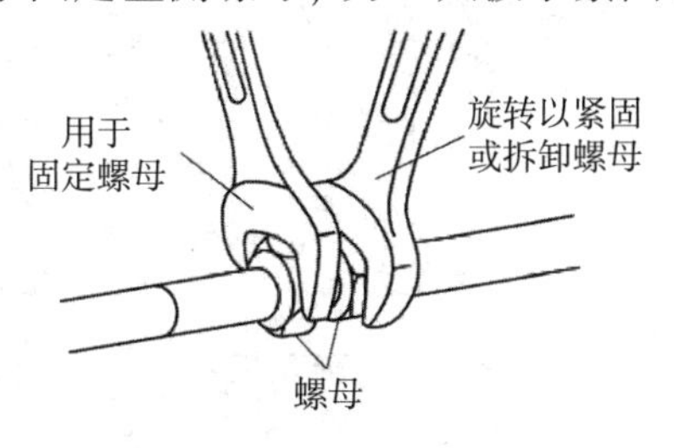

图 1-15　紧固转向横拉杆的调整螺母

（5）在旋转扳手时，禁止在开口扳手上加套管或用开口扳手进行锤击操作，以免损坏扳手或损伤螺栓、螺母。

（6）禁止使用开口扳手拆卸需要大力矩拆卸的螺栓。在使用开口扳手时，开口的位置不能太高或只夹住螺母头部的一小部分，以防在紧固或拆卸过程中出现打滑现象，从而损坏螺栓、螺母或扳手，甚至会造成人身伤害。

2. 梅花扳手

梅花扳手两端呈花环状结构，从侧面看旋转螺栓部分和手柄部分是错开的，如图 1-16 所示。这种结构便于拆卸装配在凹陷空间的螺栓、螺母，并可以为手指提供操作空间，以防擦伤。

在使用梅花扳手时，左手推住梅花扳手与螺栓连接处，确保梅花扳手与螺栓完全吻合，防止滑脱，右手握住梅花扳手的另一端并施加力。梅花扳手可将螺栓、螺母的头部全部围住，因此不会损坏螺栓角，可以施加较大的力矩。

在旋转扳手时，严禁将加长的套管套在扳手上来延伸扳手的长度以增大力矩，严禁锤击扳手，以防给扳手带来损坏。此外，严禁使用带有裂纹或内孔已严重磨损的梅花扳手。

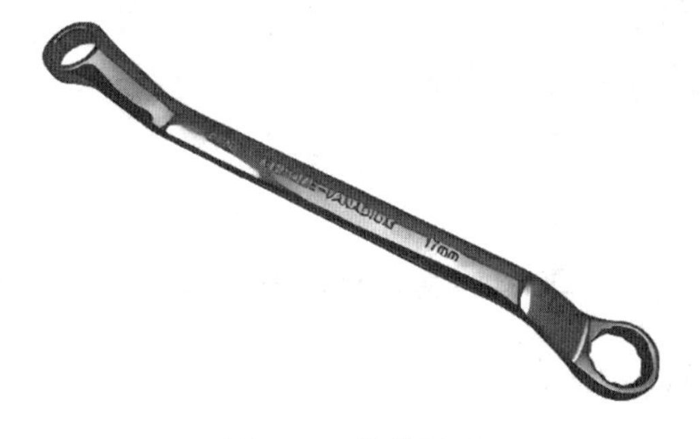

图 1-16　梅花扳手

3. 两用扳手

两用扳手一端与单头开口扳手相同，另一端与梅花扳手相同，两端可以拧转相同规格的螺栓或螺母。两用扳手如图 1-17 所示。

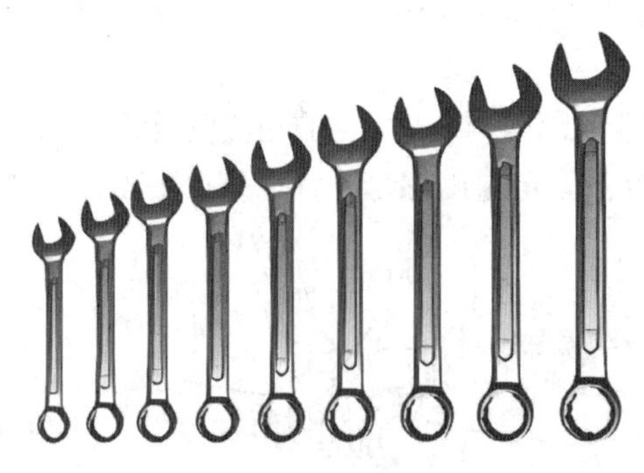

图 1-17　两用扳手

4. 套筒扳手

套筒扳手［见图 1-18（a）］是由多个带六角孔或十二角孔的套筒搭配手柄、接杆等多种附件组成，适用于拧转空间较狭小或凹陷深处的螺栓或螺母。套筒扳手适用于螺母端或螺栓端完全低于被连接面，且凹孔的直径不能使用开口扳手及梅花扳手的情况；螺栓件空间有一定的限制时，也只能用套筒扳手。

套筒扳手有公制和英制之分，套筒扳手虽然内凹形状一样，但外径、长短等是针对对应设备的形状和尺寸设计的，国家没有统一的规定。相对来说，套筒的设计比较灵活，以符合人们的实际需要为宜。

套筒扳手一般都附有一套各种规格的套筒头［见图 1-18（b）］、棘轮手柄［见图 1-18（c）］、接杆、万向接头、弯头手柄［见图 1-18（d）］等部件。由于套筒扳手配有棘轮手柄，所以比开口扳手及梅花扳手的工作效率更高。套筒扳手的套筒头是一个凹六角形的圆筒，通常由碳素结构钢或合金结构钢制成。

套筒扳手可以加长，加长主要有两个目的：一是便于够到难以触达的地方；二是加长力臂，这样使用同样的力，力矩更大，方便工作人员拆卸一些比较紧固的螺母或螺栓。

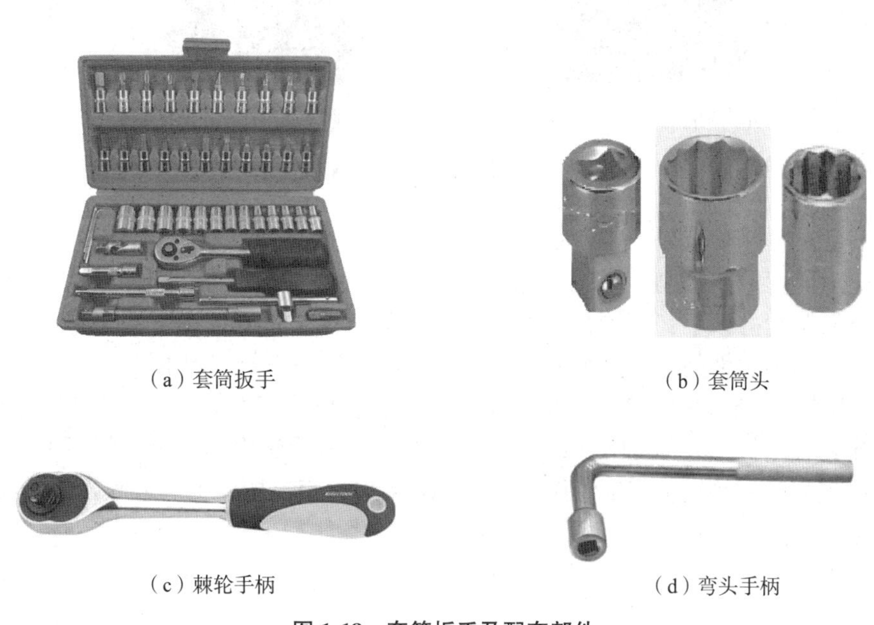

（a）套筒扳手　（b）套筒头

（c）棘轮手柄　（d）弯头手柄

图 1-18　套筒扳手及配套部件

5. 扭力扳手

扭力扳手是一种带扭矩测量机构的拧紧计量器具，主要用于紧固螺母和螺栓，并能够测出拧紧时的力矩值，扭力扳手如图 1-19 所示。扭力扳手按动力源可分为：电动扭力扳手、气动扭力扳手、液压扭力扳手及手动扭力扳手。手动扭力扳手又可分为：预置式扭力扳手、定值式扭力扳手、表盘式扭力扳手、数显式扭力扳手、折弯式扭力扳手。

扭力扳手的等级分为 7 个等级：1 级、2 级、3 级、4 级、5 级、6 级、10 级，等级越高精度越低，所以 1 级精度最高。

扭力扳手双面均有刻度，正面刻度为 N · m（牛顿米），反面刻度为 Ft · Lb（英

尺磅）（见图 1-20）。

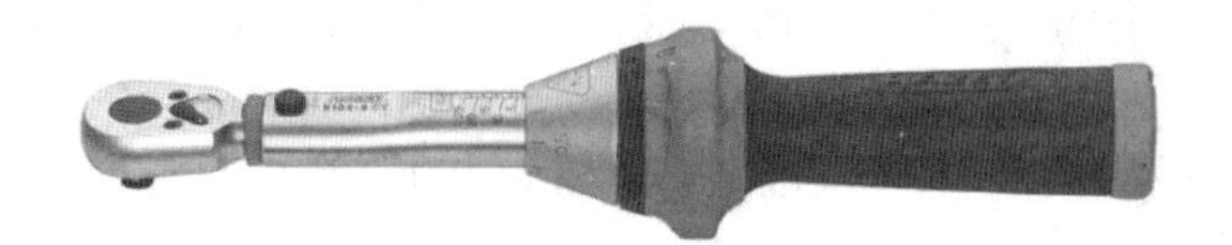

图 1-19　扭力扳手

（a）正面刻度为N · m（牛顿米）　（b）反面刻度为Ft · Lb（英尺磅）

图 1-20　扭力扳手的双面刻度

扭力扳手的使用规范如下。

（1）选用合适量程的扭力扳手。在使用扭力扳手时，首先要根据测量工件的要求，选取合适量程的扭力扳手，所测扭力值不可小于扭力扳手量程的 20%。大量程的扭力扳手不宜用于小扭力工件的加固，小量程的扭力扳手不可以超量程使用。

（2）根据工件所需扭力值要求，预设扭力值。在预设扭力值时，扭力扳手手柄尾部的银色固定钮往下推至底部 UNLOCK 即为解锁状态，再旋转手柄调节标尺至所需要的扭力值。在设置好后，将银色固定钮往上推至 LOCK 即可锁定扭力值，此时可以开始作业，预设扭力值如图 1-21 所示。

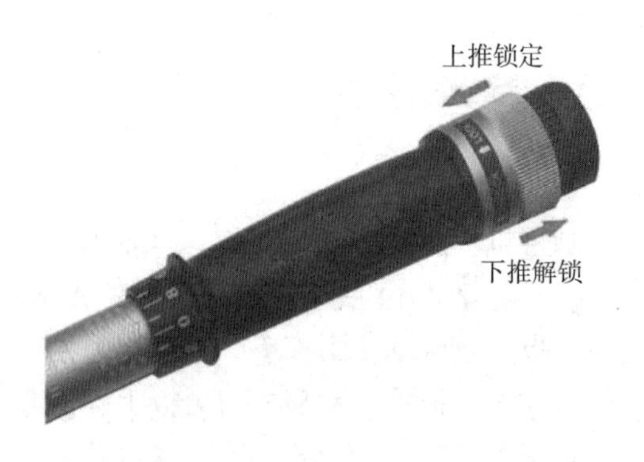

图 1-21　预设扭力值

(3) 扭力调整方法。力矩大小等于扭力扳手主刻度指示线读数大小加上副刻度（微分刻度）读数大小，扭力扳手的主副刻度如图 1-22 所示。如将扭矩值设定为 146 N · m，转动手柄直至主刻度指向 140 的位置，主刻度指向 140 后，将副刻度对准 6，即调整到 146 N · m，需要注意的是主刻度的值会与副刻度的值产生连动，扭力调整过程如图 1-23 所示。

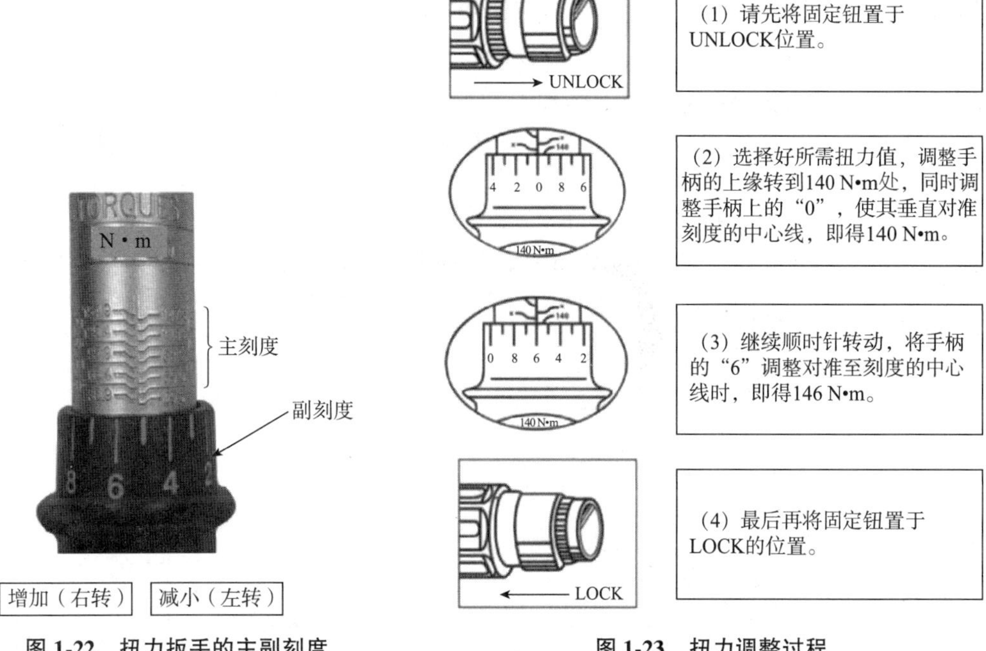

图 1-22 扭力扳手的主副刻度

图 1-23 扭力调整过程

(4) 确认扭力扳手与固定件连接可靠并锁定。用扭力扳手时，先将扭力扳手与套筒等各类部件连接紧固，不能留有间隙。在加固工件前，应先设定好需要的扭力值，并锁定紧锁装置。

(5) 扭力扳手加力方法。在扭力扳手上装上相应规格的套筒，套住紧固件，再在手柄上缓慢用力，必须按标明的箭头方向施加外力，扭力扳手只能按本身的箭头方向拧紧。加力的方向应与扭力扳手垂直，如图 1-24 所示。

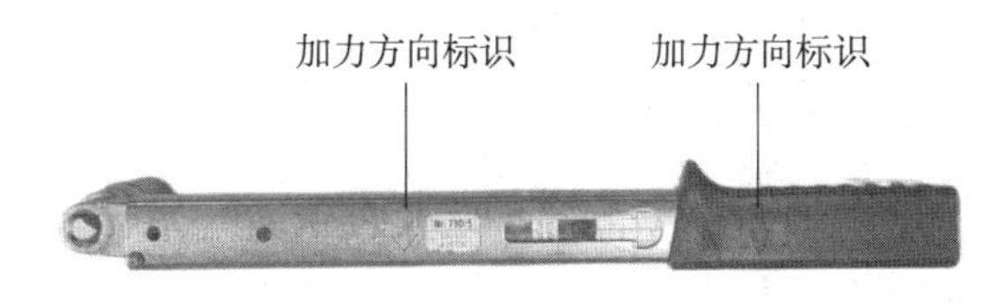

图 1-24 扭力扳手加力方向

加力时，手要握住把手的有效范围，沿垂直于扭力扳手的方向，慢慢地加力，防止产生反弹力，引起扳手破损、脱出或人员受伤。保持扳手水平直至听到扭力扳手发出“咔嗒”的声音，即代表已达到预设扭力值，应停止加力，这时则一次作业完毕。当扭力扳

手到达预设扭力值时，工件即加力完毕，应及时解除加力，以免损坏部件。

工作人员在使用扭力扳手施力时，应按照国家标准规范地操作，施力方向应在±15°内（偏离水平方向和垂直方向），应缓慢地顺时针旋转加力，切忌冲击加力，当听到“咔嗒”声后立即停止加力，完成施加扭力过程。

（6）在测量扭力值时，应在手柄端施加一个垂直于手柄的稳定力，这样可使测量结果更精准。

（7）扭力扳手是测量工具，应轻拿轻放，不能代替锤子用于敲击。不使用扭力扳手时应注意将扭力值设为最小值，并存放在干燥处。

6. 内六角扳手

内六角扳手又称艾伦扳手，通过施加对螺栓的作用力，大大降低了使用者的用力强度。内六角扳手是汽车维修保养作业中不可或缺的得力工具，图 1-25 为内六角扳手的型号。

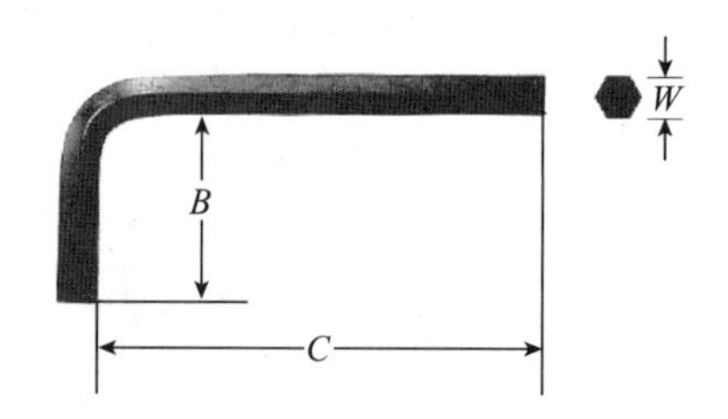

规格	短边(mm)	长边(mm)
W	*B*	*C*
1.5	16	62
2	17	64
2.5	18	70
3	20	78
4	23	90
5	26	100
6	29	109
8	33	125
10	38	140
12	43	156
14	48	175
17	53	206

图 1-25　内六角扳手的型号

二、钳子及其使用

钳子的种类比较多，主要有钢丝钳、尖嘴钳、鲤鱼钳、挡圈钳、大力钳。

1. 钢丝钳

钢丝钳是一种夹持和剪切工具，由钳头和钳柄组成，如图 1-26 所示。

2. 尖嘴钳

尖嘴钳能在较狭小的空间中操作，不带刃口的只能夹捏工件，带刃口的能剪切细小零件。尖嘴钳如图 1-27 所示。

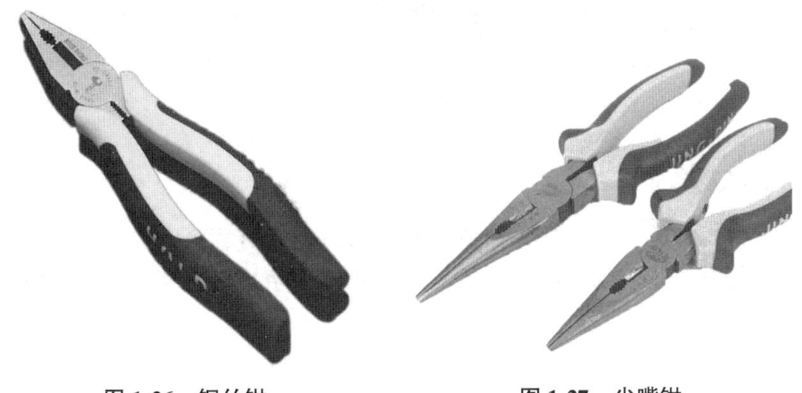

图 1-26　钢丝钳　　　　图 1-27　尖嘴钳

3. 鲤鱼钳

鲤鱼钳可用来切割金属丝，弯扭小型金属棒料，夹持扁的或圆柱形小工件。鲤鱼钳如图 1-28 所示。

4. 挡圈钳

挡圈钳又称卡簧钳，按用途分为轴用挡圈钳、孔用挡圈钳和特种挡圈钳，专门用于拆装带拆装孔的弹性挡圈。挡圈钳如图 1-29 所示。

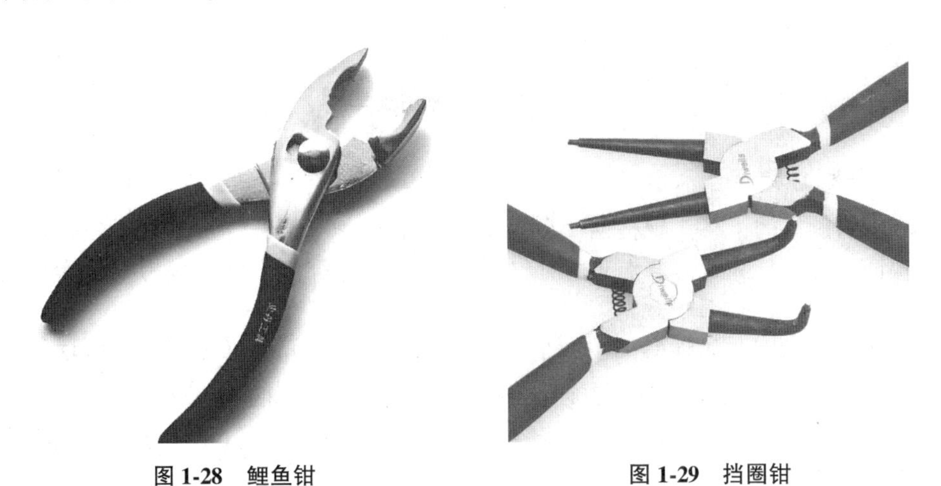

图 1-28　鲤鱼钳　　　　图 1-29　挡圈钳

5. 大力钳

大力钳利用一组复合杠杆能产生很大的夹紧力，兼有活动扳手、钢丝钳和夹具的功能。大力钳如图 1-30 所示。

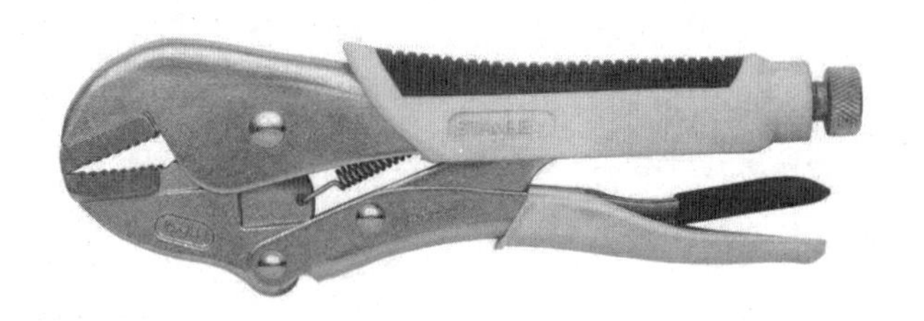

图 1-30　大力钳

三、螺钉旋具及其使用

螺钉旋具又称螺丝刀，其功用是紧固或松动螺钉。螺钉旋具的类型与相匹配的螺钉一一对应。最常用的螺钉是一字螺钉和十字螺钉，所以一字螺钉旋具和十字螺钉旋具是最常用的工具。

1. 一字螺钉旋具

一字螺钉旋具由手柄、刀体和刃口组成，按照类型分为盘头一字螺钉旋具、沉头一字螺钉旋具和圆柱头一字螺钉旋具等。图 1-31 为一字螺钉旋具。

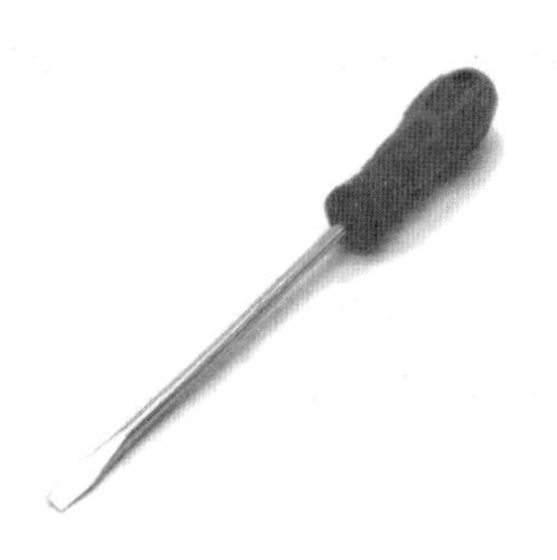

图 1-31　一字螺钉旋具

2. 十字螺钉旋具

十字螺钉旋具的十字头规格从小到大有 0~4 号 5 种规格，在选用十字螺钉旋具时，一定要保证螺钉旋具和螺钉上十字槽对应。我们可以通过以下两种方法快速地判断出螺钉旋具和螺钉是否一致。

（1）将螺钉旋具插入螺钉的十字槽中，如果螺钉旋具和螺钉相匹配，则螺钉旋具与螺钉的十字槽之间没有间隙。螺钉旋具旋转时相对于螺钉应当是纹丝不动的。

（2）在双方都无变形和磨损的前提下，当螺钉旋具嵌入螺钉十字槽时，无论是水平还是垂直的状态下螺钉均不会掉落。

3. 螺钉旋具的使用方法

在使用螺钉旋具时，以右手握持，手心抵住手柄端，让螺钉旋具工作部分和螺钉槽垂直结合。当开始紧固螺钉时，应用力将螺钉旋具压紧，再利用手腕力量扭转螺钉旋具；当松动螺钉时，用手心轻压螺钉旋具手柄，用拇指和食指快速转动螺钉旋具。

4. 使用螺钉旋具的注意事项

（1）根据不同螺钉选用不同的螺钉旋具。螺钉旋具头部厚度应与螺钉尾部槽型匹配，斜度不宜太大，头部不应该有倒角，否则容易打滑。

（2）在使用螺钉旋具时，需将螺钉旋具头部放至螺钉槽口中，并用力推压螺钉，平稳旋转螺钉旋具。需要特别注意的是，用力要均匀，不要在螺钉槽口中磨蹭，以免磨毛螺钉槽口。

（3）不要将螺钉旋具当作锤子使用，以免损坏螺钉旋具。

（4）在使用螺钉旋具时，注意不要用小号螺钉旋具去拧旋大号螺钉，否则会导致螺钉不容易旋紧或槽口容易损坏。反之，如果用大号螺钉旋具拧旋小号螺钉，也容易出现因力矩过大而导致小号螺钉滑丝的现象。

任务实施

☞ **任务准备**

（1）工具设备：维修保养工具。

（2）辅助资料：卡片、记号笔、翻纸板、参考书。

☞ **实施步骤**

（1）将维修保养工具分类摆放整齐。

（2）根据查询到的信息，填写完成任务报告。

（3）学生分组，对实物工具进行认知。

任务报告

任务三　工具的使用			
班级		姓名	
组别		组长	
1. 接受任务（5分）		**得分：**	
同学们分组认知维修保养常用工具，并在任务报告中写出常用维修保养工具的名称和用途，口述维修保养工具使用的注意事项。			
2. 信息收集（20分）		**得分：**	
（1）常用的扳手主要有开口扳手、________、两用扳手、________、扭力扳手、________等。 （2）扳转时禁止在开口扳手上________________________，以免损坏扳手或损伤螺栓、螺母。 （3）在使用扭力扳手时，首先要根据测量工件的要求，选取合适量程的扭力扳手，所测扭力值不可小于扭力扳手量程的________________。 （4）力矩大小=________________________+副刻度读数大小。 （5）钳子的种类比较多，主要有钢丝钳、________、________、挡圈钳、________。 （6）________能在较狭小的空间中操作，不带刃口的只能夹捏工件，带刃口的能剪切细小零件。 （7）在使用螺钉旋具时，需将螺钉旋具头部放至螺钉槽口中，并用力推压螺钉，平稳旋转螺钉旋具。需要特别注意的是，________________，不要在螺钉槽口中______________，以免磨毛螺钉槽口。			

（续表）

<table>
<tr><td>3. 制订计划（15 分）</td><td>得分：</td></tr>
<tr><td colspan="2">常用维修保养工具的认知。

序号	工具名称	用途

</td></tr>
<tr><td>4. 计划实施（50 分）</td><td>得分：</td></tr>
<tr><td colspan="2">保养工作的认知及规范使用。

序号	工作内容	分值	得分
1	各种扳手的认知及规范使用	20 分	
2	各种钳子的认知及规范使用	15 分	
3	各种螺钉旋具的认知及规范使用	15 分	

</td></tr>
<tr><td>5. 检查评价（10 分）</td><td>得分：</td></tr>
<tr><td colspan="2">请根据个人及小组成员在完成任务过程中的表现及工作结果进行自我评价和小组评价。
自我评价：________________________________。
小组评价：________________________________。</td></tr>
<tr><td colspan="2">任务总成绩：</td></tr>
</table>

项目二

机油及机油滤清器的认知与更换

知识体系

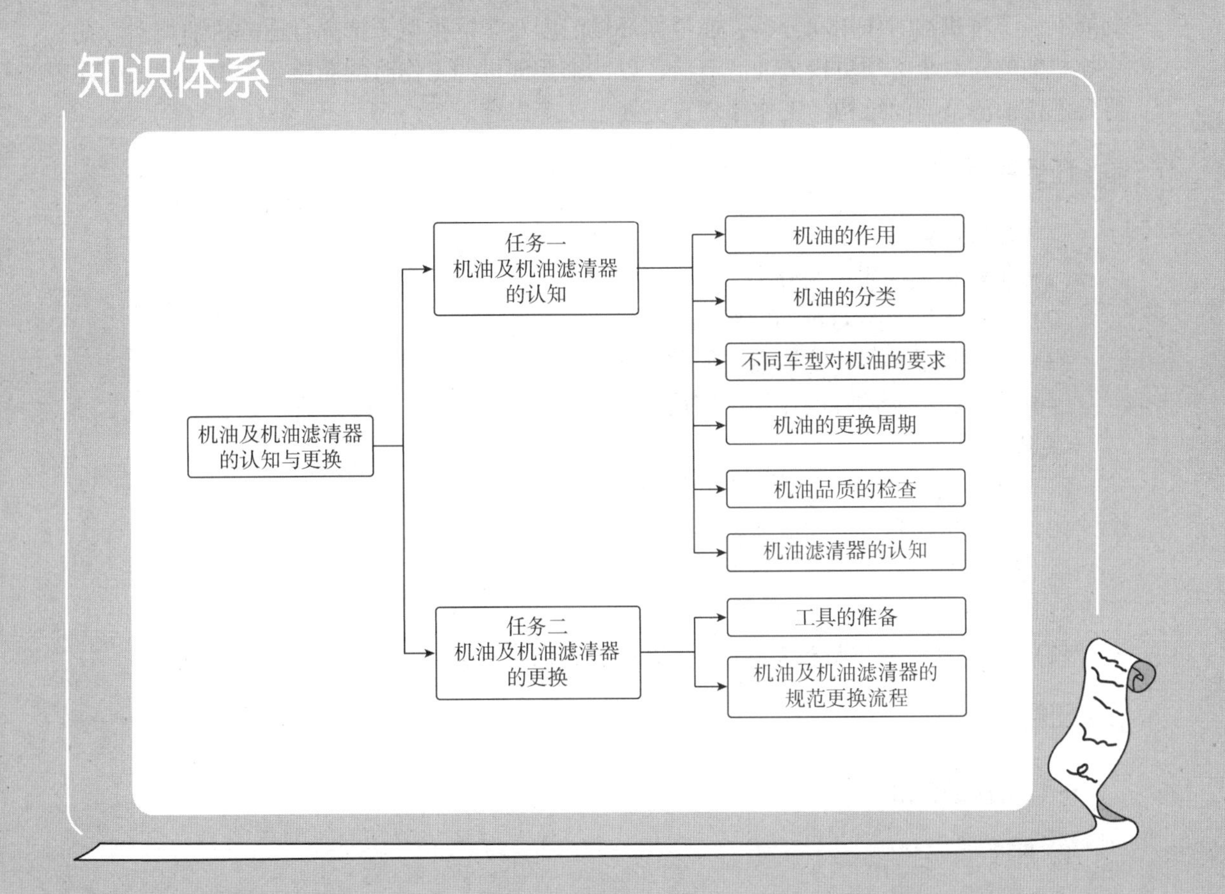

学习任务

本项目主要介绍机油及机油滤清器，分为两个任务：

任务一：机油及机油滤清器的认知。

任务二：机油及机油滤清器的更换。

通过两个任务的学习，了解机油的作用、分类与应用；了解机油滤清器的结构、工作原理与更换周期；掌握机油及机油滤清器的更换方法。

任务一　机油及机油滤清器的认知

任务引导

为了保证发动机的正常工作，发动机润滑系统必须正常工作。润滑系统中起作用的主要介质就是发动机机油，机油如果老化、变质，就必须更换。工作人员必须掌握机油更换的周期，了解机油的作用和分类，能根据环境温度及车辆类型来选择合适的机油类型。在更换机油的同时也必须更换机油滤清器，以此来保证机油工作时的品质，所以工作人员还要熟悉机油滤清器的结构、工作原理、更换方法等内容。

任务目标

◎ **知识目标**

(1) 了解机油的作用及分类。

(2) 了解不同车型对机油的要求。

(3) 掌握机油和机油滤清器更换的周期。

(4) 了解机油滤清器的作用、结构及工作原理。

◎ **能力目标**

(1) 能根据车型选择合适的机油类型。

(2) 掌握机油和机油滤清器的更换周期。

◎ **素质目标**

(1) 培养学生的创新思维。

(2) 培养学生的团队合作能力和沟通协作意识。

任务资讯

一、机油的作用

1. 润滑

活塞和汽缸之间、主轴和轴瓦之间均存在快速的相对滑动，要想防止零件过快地磨损，则需要在两个零件的滑动表面间形成油膜。足够厚度的油膜能将相对滑动的零件表面隔开，进而达到减少磨损的目的。

2. 辅助冷却降温

发动机工作时，由于燃料燃烧会产生热能，机油能够将热量带回机油箱再散发至空气中，以辅助水箱冷却发动机，但主要对发动机起冷却作用的是发动机冷却系统。

3. 清洗清洁

好的机油能够将发动机零件上的碳化物、油泥、磨损金属颗粒等通过循环带回机油箱，机油的流动能冲洗掉零件工作表面产生的脏物。

4. 密封防漏

机油可以在活塞环与活塞之间形成一个密封圈，从而减少气体的泄漏和防止外界的污染物进入。

5. 防锈防蚀

机油能吸附在零件表面，以防止水、空气、酸性物质及有害气体与零件直接接触。

二、机油的分类

汽车发动机机油的分类标准有两种：一种是美国石油协会（API）标准，一种是美国工程师协会（SAE）标准。

1. 美国石油协会标准

在美国石油协会标准中，按质量等级划分，机油分为汽油机机油和柴油机机油，汽油机机油质量级别以 S 开头，柴油机机油质量级别以 C 开头，质量级别的高低依照英文字母的顺序排列，字母越往后，其级别越高。

汽油机机油质量级别为 SA、SB、SC、SD、SE、SF、SG、SH、SJ、SL、SM、SN 等。

柴油机机油质量级别为 CA、CB、CC、CD、CE、CF 等。

通过 API 质量等级我们能够了解到相应机油的耐用性。平时常说的半合成油、全合成油或矿物油是相对笼统的说法，通过图 2-1 我们能够了解得更清楚。

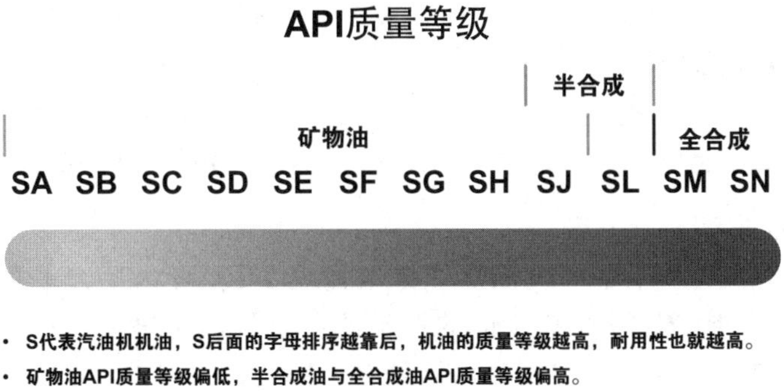

图 2-1　API 质量等级

2. 美国工程师协会标准

在美国工程师协会标准中，按黏度标准分类，机油有单级黏度和多级黏度（稠化机油）之分：只能满足发动机低温或高温一种黏度要求的机油被称为单级黏度机油；既能

满足发动机低温时的黏度要求，又能满足发动机高温时的黏度要求的机油被称为多级黏度机油。目前，发动机上广泛应用的机油黏度是 5W/30、5W/40、10W/40、15W/40、20W/50 等。W 前面的数字越小代表低温时运动黏度越低，适应低温能力强；反之，运动黏度越高，适应低温能力弱；W 后面的数字越大代表高温时运动黏度越高，适应高温能力强；反之，运动黏度越低，适应高温能力弱。机油的黏度级别与适应温度之间的关系如图 2-2 所示。

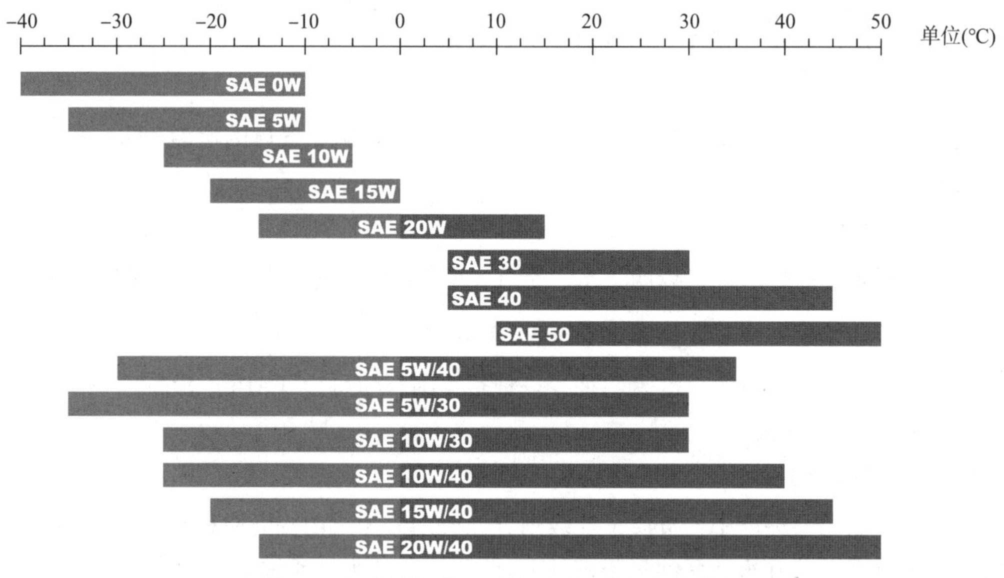

图 2-2　机油的黏度级别与适应温度之间的关系

三、不同车型对机油的要求

1. 日系、韩系及美系车型

丰田、本田、现代、起亚等车型，应选用黏度偏低、流动性能好、节省燃油且可增强动力的机油，具体可选用 0W/20、5W/20、0W/30、5W/30 等。SUV 类车型应根据车辆维修手册及实际使用情况匹配机油。

美系车型如雪佛兰、别克可选择 5W/30、0W/30，一般选 0W/20、5W/20、0W/30、5W/30，这些车型车况良好的话，可常年使用 30 的机油，包括 0W/30 和 5W/30。

2. 欧系车型

以德国为代表的欧系车型与机油认证标准如表 2-1 所示。大众系列发动机 EA111、EA888、EA211 必须使用获得 VW 认证的机油，主要认证标准有 VW50200、VW50400、VW50500、VW50700，且油品的高温高剪切黏度（HTHS）>3.5，100 ℃时运动黏度>12，黏度级别为 0W/30、5W/30、0W/40、5W/40；大众发动机 EA113 建议使用 VW50200 以上认证的油品，油品的高温高剪切黏度（HTHS）>3.5，油品的黏度级别为 5W/40、0W/40，因为这款发动机本身年龄较大，自身噪声控制不好。

宝马系列发动机推荐使用获得 BMW Longlife-01、BMW Longlife-04、BMW Longlife-01FE、BMW Longlife-98 认证且黏度级别为 0W/30、5W30、0W/40、5W/40 的油品。

表 2-1 德国各汽车品牌与机油认证标准

汽车品牌	认证标准
梅赛德斯奔驰	MB229. 1、MB229. 3、MB229. 31、MB229. 5、MB229. 51、MB229. 52
大众	VW50200、VW50400、VW50500、VW50700
宝马	BMW Longlife - 98、BMW Longlife - 01、BMW Longlife - 01FE、BMW Longlife-04
保时捷	A40、C30

法系标致、雪铁龙不挑机油，一般黏度为 5W/40 和 0W/40 的机油就可以，城市用车使用低黏度的 5W/30 和 0W/30 的机油也可以。总的来说，车况良好，一般用黏度为 40 的机油，包括 0W/40、5W/40、10W/40，但是有的也要求用 5W/30 的机油。

3. 国产车

国产车如奇瑞、长城、比亚迪、中华、吉利等车型，没有车厂认证标准，可以使用高黏度的欧标机油 0W/30、5W/30、0W/40、5W/40，其中 0W/40 的机油最好，如果是外部采购的三菱等发动机，使用黏度为 30 的机油就好。当然，除了这些，还要考虑负荷以及转速的情况，负荷大且转速低的车型，一般选用黏度较高的机油；负荷小且转速高的车型，一般选用黏度较低的机油。

四、机油的更换周期

汽车机油的更换周期主要应以行驶里程作为参考标准，一般的矿物机油可以每 5 000 km 更换一次，合成机油可以延长至 8 000～10 000 km 更换。但由于机油存在保质期，且矿物机油与合成机油保质期分别为半年、一年，因此，若车辆使用矿物机油，时间达到半年，即使行驶里程不到 5 000 km，也应考虑更换机油；同样，合成机油使用时间达到一年时，即使行驶里程不到 10 000 km，也应考虑更换机油。

五、机油品质的检查

1. 闻味法

抽出机油尺凑近鼻子闻一闻，若有极强的酸臭味，说明机油已经变质，应该更换。

2. 手捻法

将取出的旧机油用大拇指与食指反复研磨，质量好的机油有润滑性、磨屑少、无摩擦感。如果感到有杂质，黏性差，甚至发涩，则应该更换机油。

3. 辨色法

取一张干净的白色滤试纸（也可用好一点的面巾纸），滴数滴旧机油在试纸上，待机油渗漏后，质量还好的机油无磨屑，手摸上去干而光滑，且黄色浸润带清晰。若机油渗漏后试纸呈深黑褐色，有杂质，则应该更换机油。

4. 光照法

取出机油尺高举 45°，在光照下观察机油油滴，可清晰地看到油滴中无磨屑则为良好。若磨屑多，则应该更换。

六、机油滤清器的认知

1. 机油滤清器的作用

机油滤清器的作用主要是过滤机油中的大部分杂质，保证机油清洁地供给曲轴、连杆、凸轮轴、增压器等运动副，延长运动副的使用寿命。机油滤清器具有过滤性强、流通阻力小、使用寿命长等性能。

2. 机油滤清器的结构

机油滤清器主要由外壳、滤芯（金属内网和特级滤纸）、密封圈、旁通阀等部件组成，如图 2-3 所示。

图 2-3　机油滤清器的结构

3. 工作原理

现在的汽车发动机都是采用全流过滤系统，全流过滤系统就是所有的机油都从机油滤清器通过，过滤掉杂质后再供给使用，也就是说，发动机是实时过滤的，每一滴油都过滤。汽车发动机全流过滤系统如图 2-4 所示。

全流过滤系统有压力差，进油的压力高，出油的压力低。发动机的机油滤清器在工作时有压差，来自机油泵的压力高，输出到发动机主油道的压力略低。通过过滤能力大的滤纸或者全新滤纸，压差会很小，所以能保证全流过滤。如果压差很大，会导致机油都堵在进油端，出油端的流量小，那么主油道压力也小，这是非常危险的。为了保证主油道的压力供给，机油滤清器的底部都设计有旁通阀。当压力差高到一定程度时，旁通阀打开，机油不经过滤纸过滤直接进入主油道循环。这时候就不是全流过滤了，而是部分过滤。如果机油深度氧化后，油泥和胶质把滤纸表面覆盖住，就会进入完全没有过滤的旁通阀循环模式，如图 2-5 所示。因此，更换机油的同时一定要更换机油滤清器。

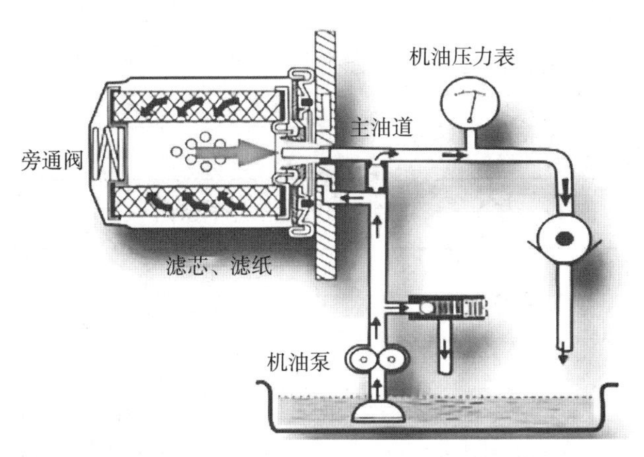

图 2-4　汽车发动机全流过滤系统

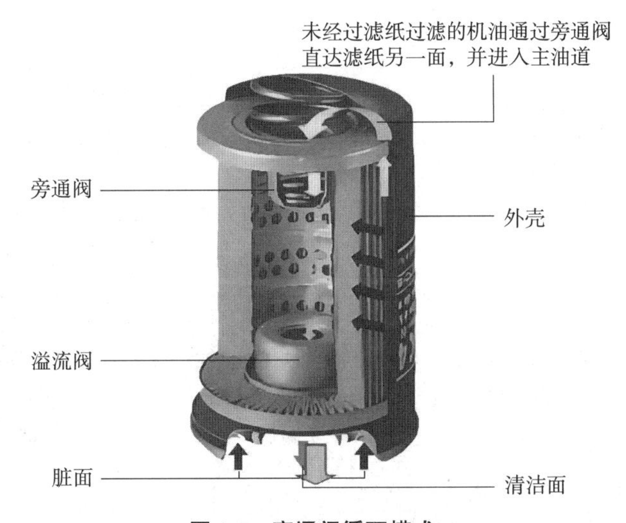

图 2-5　旁通阀循环模式

4. 机油滤清器更换周期

在正常情况下，在更换发动机机油时，应更换机油滤清器。

任务实施

☞ 任务准备

（1）防护装备：常规实训工作服、车内外防护三件套。

（2）工具设备：大众宝来汽车 1 辆、宝马 530 汽车 1 辆，分别有 VW50200 与 Longlife-04 认证标识的 0W/30、0W/40、10W/30 三种型号的机油共 6 桶等。

（3）辅助资料：卡片、记号笔、翻纸板、教材等。

☞ 实施步骤

（1）各小组分别在 6 个机油桶表面找到相应 API 等级与 SAE 型号。

（2）利用网络资源和课堂教学资源，查询每桶机油的黏度等级所适应的温度、不同

品牌车型机油的认证标准。

（3）根据查询到的信息，填写完成任务报告。

任务报告

<table>
<tr><th colspan="4">任务一　机油及机油滤清器的认知</th></tr>
<tr><td>班级</td><td></td><td>姓名</td><td></td></tr>
<tr><td>组别</td><td></td><td>组长</td><td></td></tr>
<tr><td colspan="2">1. 接受任务（5 分）</td><td colspan="2">得分：</td></tr>
<tr><td colspan="4">11 月 3 日，室外温度为-15 ℃，4S 店来了两辆需保养的车辆，品牌为大众宝来和宝马 530，请为两辆汽车选择合适的机油，完成机油型号的表格填写，并口头说明选择此型号机油的理由。请根据所学知识和网络资源完成相关信息的收集。</td></tr>
<tr><td colspan="2">2. 信息收集（20 分）</td><td colspan="2">得分：</td></tr>
<tr><td colspan="4">（1）API 的含义：________________________________。
（2）SAE 的含义：________________________________。
（3）0W/30 所适用的温度区间 ________________________________。
（4）15W/40 所适用的温度区间 ________________________________。
（5）20W/40 所适用的温度区间 ________________________________。
（6）30 所适用的温度区间 ________________________________。
（7）40 所适用的温度区间 ________________________________。
（8）20W 适应外部最低温度为 ________________________________。
（9）以德国为代表的欧系车型，大众系列发动机 EA111、EA888、EA211 必须使用获得 VW 认证的机油，可选用油品的黏度级别为________________。
（10）丰田、本田、现代、起亚等车型，应选用黏度偏低、流动性能好、节省燃油且可增强动力的机油，如________________。
（11）机油滤清器主要由外壳、________、________、旁通阀等部件组成。</td></tr>
<tr><td colspan="2">3. 制订计划（15 分）</td><td colspan="2">得分：</td></tr>
</table>

机油型号的认知。

序号	机油型号	含义

（续表）

4. 计划实施（50 分）				得分：
具体车型选择适用的机油。				
序号	具体车型	机油型号	分值	得分
1	大众宝来		25 分	
2	宝马 530		25 分	
5. 检查评价（10 分）				得分：
请根据个人及小组成员在完成任务过程中的表现及工作结果进行自我评价和小组评价。 自我评价：________________________________。 小组评价：________________________________。				
任务总成绩：				

任务二　机油及机油滤清器的更换

任务引导

机油到了更换周期就应该及时更换，工作人员应掌握机油及机油滤清器的规范更换流程，以及更换时的注意事项，防止由于操作不当，出现润滑系统密封不严等情况，以致机油渗漏，对发动机造成损坏，影响汽车的使用性能及驾驶员的人身安全。

任务目标

◎ 知识目标

（1）掌握机油及机油滤清器的规范更换流程。

（2）了解机油更换的注意事项。

◎ 能力目标

（1）能独立地更换机油及机油滤清器。

（2）严格执行工作现场 8S 管理。

◎ 素质目标

（1）培养创新的思维方式。

（2）培养团队合作能力和沟通协作意识。

任务资讯

一、工具的准备

更换机油及机油滤清器所需要的工具有机油收集器、套筒扳手一套、扭力扳手、机油滤清器扳手，如图 2-6 所示。

（a）机油收集器

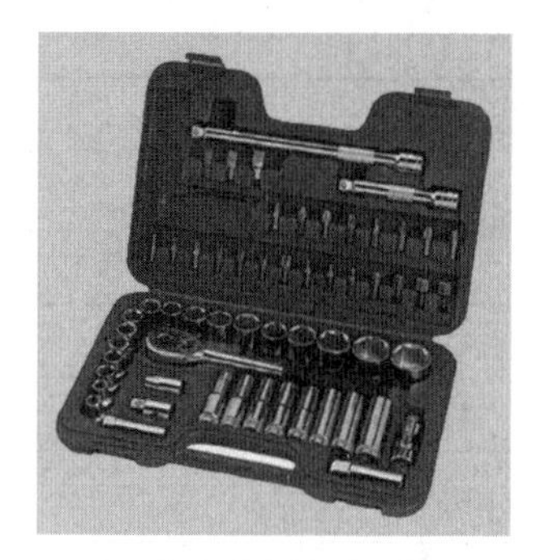

（b）套筒扳手一套

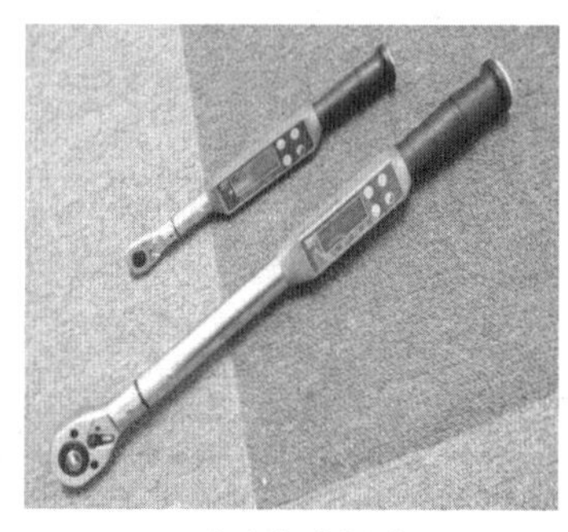

（c）扭力扳手

（d）机油滤清器扳手

图 2-6　更换机油及机油滤清器所需要的工具

二、机油及机油滤清器的规范更换流程

1. 车辆的防护与举升

车辆的防护内容详见项目一的任务一。

车辆的举升步骤详见项目一的任务二。

2. 发动机机油油位的检查

（1）检查前，应把车辆停放在水平地面上，启动发动机，怠速运转 5 分钟。

（2）停止运转发动机，等待 3 分钟后，打开发动机舱盖，拔出机油尺擦拭干净，重新插入机油尺并再次取出，记录机油尺上的油位。机油尺的位置如图 2-7 所示。

图 2-7　机油尺的位置

（3）正确油位应在最高位［F］和最低位［L］之间的位置，如图 2-8 所示。

（4）用手捻搓机油尺上的机油，检查其黏度，检查有无汽油味和水泡等，如图 2-9 所示。

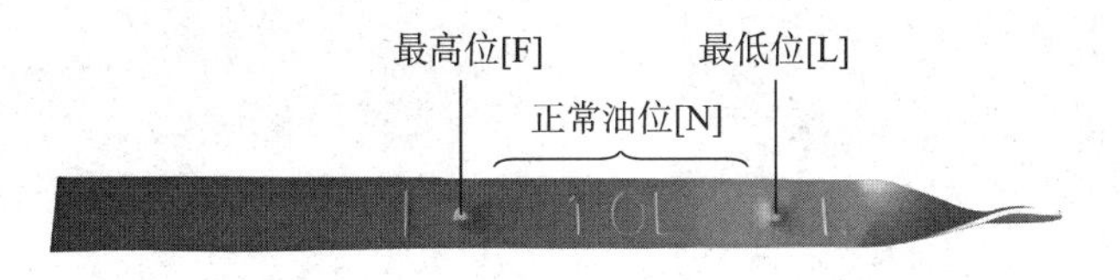

图 2-8　油面的位置

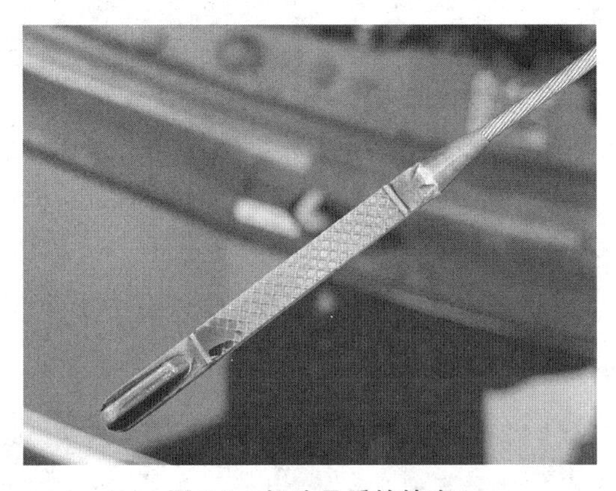

图 2-9　机油品质的检查

（5）若油面高度太高，应及时查明原因并予以解决，原因可能是冷却水或汽油进入曲轴箱内所致。

3．发动机机油的排放

（1）把车辆停在水平地面上，启动发动机，进行发动机暖机。

（2）关闭发动机，拉紧驻车制动器，打开发动机舱盖及机油加油口盖，如图 2-10 所示。

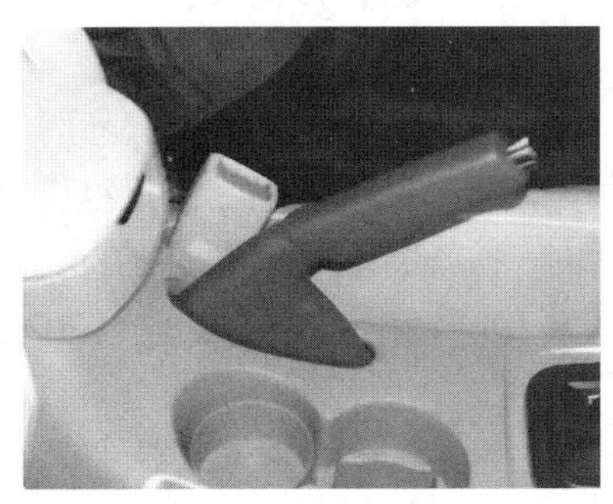

（a）拉紧驻车制动器

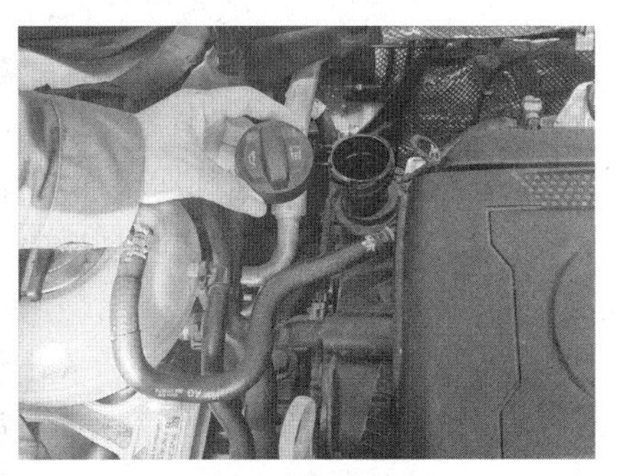

（b）打开机油加油口盖

图 2-10　发动机机油的排放

（3）举升车辆后在放油螺栓下部放置机油收集器，用扭力扳手按逆时针方向旋转放

油螺栓，放油螺栓位置如图 2-11 所示。之后，取下放油螺栓，打开放油口，放出机油，如图 2-12 所示。

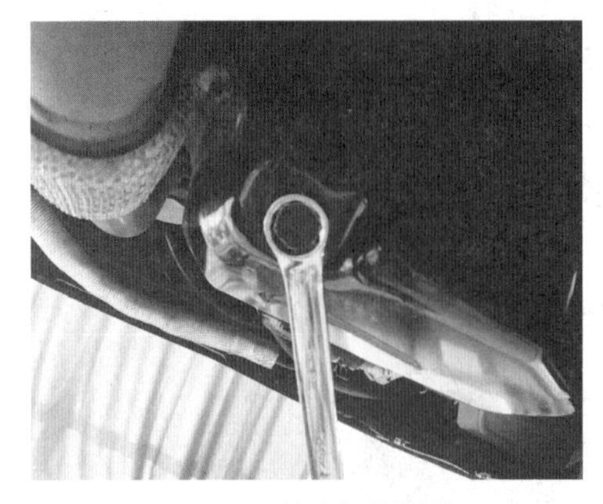

图 2-11　放油螺栓位置

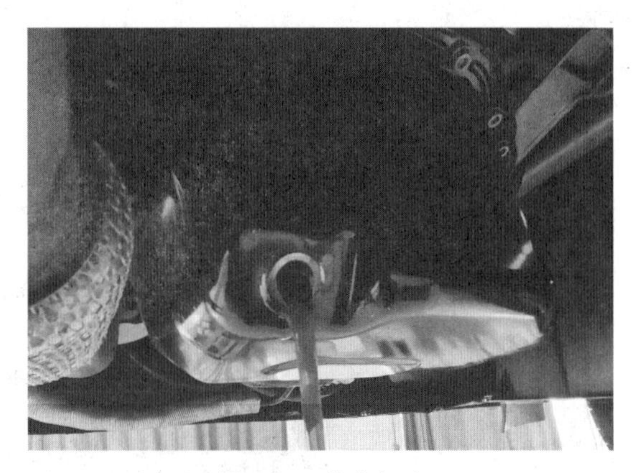

图 2-12　放出机油

4. 机油滤清器的更换

（1）放完机油后，应更换放油螺栓密封垫，用扭力扳手按顺时针方向拧紧放油螺栓。规定扭矩：15~20 N · m。拧紧放油螺栓如图 2-13 所示。

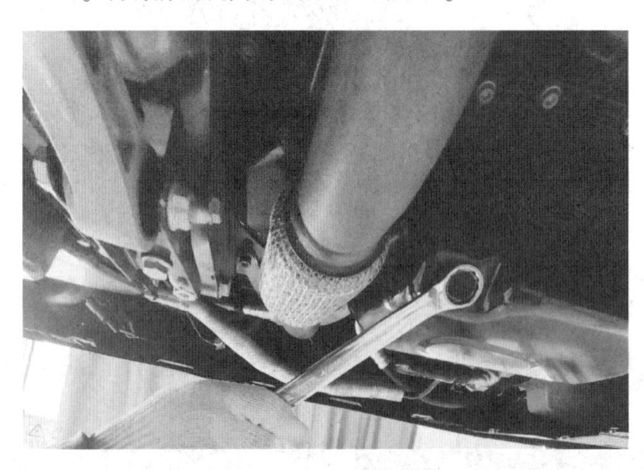

图 2-13　拧紧放油螺栓

（2）用棘轮手柄和加长杆、万向节及机油滤清器扳手组装工具，拧松机油滤清器，如图 2-14 所示。注意选择正确尺寸的机油滤清器扳手，过大会导致机油滤清器变形，过小不便于拆卸，如图 2-15 所示。

（3）在新机油滤清器的“O”形环（密封圈）上涂抹新的机油。

（4）用手把新机油滤清器拧在机油滤清器支座上，直到机油滤清器“O”形环与安装表面接触；为便于拧紧机油滤清器，注意识别机油滤清器“O”形环与安装表面初始接触的精确位置，接着再用机油滤清器扳手将新机油滤清器拧紧，如图 2-16 所示。注意，拧紧机油滤清器的规定力矩为：20～30 N · m，力矩不要过大，否则可能会造成密封不良而渗油，或者在下次更换机油滤清器时无法拆卸。

图 2-14　机油滤清器的拆卸

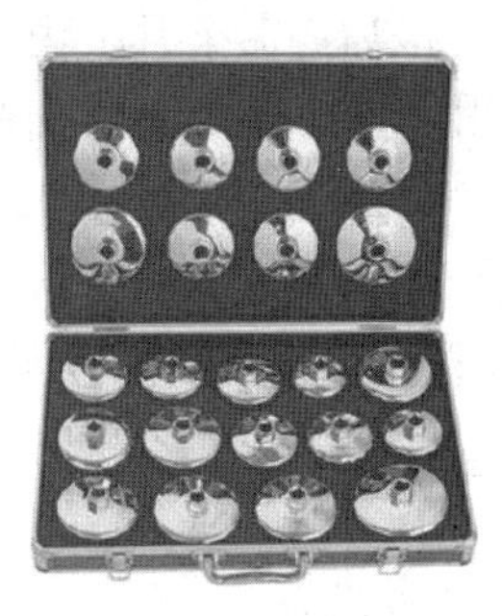

图 2-15　机油滤清器扳手的选择

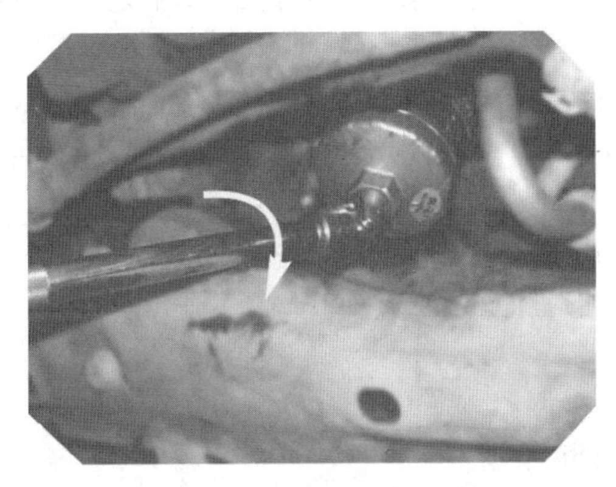

图 2-16　机油滤清器的安装

5. 机油的加注

（1）操纵举升机使车辆下降。

（2）从发动机机油加油口加注车辆制造商规定黏度的高品质汽车发动机专用机油，直至油位达到机油尺上的满油位标记处，停止加注。发动机机油的加注如图 2-17 所示。

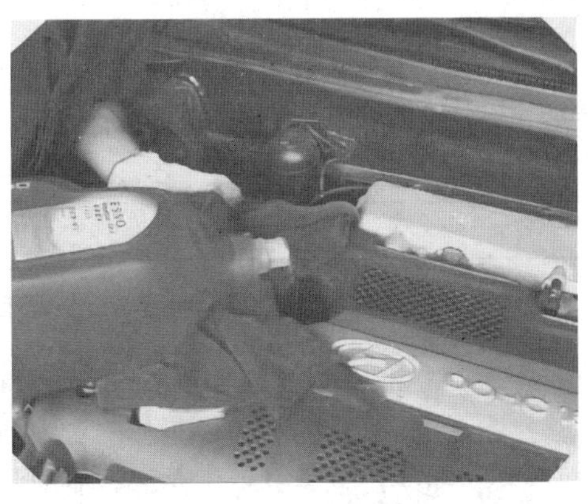

图 2-17　发动机机油的加注

(3) 盖上发动机机油加油口盖，使发动机怠速运转 5 分钟后停止运转。隔 3 分钟后拔出机油尺，检查机油油位是否处在正常油位。注意，不足时应再加注机油，油位超过最高油位标记时需抽出多余机油。

(4) 最后还需举升车辆，检查发动机放油螺栓、机油滤清器密封接口处是否有泄漏现象，用工具检查放油螺栓和机油滤清器拧紧的情况。拧紧后如有泄漏，则需要查明原因，并更换新件，重新装配。

(5) 擦拭使用过的工具，并将其放回原位，撤下车辆防护三件套，整理放到指定位置。清洁现场，实施 8S 管理。

任务实施

☞ 任务准备

(1) 防护装备：常规实训工作服、车内外防护三件套。

(2) 工具设备：大众宝来汽车 1 辆、举升机、机油收集器、套筒扳手一套、扭力扳手、机油滤清器扳手一套。

(3) 耗材：机油、机油滤清器、抹布等。

☞ 实施步骤

(1) 对车辆进行防护，举升车辆。

(2) 对发动机机油油位进行检查。

(3) 排放发动机中的旧机油。

(4) 更换机油滤清器。

(5) 加注新的机油。

(6) 清理现场，实施 8S 管理。

任务报告

<table>
<tr><td colspan="4">任务二　机油及机油滤清器的更换</td></tr>
<tr><td>班级</td><td></td><td>姓名</td><td></td></tr>
<tr><td>组别</td><td></td><td>组长</td><td></td></tr>
<tr><td colspan="2">1. 接受任务（5 分）</td><td colspan="2">得分：</td></tr>
<tr><td colspan="4">11 月 3 日，室外温度为−15 ℃，4S 店来了一辆需保养的车辆，品牌为大众宝来，请为车辆进行机油及机油滤清器的更换。学生需完成相关信息的收集，机油及机油滤清器的更换计划的编写，并实施规范操作。</td></tr>
<tr><td colspan="2">2. 信息收集（20 分）</td><td colspan="2">得分：</td></tr>
<tr><td colspan="4">(1) 机油及机油滤清器的规范更换需要的工具主要有：________________、套筒扳手一套、扭力扳手、________________。
(2) 检查前，应把车辆停放在________，启动发动机怠速运转________分钟。
(3) 关闭发动机，拉紧________________，打开发动机舱盖及________________。
(4) 放完机油后，更换放油螺栓密封垫，用扭力扳手按顺时针方向拧紧放油螺栓。规定扭矩：________。</td></tr>
</table>

（续表）

（5）盖上发动机机油加油口盖，启动发动机怠速运转________分钟，在停止运转________分钟后拔出机油尺，检查机油油位是否处在正常油位。

（6）N 位置的含义：________。

（7）F 位置的含义：________。

（8）机油加注后还需检查发动机放油螺栓、机油滤清器密封接口处是否有________。

3. 制订计划（15 分）　　**得分：**

编制更换机油及机油滤清器的工作计划。

序号	工作步骤	具体内容

4. 计划实施（50 分）　　**得分：**

实施宝来汽车更换机油及机油滤清器的规范操作。

序号	工作内容	分值	得分
1	将机油收集器置于放油螺栓下方	3 分	
2	用扳手拧松放油螺栓，用手缓缓旋出，打开放油口放油	5 分	
3	当放油口不再滴油后拧紧放油螺栓	3 分	
4	用专用扳手拧松机油滤清器并拆下	5 分	
5	在新的机油滤清器“O”型环上涂抹新的机油	3 分	
6	将新的机油滤清器拧在其支座上，用机油滤清器扳手拧紧	5 分	
7	使用抹布擦净新的机油滤清器	3 分	
8	将车辆平稳降落到地面上	5 分	
9	将机油缓慢加入发动机内	5 分	
10	加注接近规定容量时检查油面高度	5 分	
11	启动发动机，观察漏油情况并检查油面高度	5 分	
12	收拾工具并归位，清洁地面卫生	3 分	

5. 检查评价（10 分）　　**得分：**

请根据个人及小组成员在完成任务过程中的表现及工作结果进行自我评价和小组评价。

自我评价：____。

小组评价：____。

任务总成绩：

项目三

空气滤清器的认知与更换

知识体系

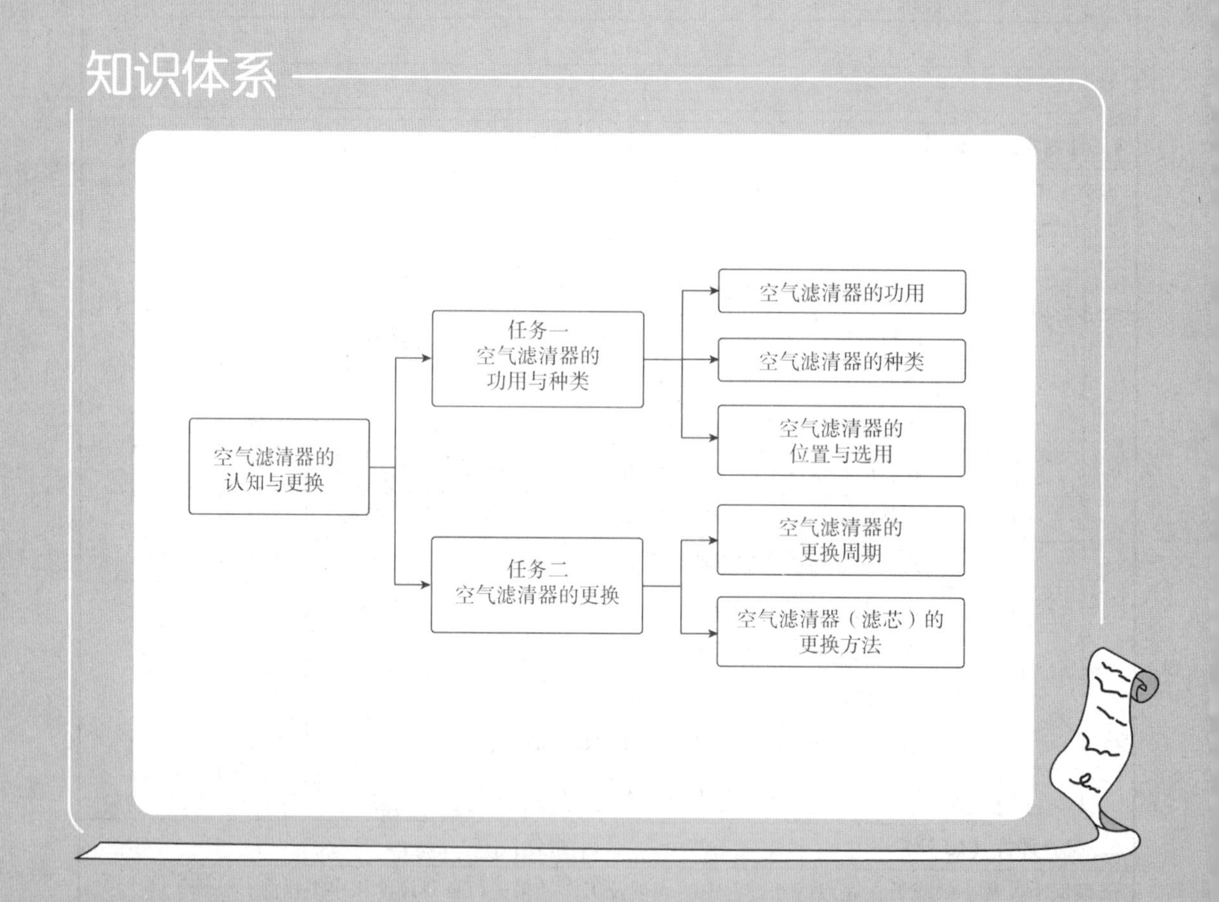

学习任务

本项目主要学习发动机进气系统中的主要元件——空气滤清器的相关内容，包括空气滤清器的功用、种类、位置、更换周期和更换方法，分为两个学习任务：

任务一：空气滤清器的功用与种类。

任务二：空气滤清器的更换。

通过两个任务的学习，理解空气滤清器的功用与种类，了解空气滤清器的价格及在车上的位置，能正确地选用空气滤清器，掌握发动机空气滤清器的更换周期，能规范地更换空气滤清器。

任务一　空气滤清器的功用与种类

任务引导

发动机的进气系统一般由空气滤清器、进气管、节气门等部分组成。进气系统的作用是测量和控制机油在发动机内燃烧时所需的进气量。如果空气滤清器阻塞，就会导致发动机进气量不足，进而造成发动机输出功率不足，燃油经济性变差。定期检查并更换空气滤清器，可以保障汽车运行的安全，提高经济性，减少污染物的排放，降低噪声，延长汽车使用寿命。

任务目标

◎ 知识目标

(1) 了解空气滤清器的功用、种类。

(2) 了解空气滤清器在车上的位置，以及选用方法。

◎ 能力目标

(1) 能准确地知道空气滤清器在车上的位置。

(2) 能正确地选用空气滤清器。

◎ 素质目标

(1) 培养学生学思结合的学习习惯。

(2) 使学生养成严谨、认真的工作态度。

任务资讯

一、空气滤清器的功用

空气要经过进气系统，再进入发动机燃烧室和机油混合燃烧，发动机对外做功驱动汽车行驶。空气中通常含有灰尘、砂土等杂质，灰尘颗粒直径最小可达 0.005 mm，如果灰尘、砂土等杂质进入发动机，将形成磨料，造成气缸壁、活塞等部件磨损加剧。

空气滤清器安装在进气系统的最前方，可以过滤掉灰尘、砂土等杂质，阻止其进入发动机燃烧室，防止对发动机的磨损。空气滤清器由壳体和滤芯组成，滤芯布置在壳体内，空气滤清器的结构如图 3-1 所示。

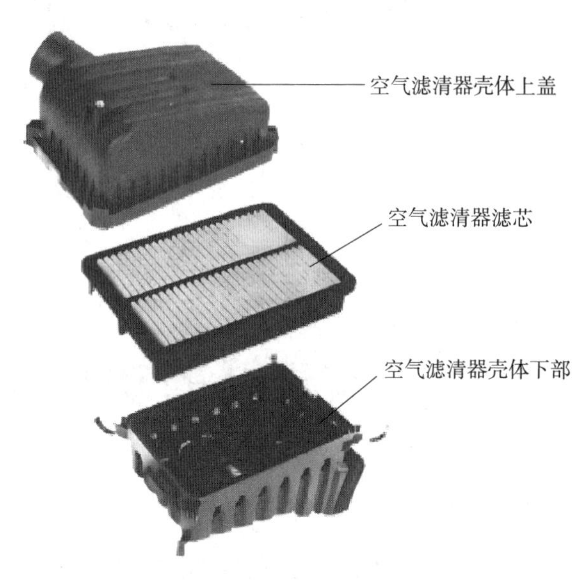

图 3-1　空气滤清器的结构

空气滤清器能够延长发动机的使用寿命。发动机在工作过程中需要大量的空气，如果空气中的杂质没有被有效过滤，这些颗粒会加速发动机内部零件的磨损，尤其是气缸壁、活塞环和节气门等精密部件。长期下来，发动机的性能会逐渐下降，甚至出现严重的机械故障。

空气滤清器有助于提高燃油效率。干净的空气可以确保机油燃烧更加充分，从而提高发动机的燃烧效率。如果空气滤清器堵塞或过滤效果不佳，发动机吸入的空气量会减少，导致机油燃烧不充分，进而增加油耗，降低车辆的燃油经济性。

此外，空气滤清器还能减少污染物的排放。发动机在燃烧过程中会产生各种有害气体，如果空气滤清器不能有效地过滤空气中的杂质，燃烧过程会变得不充分，导致更多的有害气体排放到大气中。因此，使用高效能的空气滤清器不仅有助于保护环境，还能使车辆满足越来越严格的排放标准。

为了确保空气滤清器能够正常发挥作用，车主应定期检查和更换空气滤清器。一般情况下，建议每行驶 12 000 km～24 000 km 或每年更换一次空气滤清器，具体更换周期应根据车辆使用环境和行驶条件进行调整。在多尘或恶劣的环境中行驶时，空气滤清器的更换周期应相应缩短。

二、空气滤清器的种类

按照过滤原理，空气滤清器可分为过滤式空气滤清器、离心式空气滤清器、油浴式空气滤清器等类型。

空气滤清器的滤芯分为干式滤芯和湿式滤芯两种。干式滤芯的材料为滤纸或无纺布，为了增大空气通过面积，干式滤芯大都有许多细小的褶皱，当空气滤清器使用时间过长或者滤芯污损严重时，应当及时更换新的滤芯。湿式滤芯使用海绵状的聚氨酯类材料制造，安装使用时应滴加一些机油，用手揉匀，以便吸附空气中的异物；如果滤芯污损，可以用清洗油进行清洗，污损严重时也应该更换新滤芯。

现代乘用车广泛应用的是干式纸质滤芯空气滤清器，这种空气滤清器的过滤效率高，灰尘的透过率仅有 0.1%～0.4%，还能减轻气缸和活塞的磨损，延长发动机使用寿命。干式纸质滤芯采用经过处理的微孔滤纸制成，滤纸多孔、疏松，有一定的机械强度和抗水性，具有过滤效率高、结构简单、质量轻、成本低、保养方便等优点。空气滤清器的干式纸质滤芯如图 3-2 所示。

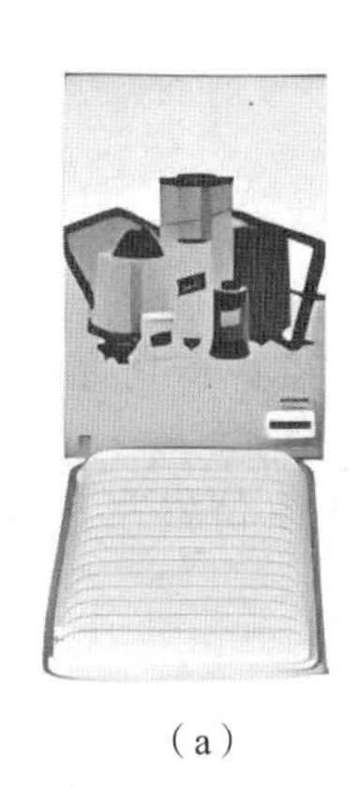
（a）

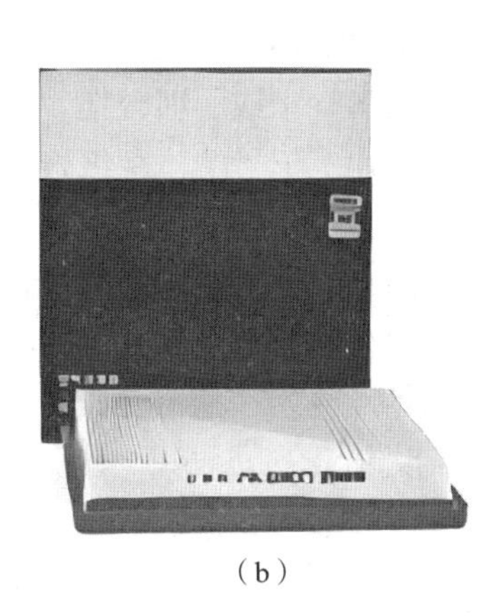
（b）

图 3-2　空气滤清器的干式纸质滤芯

三、空气滤清器的位置与选用

1. 空气滤清器的位置

空气滤清器安装在进气系统上，在节气门前方。如图 3-3 所示。

图 3-3　空气滤清器在车上位置

2. 空气滤清器的选用

由于各车型空气滤清器滤芯的结构和形状都不相同，所以在选用空气滤清器的滤芯时，要结合车型、排量和年份等因素综合考虑。可以采用网购和在配件商店选购的方式购买滤芯。通过在网上搜索浏览，可以查询到各车型空气滤清器的滤芯价格，同款车型的不同品牌空气滤清器的滤芯价格会有差异，在选择时，可以优先选择大品牌。

任务实施

☞ **任务准备**

（1）防护装备：常规实训工作服、车内外防护三件套。

（2）工具设备：汽车整车或实训台架。

（3）辅助资料：卡片、记号笔、翻纸板、教材。

☞ **实施步骤**

（1）确定实验车辆上的空气滤清器的位置，初步认识空气滤清器。

（2）上网查询实验车辆的空气滤清器的不同类型及价格。

（3）利用搜索工具，搜索“空气滤清器的作用、种类、价格”等关键词，记录查询到的信息，填写任务报告。

任务报告

<table>
<tr><th colspan="4">任务一　空气滤清器的功用与种类</th></tr>
<tr><td>班级</td><td></td><td>姓名</td><td></td></tr>
<tr><td>组别</td><td></td><td>组长</td><td></td></tr>
<tr><td colspan="2">1. 接受任务（5 分）</td><td colspan="2">得分：</td></tr>
<tr><td colspan="4">你是一名汽车维修专业的学生，请确定实验车辆的空气滤清器在车上的位置，记录并总结到报告中。</td></tr>
<tr><td colspan="2">2. 信息收集（20 分）</td><td colspan="2">得分：</td></tr>
<tr><td colspan="4">（1）现代乘用车广泛应用的是________滤芯空气滤清器。
（2）空气滤清器一般安装在________________。
（3）汽车空气滤清器有哪些品牌？

（4）空气滤清器有什么作用？

</td></tr>
<tr><td colspan="2">3. 制订计划（15 分）</td><td colspan="2">得分：</td></tr>
<tr><td colspan="4">请根据任务要求制订工作计划，并进行任务分工。
<table>
<tr><th>序号</th><th>工作内容</th><th>负责人</th></tr>
<tr><td></td><td></td><td></td></tr>
<tr><td></td><td></td><td></td></tr>
<tr><td></td><td></td><td></td></tr>
</table></td></tr>
</table>

（续表）

<table>
<tr><td>4. 计划实施（50分）</td><td>得分：</td></tr>
<tr><td colspan="2">（1）查询并记录空气滤清器的功用。（10分）</td></tr>
<tr><td>空气滤清器的功用是什么？</td><td></td></tr>
<tr><td colspan="2">（2）查询并记录空气滤清器的类型。（20分）</td></tr>
<tr><td>实验车辆的空气滤清器是什么类型？</td><td></td></tr>
<tr><td colspan="2">（3）查询并记录实验车辆的空气滤清器的品牌和价格。（20分）</td></tr>
<tr><td>实验车辆的空气滤清器的品牌和价格有哪些？</td><td></td></tr>
<tr><td>5. 检查评价（10分）</td><td>得分：</td></tr>
<tr><td colspan="2">请根据个人及小组成员在完成任务过程中的表现及工作结果进行自我评价和小组评价。
自我评价：________________________________。
小组评价：________________________________。</td></tr>
<tr><td colspan="2">任务总成绩：</td></tr>
</table>

任务二　空气滤清器的更换

任务引导

作为汽车维修保养人员，你知道空气滤清器的更换周期吗？空气滤清器的更换方法你了解吗？

任务目标

◎ 知识目标

（1）了解不同车型空气滤清器的更换周期。

（2）掌握空气滤清器的更换方法。

◎ 能力目标

（1）能正确地更换车辆的空气滤清器。

（2）熟悉空气滤清器的作用和更换周期。

（3）严格执行工作现场8S管理。

◎ 素质目标

（1）培养学生学思结合的学习习惯。

（2）使学生养成严谨、认真的工作态度。

任务资讯

一、空气滤清器的更换周期

正常驾驶情况下，可按照维修保养日程表所示间隔时间来清洁和更换空气滤清器。在多尘或恶劣条件下行驶车辆，应定期检查空气滤清器的滤芯，如有必要，应缩短更换空气滤清器的时间。不同的汽车空气滤清器更换周期是不同的，因此，没有一个绝对标准，这取决于空气滤清器吸收灰尘和杂质的数量。同样是一个空气滤清器，在一辆长期行驶于高速公路的车辆上，它可以行驶 30 000 km 甚至更长距离才更换一次；而对于总穿梭于乡村间的越野车来说，它可能不到 10 000 km 就要更换了。当然这两种情况都是比较极端的，对于普通的城市车辆来说，每半年或每 10 000 km 更换一次空气滤清器是比较合适的。针对不同的车型，汽车厂商规定的更换周期不完全相同，具体更换周期以汽车厂商的要求为准。

车辆行驶的时间或里程只是参考值，最终决定空气滤清器是否需要更换的因素是：是否已经无法让足够的空气通过了。空气滤清器要保证能过滤掉空气中的杂质，同时让足够多的空气进入发动机。

二、空气滤清器（滤芯）的更换方法

1. 准备工作

（1）将车辆驶入举升机工位的合适位置，停好后拉紧驻车制动器。

（2）打开发动机舱盖。

（3）安装车辆挡车胶墩和车内外防护三件套。

2. 更换步骤

（1）找到空气滤清器的位置。空气滤清器在发动机舱内的进气系统中，一般连接较粗的管道。打开发动机舱，首先看到的就是空气滤清器。以大众迈腾 B8L 车型为例，空气滤清器的位置如图 3-4 所示。

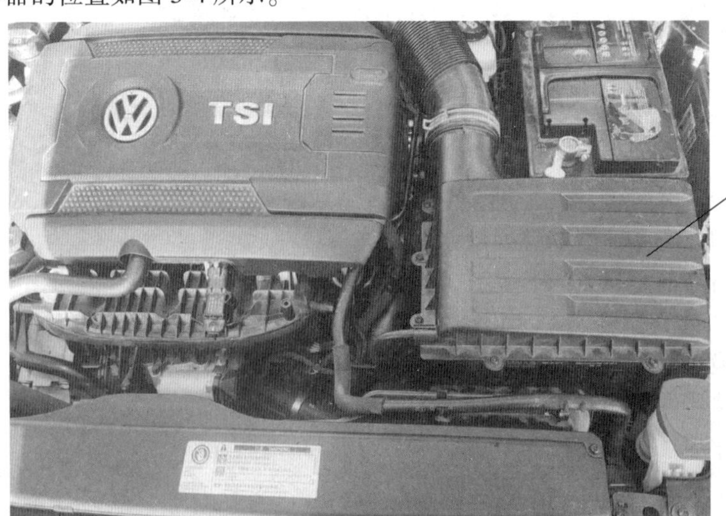

图 3-4　大众迈腾 B8L 车型的空气滤清器的位置

（2）取出旧的空气滤清器滤芯。如图 3-5 所示，用十字螺丝刀逆时针拧松 8 颗螺丝，拧松到螺丝不再往上移动即可。需要注意的是，不用把螺丝完全拿下来，螺丝上带有反卡，不会从空气滤清器壳体上掉下来。部分车型空气滤清器上盖和下盖由卡扣相连，卡扣结构简单，向外掰卡扣就能拆掉。

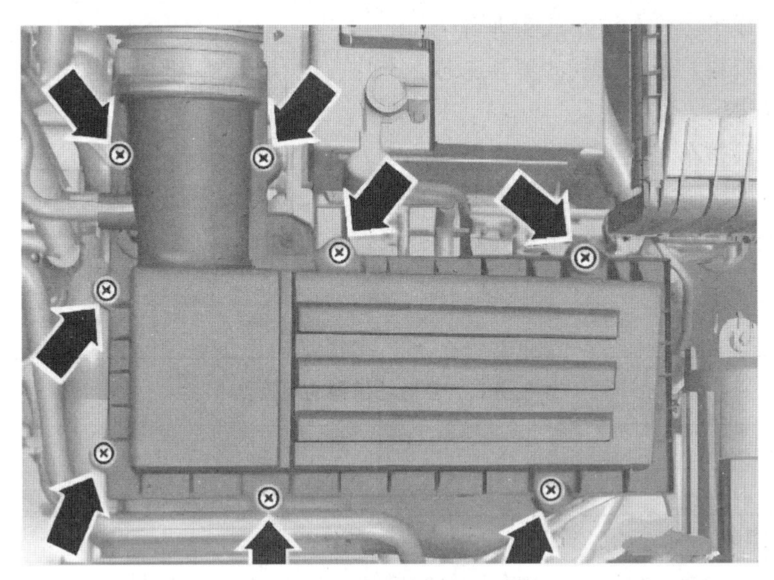

图 3-5　空气滤清器的螺丝位置

将空气滤清器壳体上盖向上抬起，如图 3-6 所示，就能看到旧的滤芯，将旧的滤芯取出。

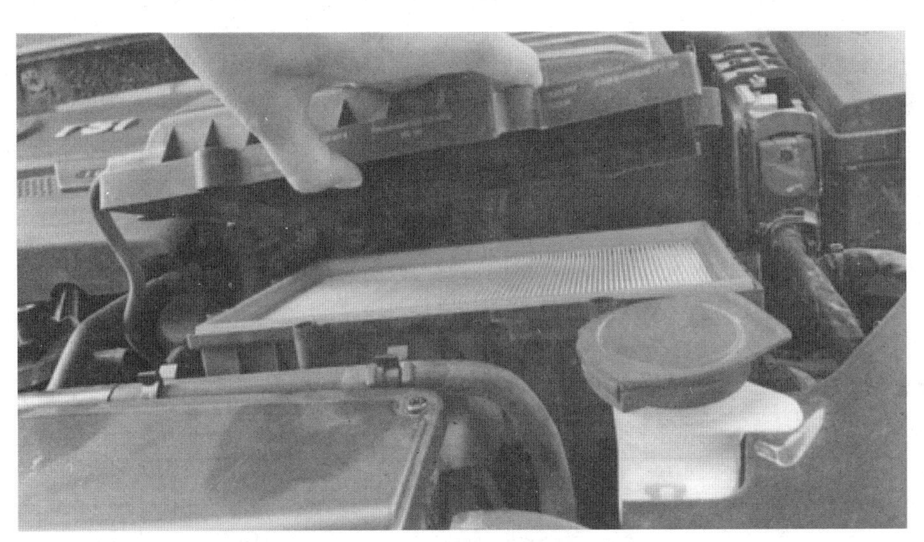

图 3-6　取出旧的滤芯

（3）放置新的空气滤清器滤芯。将新的空气滤清器滤芯换上，安装的方向、位置和正反面要与原来旧的滤芯一致。之后，拧紧螺丝，就完成了空气滤清器的更换。

任务实施

☞ 任务准备

（1）防护装备：常规实训工作服、车内外防护三件套。

（2）工具设备：汽车整车或实训台架。

（3）辅助资料：新的空气滤清器滤芯、卡片、记号笔、翻纸板、教材。

☞ 实施步骤

（1）在实验整车上找到空气滤清器的位置。

（2）利用网络资源和课堂教学资源，查询空气滤清器滤芯更换的步骤。

（3）根据查询到的信息，填写完成任务报告。

任务报告

<table>
<tr><td colspan="4">任务二　空气滤清器的更换</td></tr>
<tr><td>班级</td><td></td><td>姓名</td><td></td></tr>
<tr><td>组别</td><td></td><td>组长</td><td></td></tr>
<tr><td colspan="2">1. 接受任务（5 分）</td><td colspan="2">得分：</td></tr>
<tr><td colspan="4">你是一名汽车维修专业的学生，现在开始学习空气滤清器的更换，请利用网络资源和课堂教学资源，查询空气滤清器更换的步骤，并记录、总结到报告中。</td></tr>
<tr><td colspan="2">2. 信息收集（20 分）</td><td colspan="2">得分：</td></tr>
<tr><td colspan="4">（1）一汽大众 2016 款迈腾 1.8T 汽车空气滤清器的更换周期是________km 或是________个月，以先到为准。
（2）2016 款东风标致 308 车型 1.6T 空气滤清器的更换周期是________km 或是 ____个月，以先到为准。
（3）当汽车行驶的条件比较恶劣时，如风沙较大，路面灰尘较多，空气滤清器的更换周期应该________。
（4）举一个车型的例子说明空气滤清器的更换步骤？</td></tr>
<tr><td colspan="2">3. 制订计划（15 分）</td><td colspan="2">得分：</td></tr>
<tr><td colspan="4">请根据任务要求制订工作计划。</td></tr>
</table>

序号	工作步骤	工作内容	备注

（续表）

4. 计划实施（50分）　　**得分：**

更换空气滤清器滤芯。

序号	工作内容	分值	得分
1	进行车辆防护，安装车辆挡车胶墩，安装车内外防护三件套，检查三液一电	5分	
2	打开发动机舱盖，找到空气滤清器	5分	
3	拆卸空气滤清器壳体上盖	5分	
4	拆下旧的空气滤清器滤芯	5分	
5	更换新的空气滤清器滤芯	10分	
6	安装空气滤清器壳体上盖	10分	
7	收回挡车胶墩，拆下车内外防护三件套，车辆恢复	10分	

5. 检查评价（10分）　　**得分：**

请根据个人及小组成员在完成任务过程中的表现及工作结果进行自我评价和小组评价。

自我评价：________________________________。

小组评价：________________________________。

任务总成绩：

项目四

空调滤清器的认知与更换

知识体系

- 空调滤清器的认知与更换
  - 任务一 空调滤清器的功用与种类
    - 空调滤清器的功用
    - 空调滤清器滤芯的种类
    - 空调滤清器的位置与选用
  - 任务二 空调滤清器的更换
    - 空调滤清器的更换周期
    - 空调滤清器（滤芯）的更换方法

学习任务

本项目主要学习汽车空调系统中的主要元件——空调滤清器的相关知识和更换方法，分为两个学习任务：

任务一：空调滤清器的功用与种类。

任务二：空调滤清器的更换。

通过两个任务的学习，理解空调滤清器的功用与种类，了解空调滤清器的价格及在车上的位置，能根据车型正确地选择合适的空调滤清器，掌握汽车空调滤清器的更换周期，能规范地更换空调滤清器。

任务一　空调滤清器的功用与种类

任务引导

汽车的空调系统是汽车调节车内温度、进行通风和空气净化的重要系统，空气通过空调系统进入车内，必须经过空调滤清器。如果空调滤清器脏污、阻塞，就会导致车内进风量减少，车内有异味等情况发生，使汽车舒适性变差。定期检查并更换空调滤清器，可以保证车内空气的干净，提高乘车舒适性。

任务目标

◎ **知识目标**

(1) 了解空调滤清器的功用与种类。

(2) 了解空调滤清器在车上的位置以及选用方法。

◎ **能力目标**

(1) 能准确知道空调滤清器在车上的位置。

(2) 能根据车型正确地选用合适的空调滤清器。

◎ **素质目标**

(1) 培养学生学思结合的学习习惯。

(2) 使学生养成严谨、认真的工作态度。

任务资讯

一、空调滤清器的功用

空调滤清器主要用于过滤从外界进入车厢内部的空气，使空气的洁净度提高，一般能过滤掉空气中所包含的微小颗粒物、花粉、细菌、工业废气和灰尘等。空调滤清器能使空调格贴紧壳体，并通过其内部的过滤材料（如无纺布、活性炭等），有效拦截空气中的杂质，吸附空气中的水分、煤烟、臭氧、异味、碳氧化物、二氧化硫、二氧化碳等，从而保

证进入车内的空气纯净，保证未过滤的空气不进入车内。

空调滤清器有助于改善车内空气质量，减少异味。空调系统在运行过程中，空气中的湿气可能会在蒸发器表面凝结成水珠，形成一个潮湿的环境。这种环境容易滋生细菌和霉菌，导致车内产生异味。空调滤清器中的活性炭层能够吸附并中和这些异味，使车内空气变得清新。

对于过敏体质的驾驶者和乘客来说，空调滤清器的作用尤为重要。过敏原如花粉、尘螨等通过空调系统进入车内，可能会引发过敏反应。空调滤清器能够有效拦截这些过敏原，为过敏体质的驾驶者和乘客提供一个更为安全和舒适的驾驶和乘坐环境。

空调滤清器在保障车内空气质量、延长空调系统使用寿命及提升驾乘舒适度方面发挥着至关重要的作用。定期更换空调滤清器，是保障汽车安全和维护驾驶者、乘客健康的重要措施之一。

二、空调滤清器滤芯的种类

空调滤清器滤芯一般分两类：普通型空调滤清器滤芯、活性炭系列空调滤清器滤芯，普通型空调滤清器滤芯一般是由特定的环保过滤材料经过加工折叠后制作而成，多为白色单层。活性炭系列空调滤清器滤芯是由两面非织造布（无纺布）中间夹有微小颗粒活性炭复合而成的活性炭滤布再深加工制作而成。普通型空调滤清器滤芯只能起到抑制灰尘和颗粒物进入的作用，活性炭系列空调滤清器滤芯能在空气经过的很短时间里，利用活性炭颗粒本身的物理性能，吸附空气中的微小颗粒物和更多的有害物质。两种空调滤清器滤芯相比较，活性炭系列空调滤清器滤芯的过滤效果要比普通型滤清器滤芯好很多，但是价格也贵很多。普通型空调滤清器滤芯的外观如图 4-1 所示。

图 4-1　普通型空调滤清器滤芯的外观

三、空调滤清器的位置与选用

1. 空调滤清器的位置

汽车空调滤清器位于空调系统的蒸发器之前，在空调的通风系统内。常见的位置是在汽车副驾驶位前的风挡玻璃下，如图 4-2 所示。有的车型的空调滤清器安装在副驾驶位杂物箱的里侧，如图 4-3 所示，还有的车型的空调滤清器安装在副驾驶位杂物箱下面的左侧或者底部，如图 4-4 所示。

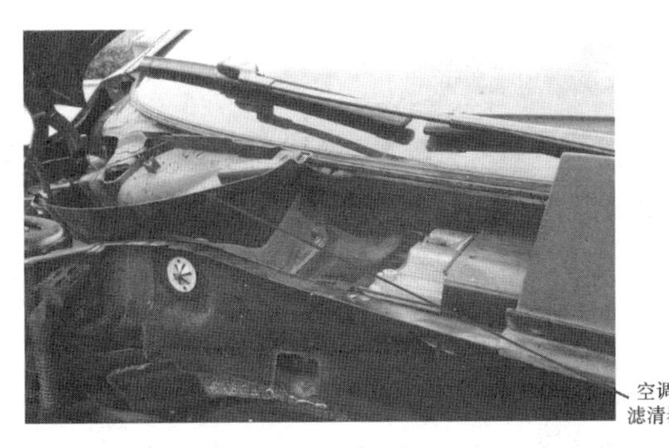

图 4-2　空调滤清器位于副驾驶位风挡玻璃下

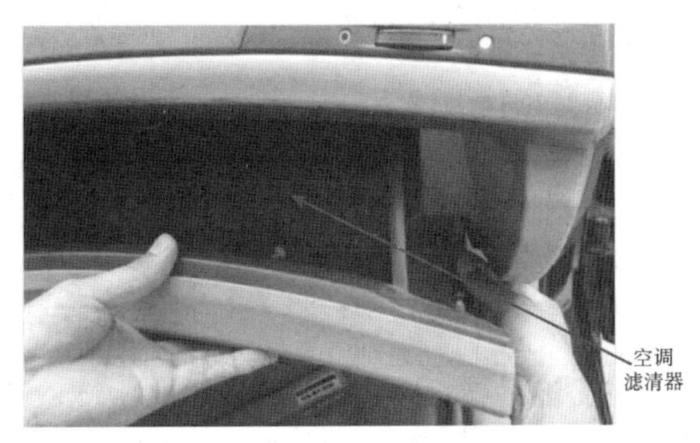

图 4-3　空调滤清器位于副驾驶位杂物箱里侧

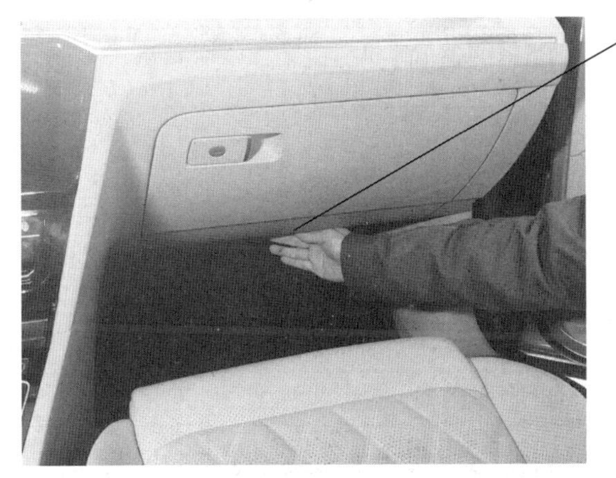

图 4-4　空调滤清器位于副驾驶位杂物箱下方左侧或底部

2. 空调滤清器滤芯的选用

由于各车型空调滤清器的结构和形状都不相同，所以在选用空调滤清器的滤芯时，要结合车型、排量和年份等因素综合考虑。可以采用网购和在配件商店选购的方式购买滤芯。通过在网上搜索浏览，可以查询到不同车型空调滤清器的滤芯价格，同款车型的不同品牌空调滤清器的滤芯价格会有差异，建议优先选择大品牌。

任务实施

☞ 任务准备

（1）防护装备：常规实训工作服、车内外防护三件套。

（2）工具设备：汽车整车或实训台架。

（3）辅助资料：卡片、记号笔、翻纸板、教材。

☞ 实施步骤

（1）确定实验车辆上的空调滤清器的位置，初步认识空调滤清器。

（2）上网查询实验车辆的空调滤清器的不同类型及价格。

（3）利用搜索工具，搜索“空调滤清器的作用、种类、价格”等关键词，记录查询

到的信息。

（4）根据查询到的信息，填写完成任务报告。

任务报告

<table>
<tr><td colspan="4">任务一　空调滤清器的功用与种类</td></tr>
<tr><td>班级</td><td></td><td>姓名</td><td></td></tr>
<tr><td>组别</td><td></td><td>组长</td><td></td></tr>
<tr><td colspan="2">1. 接受任务（5 分）</td><td colspan="2">得分：</td></tr>
<tr><td colspan="4">你是一名汽车维修专业的学生，请确定实验车辆的空调滤清器在车上的位置，车上的空调滤清器的品牌和类别，记录并总结到报告中。</td></tr>
<tr><td colspan="2">2. 信息收集（20 分）</td><td colspan="2">得分：</td></tr>
<tr><td colspan="4">（1）空调滤清器一般分两类：________空调滤清器和________空调滤清器。
（2）空调滤清器一般位于____________，____________，____________。
（3）汽车空调滤清器有哪些品牌？

（4）空调滤清器有什么作用？</td></tr>
<tr><td colspan="2">3. 制订计划（15 分）</td><td colspan="2">得分：</td></tr>
<tr><td colspan="4">请根据任务要求制订工作计划，并进行任务分工。
<table><tr><td>序号</td><td>工作内容</td><td>负责人</td></tr><tr><td></td><td></td><td></td></tr><tr><td></td><td></td><td></td></tr><tr><td></td><td></td><td></td></tr><tr><td></td><td></td><td></td></tr><tr><td></td><td></td><td></td></tr></table></td></tr>
<tr><td colspan="2">4. 计划实施（50 分）</td><td colspan="2">得分：</td></tr>
<tr><td colspan="4">（1）查询并记录空调滤清器的功用。（10 分）
（2）查询并记录空调滤清器的位置和类型。（20 分）
（3）查询并记录实验车辆的空调滤清器的品牌和价格。（20 分）</td></tr>
<tr><td colspan="2">5. 检查评价（10 分）</td><td colspan="2">得分：</td></tr>
<tr><td colspan="4">请根据个人及小组成员在完成任务过程中的表现及工作结果进行自我评价和小组评价。
自我评价：____。
小组评价：____。</td></tr>
<tr><td colspan="4">任务总成绩：</td></tr>
</table>

任务二　空调滤清器的更换

任务引导

空调滤清器能够清洁进入汽车车内的空气，相当于一个超级大口罩，若长期不更换，就会造成车内通风不好、有异味，空调系统滋生细菌，乘坐舒适性变差等情况发生。作为汽车维修保养人员，你知道空调滤清器的更换周期吗？空调滤清器的更换方法你了解吗？

任务目标

◎ 知识目标

（1）了解不同车型空调滤清器的更换周期。

（2）掌握空调滤清器的更换方法。

◎ 能力目标

（1）能正确地更换车辆的空调滤清器。

（2）熟悉空调滤清器的作用和更换周期。

（3）严格执行工作现场8S管理。

◎ 素质目标

（1）培养学生学思结合的学习习惯。

（2）使学生养成严谨、认真的工作态度。

任务资讯

一、空调滤清器的更换周期

汽车在开着空调行驶时，会将外部空气吸入车内，如果长期不更换空调滤清器的滤芯，一旦空气中的颗粒或有害气体进入车内，不但会使汽车空调受污染、冷却系统性能降低，而且人体吸入颗粒或有害气体后易产生过敏反应，或肺部受损，或受臭氧刺激而心情烦躁，等等，这些情况都会影响驾驶员的行车安全。因此，要定期更换空调滤清器。

在正常驾驶情况下，可按照维修保养日程表所示的时间间隔来清洁和更换空调滤清器，以年限或公里数先到达的条件为准。在多尘或恶劣条件下行驶车辆，应缩短更换空调滤清器的时间。

二、空调滤清器（滤芯）的更换方法

1. 准备工作

（1）将车辆驶入举升机工位的合适位置，停好后拉紧驻车制动器。

（2）打开发动机舱盖（有的车型不需要）。

（3）安装车辆挡车胶墩和车内外防护三件套。

2. 更换步骤

（1）找到空调滤清器的位置。以一汽大众迈腾 B7L 车型为例，空调滤清器的位置在副驾驶侧杂物箱底部，如图 4-5 所示。

图 4-5　大众迈腾 B7L 汽车空调滤清器位置

（2）取出旧的空调滤清器滤芯。如图 4-6 所示，到副驾驶位置开始拆卸空调滤清器，首先拧掉两个小黑螺丝，拆下保护泡沫隔音板。

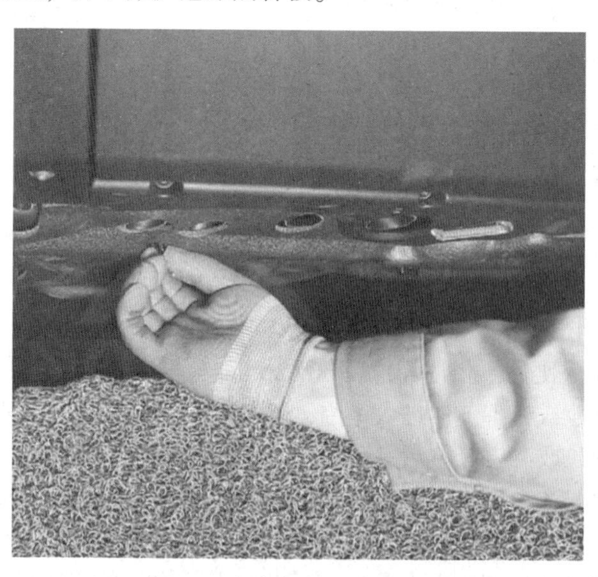
图 4-6　拆卸保护泡沫隔音板

然后拆卸空调滤清器盖板，滑动盖板，看见卡子后反方向滑动，即可取下盖板，如图 4-7 所示。正方向滑动卡住即可安装盖板，盖板里面就是旧的内置空调滤清器滤芯。

最后慢慢抽出空调滤清器滤芯，要注意滤芯方向和位置。抽出空调滤清器滤芯如图 4-8 所示。

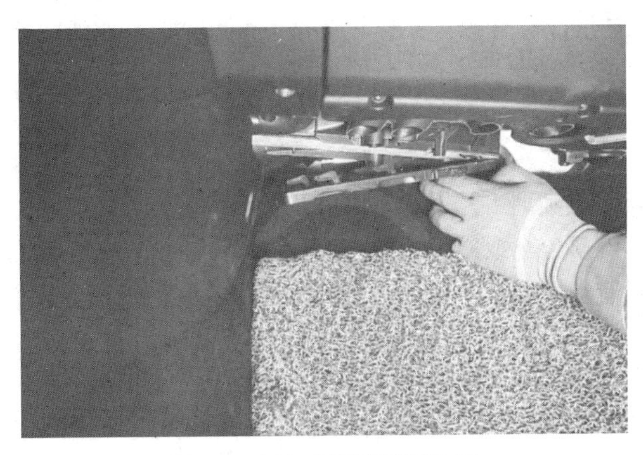

图 4-7　拆卸空调滤清器盖板

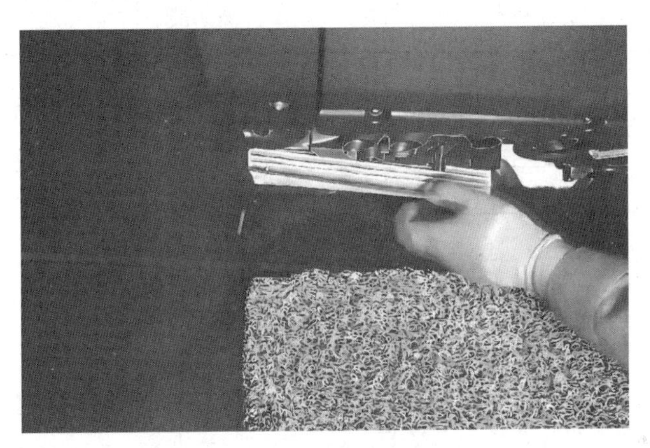

图 4-8　抽出空调滤清器滤芯

（3）安装新的空调滤清器滤芯。将新的空调滤清器滤芯换上，注意方向要与原来的保持一致。安装新空调滤清器滤芯如图 4-9 所示。

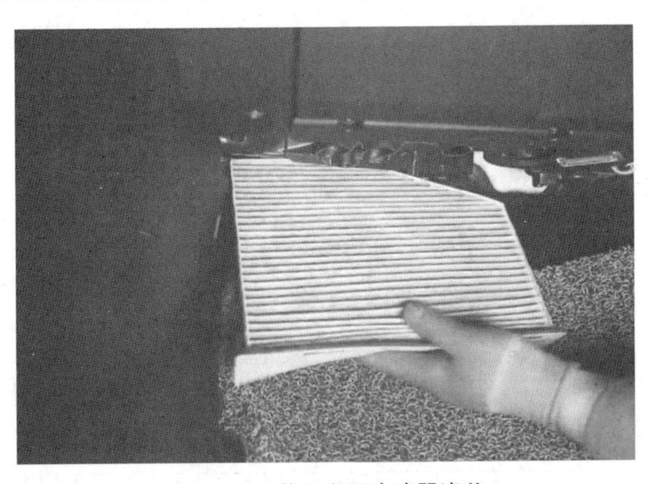

图 4-9　安装新空调滤清器滤芯

安装好盖板和保护泡沫隔音板，并拧紧螺丝，即可完成空调滤清器的更换。

任务实施

☞ **任务准备**

（1）防护装备：常规实训工作服、车内外防护三件套。

（2）工具设备：汽车整车或实训台架。

（3）辅助资料：新空调滤清器滤芯、卡片、记号笔、翻纸板、教材。

☞ **实施步骤**

（1）在实验整车上找到空调滤清器的位置。

（2）利用网络资源和课堂教学资源，查询空调滤清器滤芯更换的步骤。

（3）根据查询到的信息，填写完成任务报告。

任务报告

<table>
<tr><th colspan="4">任务二　空调滤清器的更换</th></tr>
<tr><td>班级</td><td></td><td>姓名</td><td></td></tr>
<tr><td>组别</td><td></td><td>组长</td><td></td></tr>
<tr><td colspan="2">1. 接受任务（5分）</td><td colspan="2">得分：</td></tr>
<tr><td colspan="4">你是一名汽车维修专业的学生，现在开始学习空调滤清器的更换，请利用网络资源和课堂教学资源，查询空调滤清器更换的步骤，并记录、总结到报告中。</td></tr>
<tr><td colspan="2">2. 信息收集（20分）</td><td colspan="2">得分：</td></tr>
<tr><td colspan="4">（1）一汽大众2016款迈腾1.8T汽车空调滤清器的更换周期是________km或是________个月，以先到为准。
（2）2016款东风标致308车型1.6T空调滤清器的更换周期是________km或是________个月，以先到为准。
（3）当汽车行驶的条件比较恶劣时，如风沙较大，路面灰尘较多，空调滤清器的更换周期应该____________。
（4）举一个车型的例子说明空调滤清器的更换步骤？</td></tr>
<tr><td colspan="2">3. 制订计划（15分）</td><td colspan="2">得分：</td></tr>
<tr><td colspan="4">请根据任务要求制订工作计划。</td></tr>
</table>

序号	工作步骤	工作内容

（续表）

4. 计划实施（50分）	得分：
空调滤清器滤芯的更换。	

序号	工作内容	分值	得分
1	进行车辆防护，安装车辆挡车胶墩，安装车内外防护三件套，检查三液一电	5分	
2	找到车辆空调滤清器	5分	
3	拆卸车辆空调滤清器盖板	5分	
4	拆下旧的空调滤清器滤芯	5分	
5	更换新的空调滤清器滤芯	10分	
6	安装空调滤清器盖板	10分	
7	收回挡车胶墩，拆下车内外防护三件套	10分	

5. 检查评价（10分）	得分：
请根据个人及小组成员在完成任务过程中的表现及工作结果进行自我评价和小组评价。 自我评价：________________________________。 小组评价：________________________________。	
任务总成绩：	

项目五

冷却液的认知与更换

知识体系

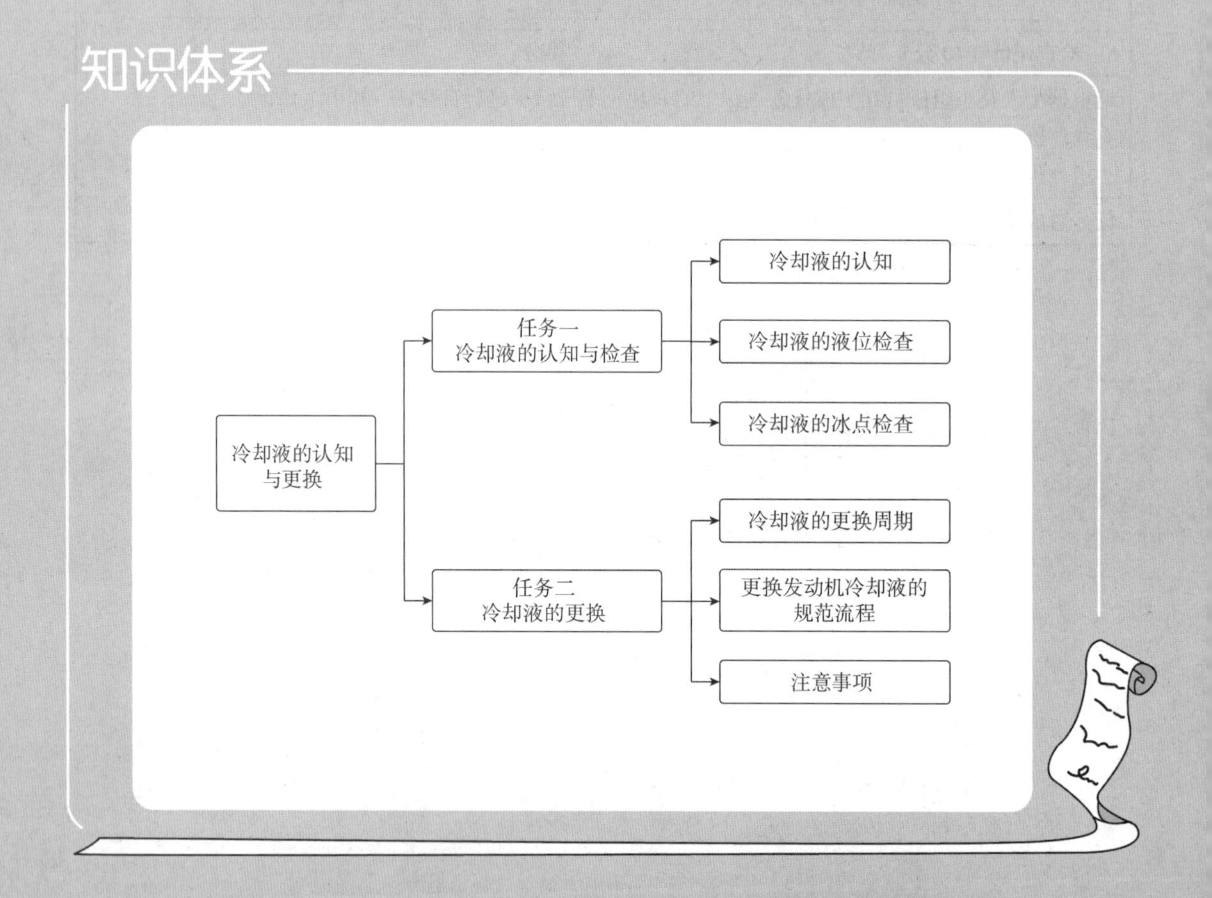

学习任务

本项目主要介绍发动机冷却系统中冷却液的相关知识，主要分为以下两个任务。

任务一：冷却液的认知与检查。

任务二：冷却液的更换。

通过两个任务的学习，了解冷却液的作用和分类；掌握冷却液的液位检查及冰点检查方法；了解冷却液的更换周期；掌握冷却液更换的规范流程。

任务一　冷却液的认知与检查

任务引导

发动机的冷却系统可以保证发动机在适宜的温度下正常工作。冷却液是汽车发动机冷却系统中的散热介质，冷却液质量的好坏直接影响冷却系统的工作情况，进而影响发动机的工作状态。冷却液有哪些分类呢？怎样检查冷却液的液位高度和冰点？我们一起来学习一下吧。

任务目标

◎ 知识目标

(1) 了解冷却液的作用、特点及分类。

(2) 掌握冷却液液位检查、冰点检查的方法。

◎ 能力目标

(1) 能正确使用冰点测试仪检测冷却液的冰点。

(2) 能正确检查冷却液的液位高度。

◎ 素质目标

(1) 培养学生的学习兴趣。

(2) 激发学生的求知欲望。

任务资讯

一、冷却液的认知

1. 冷却液的作用

冷却液是汽车发动机冷却系统中不可缺少的散热介质。冷却液在发动机冷却系统中循环流动，能将发动机工作时产生的多余热能带走，保证发动机在适宜的温度下正常工作。当冷却液不足时，会导致发动机水温过高，进而造成发动机机件的损坏。车主一旦发现冷却液不足，应该及时添加。冷却液具有保护发动机冷却系统免遭锈蚀和腐蚀的作用，能有效抑制水垢的形成，防止水箱过热，润滑水泵节温器及其他部件，可为水箱提供长期的全

面保护。

2. 冷却液的特点

(1) 较低的冰点。汽车在严寒地区户外停放时，夜间地表温度有时会降到-35 ℃以下，要保证水箱及冷却系统管路不被冻裂，冷却液应能保证在此温度下不结冰，以免发生体积膨胀、管路胀裂等问题。冷却液具有较低的冰点（当乙二醇与水的比例为6∶4时，冰点为-45 ℃）。

(2) 较高的沸点。为提高汽车发动机的热效率，现代汽车发动机的工作温度已接近或超过100 ℃；为了有效地防止发动机的“开锅”现象，冷却液应具有较高的沸点（当乙二醇与水的比例为6∶4时，沸点一般高于112 ℃）。

(3) 良好的热传导性。冷却液的主要作用是冷却发动机部件，以免发动机部件发生过热的情况，因此冷却液的比热要大，热传导性要好。

(4) 无腐蚀性。冷却系统中散热器、水泵、缸体及缸盖、分水管等部件是由钢、铸铁、黄铜、紫铜、铝、锡等金属组成，由于不同金属的电极电位不同，在电解质的作用下容易发生电化学腐蚀；同时，冷却液中的二元醇类物质分解后形成的酸性产物、燃料燃烧后形成的酸性废气也可能渗透到冷却系统中，导致冷却系统中部件的腐蚀。冷却系统中部件的腐蚀会使散热器水箱的下水室、冷却管道、接头及水箱排管发生故障，同时，腐蚀产物会堵塞管道，引起发动机过热甚至瘫痪；若腐蚀穿孔，冷却液渗入燃烧室或曲轴箱会严重破坏发动机，因为当冷却液与机油混合时会产生油污和胶质，削弱机油的润滑作用，使得液压阀推杆和活塞环粘结。因而冷却液中都会加入一定量的防腐蚀添加剂，防止冷却系统中的部件被腐蚀。

(5) 防水垢。冷却液在循环中应尽可能少地减少水垢的产生，因为水垢的导热性很差，易导致发动机产生的热量不能及时被带走，引起高温而造成发动机故障。

综上所述，在选用和添加冷却液时，应该慎重，应根据具体情况去选择合适配比的冷却液。

3. 冷却液的分类

冷却液由水、防冻剂、添加剂三部分组成。按防冻剂成分的不同，冷却液可分为酒精型冷却液、甘油型冷却液、乙二醇型冷却液等类型。

(1) 酒精型冷却液。酒精型冷却液是用乙醇作为防冻剂，价格低廉，流动性好，配制工艺简单，但沸点较低、易挥发损失，冰点易升高、易燃等，现已逐渐被淘汰。

(2) 甘油型冷却液。甘油型（丙三醇）冷却液沸点高、挥发性小、不易着火、无毒、腐蚀性小，但降低冰点效果不佳、成本高、价格昂贵，用户难以接受，只有少数北欧国家仍在使用。

(3) 乙二醇型冷却液。乙二醇型冷却液是用乙二醇作为防冻剂，并添加少量抗泡沫、防腐蚀等综合添加剂配制而成。由于乙二醇易溶于水，可以任意配成各种冰点的冷却液，其最低冰点可达-68 ℃，这种冷却液具有沸点高、泡沫倾向低、黏温性能好、防腐和防垢等特点，是一种较为理想的冷却液。目前，国内外发动机所使用的和市场上所出售的冷却液几乎都是乙二醇型冷却液。

4. 注意事项

正确使用冷却液，可以起到防腐蚀、防穴蚀渗漏、防散热器“开锅”、防水垢和防冻结等作用，能够使冷却系统始终处于最佳工作状态，保证发动机的正常工作温度。如果不注意正确使用冷却液，将严重影响发动机的正常工作性能和使用寿命。因此，在使用中应特别注意以下几点。

（1）传统式发动机要坚持常年使用冷却液，这能够保证在发动机正常工作时冷却液温度值为 80~90 ℃；但对于电控发动机，由于其高转速、高压缩比和高功率的工作特点，机械负荷及热负荷较大，摩擦热较高，因而要求冷却液在发动机正常工作时的温度能提高到 95~105 ℃。这与人们形成的传统发动机冷却液“正常水温”的观点不同。应注意冷却液使用的连续性，那种认为只需要在冬季使用冷却液的观点是错误的，这种观点只关注冷却液的防冻功能，而忽视了冷却液的防腐、防沸、防垢等作用。

（2）在选用冷却液时，冰点要低于环境最低温度 10 ℃左右，这能使冷却液在寒冷环境中处于最佳状态。

（3）不同型号的冷却液不能混用，以免引起化学反应，生成沉淀或气泡，降低使用效果。

（4）由于冷却液在配制时比例、成分不同，故冰点也不同。在调配时，按照使用说明书执行即可。

（5）在使用乙二醇和水混合的冷却液时，应注意不要洒溅到橡胶制品、漆面、皮肤上，更不要食用。

二、冷却液的液位检查

1. 冷却液加注的量对发动机性能的影响

如果汽车添加了过多的正规品牌的冷却液，对汽车的性能不会产生太大影响。在汽车使用过程中，多余的冷却液会受热膨胀，从泄压阀中溢出，对汽车并不会造成危害，只会留下一些污迹而已。但当冷却液加多时，最好用针筒抽出超过最高水位的冷却液。一些劣质的冷却液具有腐蚀性，会对冷却系统造成损害，多余的冷却液溢出还会对发动机舱的电线等设备造成伤害，严重时甚至会直接烧蚀水箱流入发动机。

当冷却液不足时，会降低发动机冷却系统的制冷效果，使发动机温度居高不下。严重时会导致发动机过热，造成拉缸，损坏发动机。

2. 冷却液补偿水箱的位置

打开发动机舱盖，可以看到各种加注罐。如图 5-1 所示，左上角的加注罐即为冷却液补偿水箱。

3. 冷却液加注标准

冷却液应该加注到补偿水箱 MAX 刻度线和 MIN 刻度线标记之间，不能高于 MAX 刻度线，也不能低于 MIN 刻度线，冷却液的标准液位如图 5-2 所示。

4. 发动机冷却液的实车检查步骤

（1）打开车门，插入钥匙。

（2）拉起发动机舱盖释放杆。

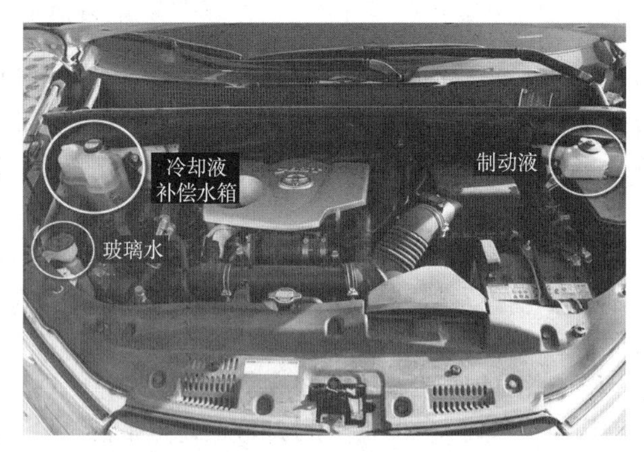

图 5-1　冷却液补偿水箱

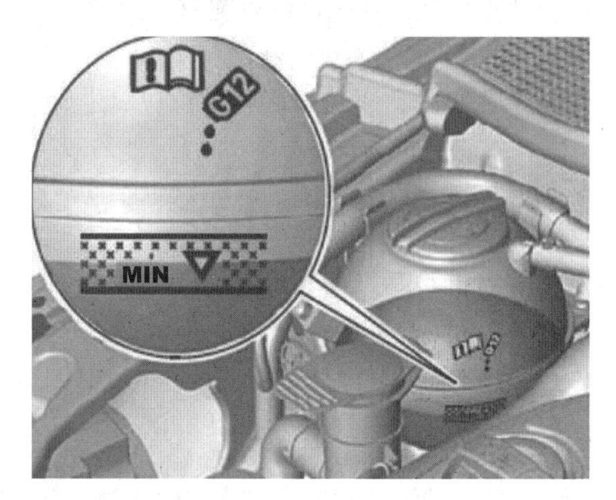

图 5-2　冷却液的标准液位

（3）打开发动机舱盖，并安全可靠地支撑。

（4）安装左右翼子板布及前格栅布。

（5）目视检查冷却液的液面高度：若偏低，则需加注冷却液。

（6）打开补偿水箱盖。

（7）使用冰点测试仪测量冷却液的冰点。

（8）添加适量的冷却液至规定的刻度线。

（9）拧上补偿水箱盖。

（10）撤离翼子板布、前格栅布，关闭发动机舱盖。

（11）拔出钥匙，关闭车门。

三、冷却液的冰点检查

1. 冰点测试仪的结构

冰点测试仪由棱镜、盖板、调节螺丝、把套和目镜组成，如图 5-3 所示。

2. 冰点测试仪校准方法

（1）打开盖板，用柔软绒布将盖板及棱镜表面擦拭干净。

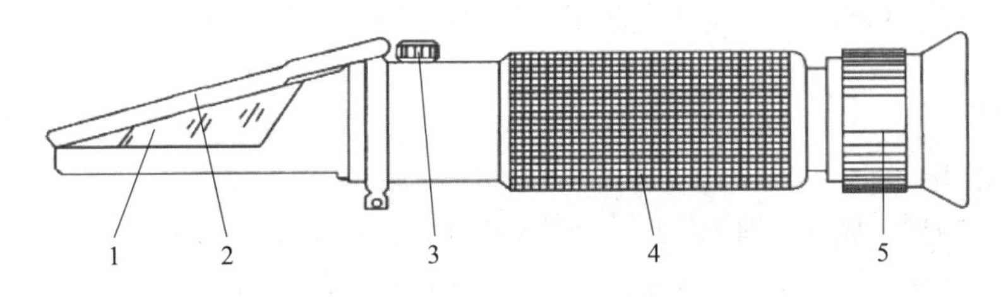

1 — 棱镜　2 — 盖板　3 — 调节螺丝　4 — 把套　5 — 目镜

图 5-3　冰点测试仪的结构

（2）将蒸馏水用吸管滴在棱镜表面，合上盖板轻轻按压，将冰点测试仪朝向明亮处，旋转目镜使目镜内部显示清晰。

（3）调整调节螺丝，使明暗分界线与基准线重合即可。

3. 使用方法

（1）在清洗和校准冰点测试仪后，擦干棱镜表面。

（2）用吸管吸取一滴冷却液滴到棱镜表面上，如图 5-4 所示。

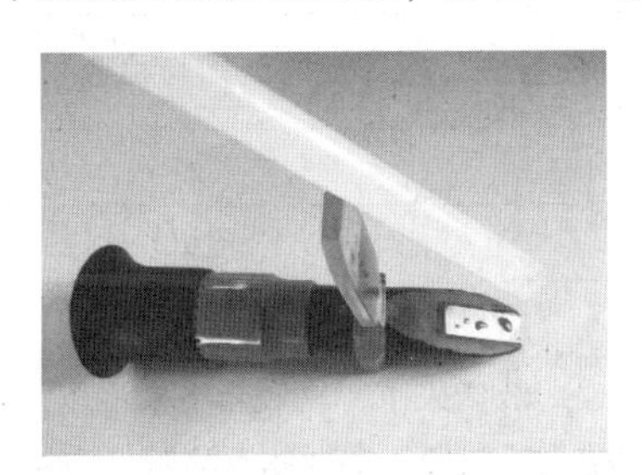

图 5-4　吸取冷却液滴到棱镜表面

（3）合上盖板轻轻按压，将冰点测试仪朝向明亮处，观察数值。

（4）读取 G11/12 ETHYLENE 侧刻度尺上的数值（交界处的数值），并记录在保养项目单上，目镜内部显示如图 5-5 所示。

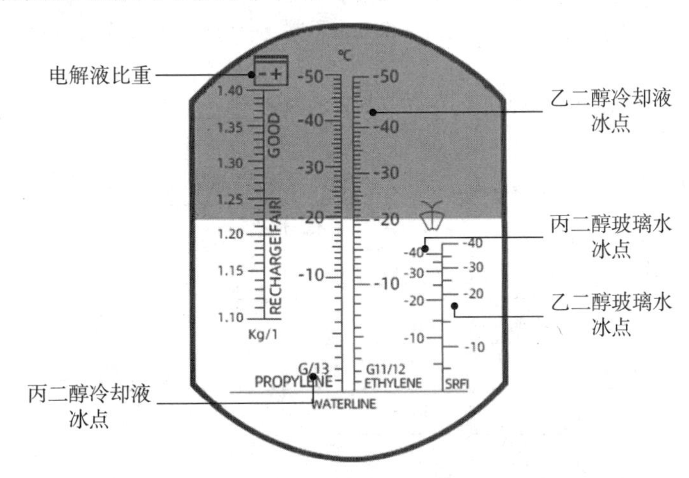

图 5-5　目镜内部显示

（5）用软布擦干净棱镜，将冰点测试仪放回包装盒，测试完毕。

任务实施

☞ 任务准备

（1）防护装备：常规实训工作服、车内外防护三件套。

（2）工具设备：汽车整车、冰点测试仪、干净的抹布。

（3）辅助资料：蒸馏水、卡片、记号笔、翻纸板、参考书。

☞ 实施步骤

（1）对车辆进行防护。

（2）收集资料，填写任务报告。

（3）确定冷却液补偿水箱的位置。

（4）编写冷却液检查计划。

（5）使用冰点测试仪检查车辆冷却液的冰点。

任务报告

<table>
<tr><td colspan="4">任务一　冷却液的认知与检查</td></tr>
<tr><td>班级</td><td></td><td>姓名</td><td></td></tr>
<tr><td>组别</td><td></td><td>组长</td><td></td></tr>
<tr><td colspan="2">1. 接受任务（5 分）</td><td colspan="2">得分：</td></tr>
<tr><td colspan="4">在 1 月 4 日，室外温度为-25 ℃，4S 店来了一辆大众宝来汽车，车主要求对车辆的冷却液进行质量检查。工作人员必须了解冷却液的更换周期，掌握冰点测试仪的使用方法及检查车辆冷却液冰点的规范步骤。</td></tr>
<tr><td colspan="2">2. 信息收集（20 分）</td><td colspan="2">得分：</td></tr>
<tr><td colspan="4">（1）冷却液的作用主要是________________，________________，________________。
（2）冷却液的类型主要有________________、________________、________________三种。
（3）不同型号的冷却液________混用，以免引起化学反应，生成沉淀或气泡，降低使用效果。
（4）由于冷却液在配制时比例、成分不同，故冰点也不同，一般选用的防冻冷却液冰点应低于当地最低温度________。
（5）在使用乙二醇和水混合的冷却液时，应注意不要洒溅到________、________、________上，更不要食用。
（6）冷却液应该加注到________________之间，不能高于 MAX 刻度线，也不能低于 MIN 刻度线。</td></tr>
<tr><td colspan="2">3. 制订计划（15 分）</td><td colspan="2">得分：</td></tr>
<tr><td colspan="4">发动机冷却液的实车检查。
<table><tr><td>序号</td><td>工作步骤</td><td>具体内容</td></tr><tr><td></td><td></td><td></td></tr><tr><td></td><td></td><td></td></tr><tr><td></td><td></td><td></td></tr></table></td></tr>
</table>

（续表）

<table>
<tr><td colspan="2">4. 计划实施（50 分）</td><td colspan="2">得分：</td></tr>
<tr><td colspan="4">发动机冷却液的实车检查。</td></tr>
<tr><td>序号</td><td>工作内容</td><td>分值</td><td>得分</td></tr>
<tr><td>1</td><td>打开车门，插入钥匙，拉起发动机舱盖释放杆</td><td>5 分</td><td></td></tr>
<tr><td>2</td><td>打开发动机舱盖，并安全可靠地支撑</td><td>5 分</td><td></td></tr>
<tr><td>3</td><td>安装左右翼子板布及前格栅布</td><td>5 分</td><td></td></tr>
<tr><td>4</td><td>目视检查冷却液的液面高度</td><td>5 分</td><td></td></tr>
<tr><td>5</td><td>打开补偿水箱盖，使用冰点测试仪测量冷却液的冰点</td><td>10 分</td><td></td></tr>
<tr><td>6</td><td>添加适量的冷却液至规定的刻度线，拧上补偿水箱盖</td><td>10 分</td><td></td></tr>
<tr><td>7</td><td>撤离翼子板布、前格栅布，关闭发动机舱盖，拔出钥匙，关闭车门</td><td>10 分</td><td></td></tr>
<tr><td colspan="2">5. 检查评价（10 分）</td><td colspan="2">得分：</td></tr>
<tr><td colspan="4">请根据个人及小组成员在完成任务过程中的表现及工作结果进行自我评价和小组评价。
自我评价：________________________________。
小组评价：________________________________。</td></tr>
<tr><td colspan="4">任务总成绩：</td></tr>
</table>

任务二　冷却液的更换

任务引导

冷却液是有使用周期的，一般小汽车驾驶 2 年或 40 000 km 就应该更换，否则会影响发动机的使用性能，进而影响车辆的动力性和经济性。

任务目标

◎ 知识目标

（1）了解冷却液的更换周期。

（2）掌握发动机冷却液的规范更换流程。

（3）了解冷却液更换的注意事项。

◎ 能力目标

（1）能独立规范地更换发动机冷却液。

（2）严格执行工作现场 8S 管理。

◎ 素质目标

（1）培养学生的学习兴趣。

（2）激发学生的求知欲望。

任务资讯

一、冷却液的更换周期

冷却液的更换周期一般为 2 年或者行驶里程达到 40 000 km，具体车型参考厂家的技术要求。

二、更换发动机冷却液的规范流程

1. 工具的准备

鲤鱼钳、螺丝刀、套筒扳手、风枪、气泵、尾排设备、废液收集槽等。需准备的工具主要如图 5-6 所示。

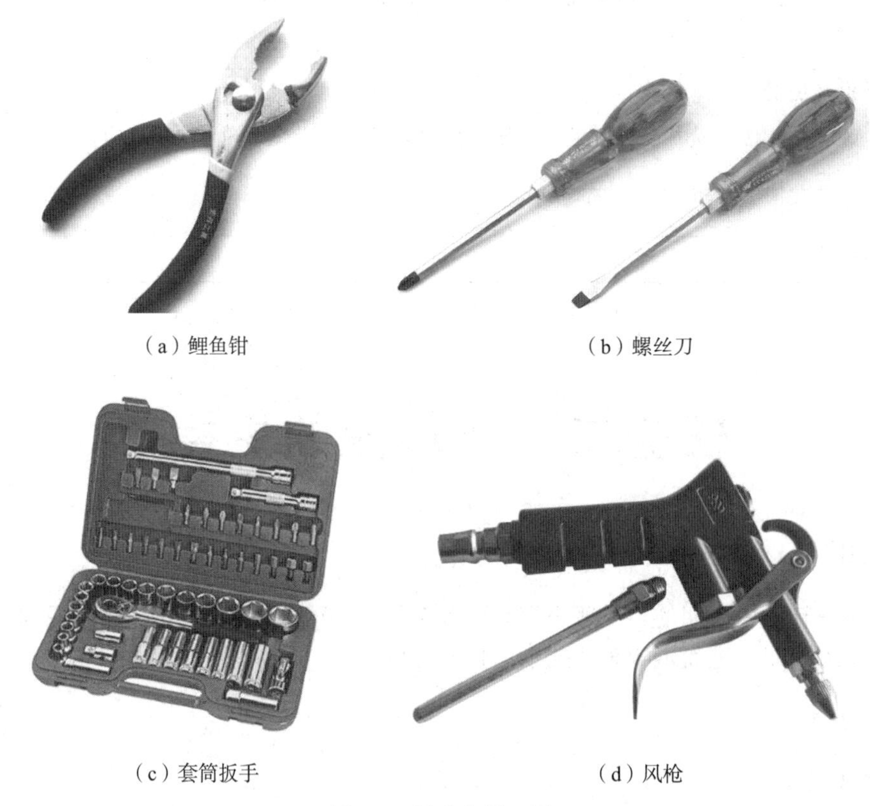

（a）鲤鱼钳　（b）螺丝刀　（c）套筒扳手　（d）风枪

图 5-6　需准备的工具

2. 更换冷却液的规范方法

（1）把车辆驶入工位，并做好车辆防护。

（2）启动发动机，直至水温表显示在 90 ℃（见图 5-7），或发动机风扇转动（大循环）后，关闭发动机。

（3）打开发动机舱盖，拧开补偿水箱盖进行系统泄压，如图 5-8 所示。

图 5-7　发动机水温表

图 5-8　系统泄压

（4）举升车辆，拆下发动机护板。

（5）用鲤鱼钳移除进水管上的卡箍，拆下进水管散热器端，排放冷却液，如图 5-9 所示。在排放冷却液时，应注意防止烫伤。

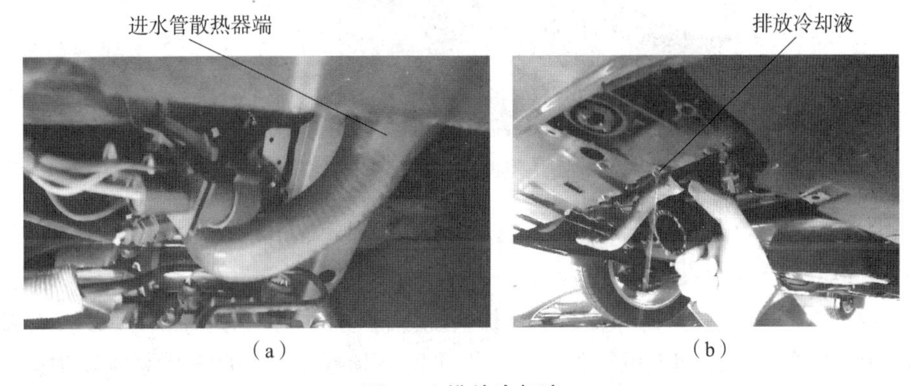

图 5-9　排放冷却液

（6）下降车辆，在补偿水箱口垫上抹布，使用风枪向补偿水箱口吹气，使冷却系统中的残余冷却液完全流出。

（7）举升车辆，安装进水管。

（8）下降车辆，从补偿水箱口加注冷却液。大约加注 3～4 L。新加入的冷却液要与原有冷却液的颜色、厂家及类型一致，加注冷却液如图 5-10 所示。

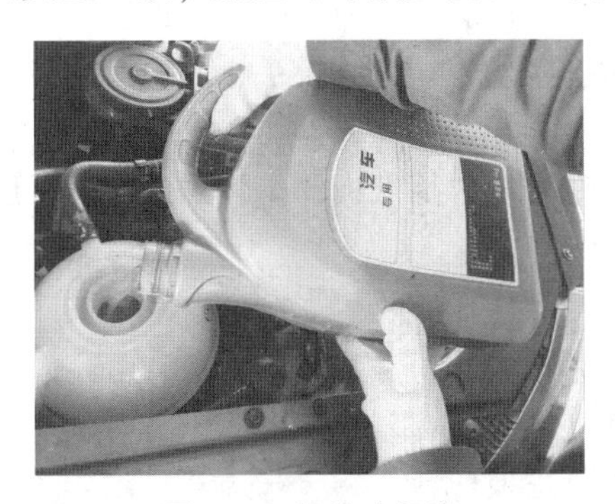

图 5-10　加注冷却液

(9) 将新的冷却液加注到补偿水箱最低和最高刻度线之间后，停止加注。

(10) 启动发动机并打开暖风，直至发动机水温达到 90 ℃或风扇转动。此过程中冷却系统会有气体从补偿水箱口排出，补偿水箱内冷却液液面会下降。此时，需要不断加注冷却液，使液面保持在 MAX 和 MIN 标记之间，直至液面不再下降为止。

(11) 关闭发动机，拧紧补偿水箱盖，如图 5-11 所示。

(12) 举升车辆，检查进水管的安装情况，确保无渗水或滴漏现象。在安装发动机护板时，应注意防止烫伤。

(13) 下降车辆，整理现场。

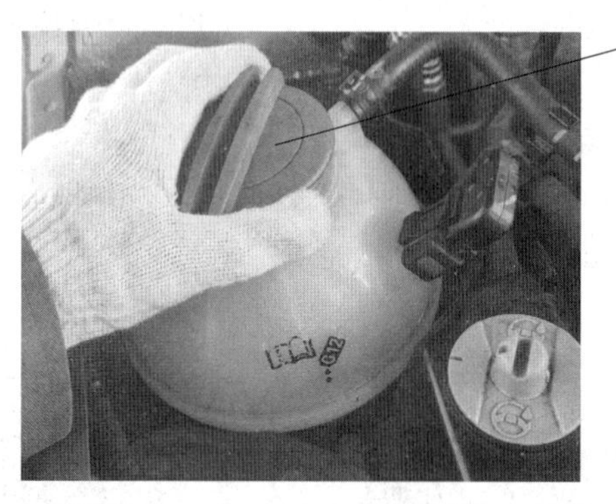

图 5-11 确认液面后，拧紧补偿水箱盖

三、注意事项

(1) 在加注冷却液前，要对发动机冷却系统进行全面彻底的检查，注意防止冷却液的渗漏。渗漏不但会造成冷却液的损失，而且严重时会稀释机油，使润滑系统发生故障。

(2) 选择合适的冷却液。应根据汽车使用地区的温度不同选用不同冰点的冷却液，冷却液的冰点至少要比该地区的温度低 10 ℃。

(3) 平时驾车应随车携带与车上所用的同品牌同型号冷却液，以备短缺时补加。

任务实施

☞ 任务准备

(1) 防护装备：常规实训工作服、车内外防护三件套。

(2) 工具设备：鲤鱼钳、螺丝刀、套筒扳手、风枪、气泵、尾排设备、废液收集槽。

(3) 耗材：新冷却液。

(4) 辅助资料：卡片、记号笔、翻纸板、车辆维修保养手册。

☞ 实施步骤

(1) 对车辆进行防护。

(2) 收集资料，填写任务报告。

(3) 编写冷却液更换计划。

(4) 对实车的冷却液进行更换。

任务报告

<table>
<tr><td colspan="4" align="center">任务二　冷却液的更换</td></tr>
<tr><td>班级</td><td></td><td>姓名</td><td></td></tr>
<tr><td>组别</td><td></td><td>组长</td><td></td></tr>
<tr><td colspan="2">1. 接受任务（5 分）</td><td colspan="2">得分：</td></tr>
<tr><td colspan="4">4S 店来了一辆保养车辆，请工作人员为车辆进行冷却液的更换。工作人员必须掌握汽车冷却液的规范操作流程。请利用教材和网上查询到的资料填写信息收集表，编写冷却液更换计划并实施操作。</td></tr>
<tr><td colspan="2">2. 信息收集（20 分）</td><td colspan="2">得分：</td></tr>
<tr><td colspan="4">（1）冷却液的更换周期是________________。
（2）在加注冷却液之前，要对发动机________________进行全面彻底的检查，注意防止冷却液的渗漏。渗漏不但会造成冷却液的损失，而且严重时会稀释机油，使润滑系统发生故障。
（3）选择合适的冷却液。应根据汽车使用地区的温度不同选用不同冰点的冷却液，冷却液的冰点至少要比该地区的温度低________。
（4）平时驾车应随车携带与车上所用的________________冷却液，以备短缺时补给。
（5）更换冷却液之前，应使车辆发动机冷却系统运行至________________。
（6）当加完新的冷却液后，启动发动机打开暖风，直到发动机________________，不断补充冷却液直至补偿水箱液面不再下降。
（7）更换冷却液主要的工具有________、________、________、风枪等。</td></tr>
<tr><td colspan="2">3. 制订计划（15 分）</td><td colspan="2">得分：</td></tr>
<tr><td colspan="4">编制更换冷却液的工作计划。</td></tr>
</table>

序号	工作步骤	具体内容

<table>
<tr><td>4. 计划实施（50 分）</td><td>得分：</td></tr>
<tr><td colspan="2">更换汽车的冷却液。</td></tr>
</table>

序号	工作内容	分值	得分
1	把车辆驶入工位，并做好车辆防护	5 分	
2	着车，直至水温表显示 90 ℃	5 分	
3	打开发动机舱盖，拧开补偿水箱盖	5 分	
4	举升车辆，拆下发动机护板，拆下进水管散热器端，排放冷却液	5 分	
5	下降车辆，使用风枪垫上抹布向补偿水箱口吹气，使冷却系统中的残余冷却液完全流出	10 分	
6	举升车辆，安装进水管	5 分	
7	下降车辆，从补偿水箱口加注冷却液，启动发动机，观察补偿水箱冷却液的液面	10 分	
8	举升车辆，检查进水管的安装情况，有无渗水或滴漏现象；下降车辆，整理现场	5 分	

（续表）

<table>
<tr><td>5. 检查评价（10分）</td><td>得分：</td></tr>
<tr><td colspan="2">请根据个人及小组成员在完成任务过程中的表现及工作结果进行自我评价和小组评价。
自我评价：________________________________。
小组评价：________________________________。</td></tr>
<tr><td colspan="2">任务总成绩：</td></tr>
</table>

项目六

火花塞的认知与更换

知识体系

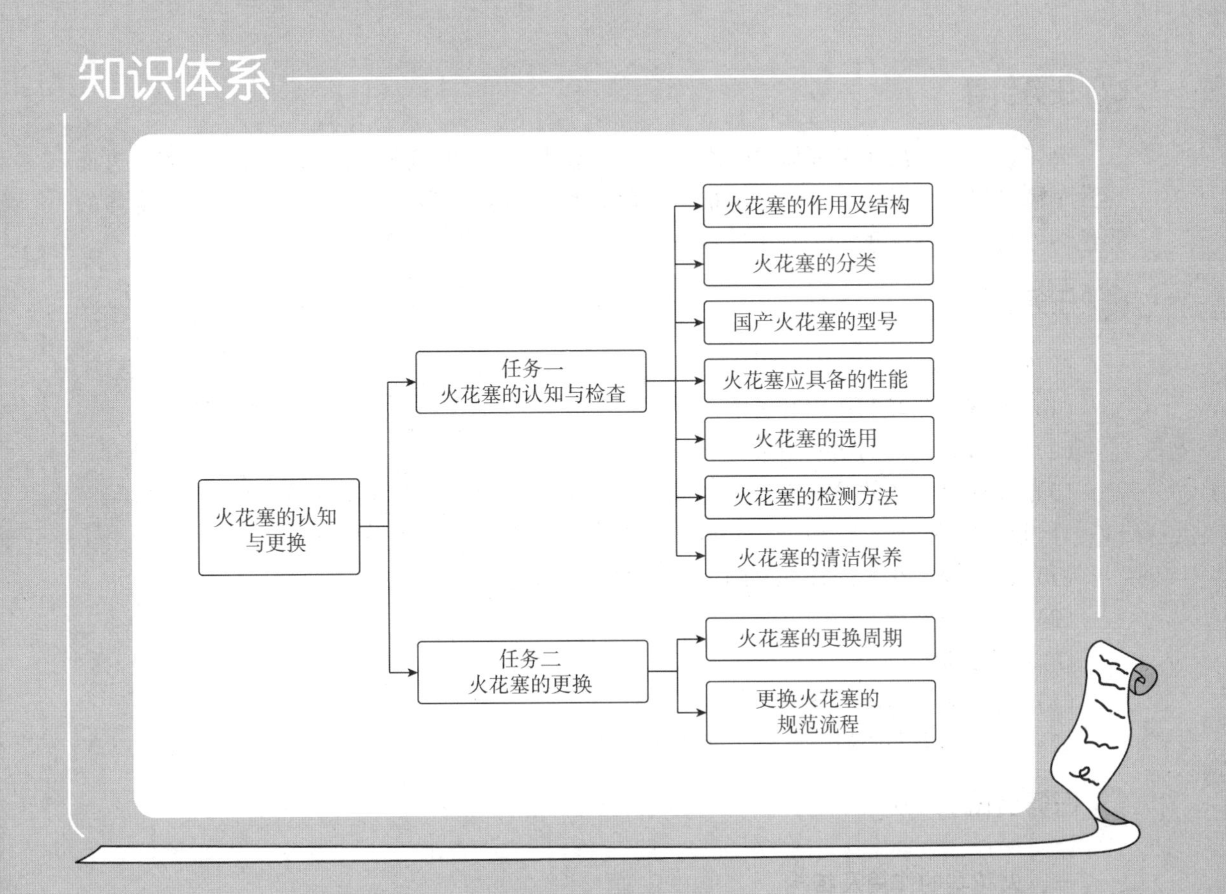

学习任务

本项目学习汽车发动机点火系统中的主要元件火花塞的相关知识，主要分为两个学习任务。

任务一：火花塞的认知与检查。

任务二：火花塞的更换。

通过两个任务的学习，了解火花塞的功用和分类，掌握火花塞的检查及更换方法，能根据发动机的型号正确地选择合适的火花塞。熟知火花塞的更换周期，能独立地完成火花塞的更换。

任务一　火花塞的认知与检查

任务引导

火花塞的电极在使用过程中会逐渐消耗，造成电极的间隙过大，点火能量减弱，进而导致车辆出现动力下降、冷启动困难、油耗加大等现象。通过检查火花塞电极与陶瓷体的颜色，可判断出火花塞的燃烧状态，排除发动机存在的潜在故障。

任务目标

◎ **知识目标**

（1）了解火花塞的作用和分类。

（2）了解火花塞的结构组成。

（3）掌握火花塞的检测方法。

◎ **能力目标**

（1）能根据火花塞的外观判断火花塞的工作状态。

（2）能区分火花塞的类型。

◎ **素质目标**

（1）培养学生的民族自豪感。

（2）培养学生潜心研究、独立思考的能力。

任务资讯

一、火花塞的作用及结构

火花塞的作用是：用高压导线送来的脉冲高压电击穿火花塞两电极间的空气，产生电火花以引燃气缸内的混合气体。火花塞的性能在很大程度上决定着发动机的动力性、经济性。火花塞主要由中心电极、侧电极、陶瓷绝缘体、接线螺母、火花塞壳体等组成，具体结构如图 6-1 所示。

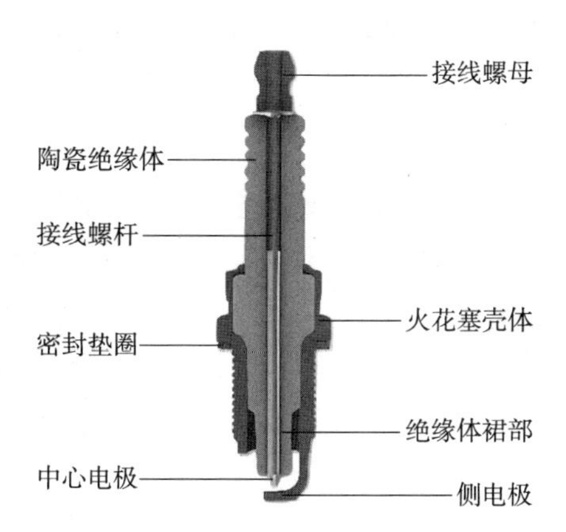

图 6-1　火花塞的结构组成

二、火花塞的分类

1. 按热值划分

按照热值高低划分，火花塞可分为冷型、中型和热型。火花塞的热值表示其散热速度的快慢，数值越大散热速度越快（即火花塞越冷）。火花塞的热值，从热型到冷型用数字1—9表示，其中1—3为热型火花塞，4—6为中型火花塞，7—9为冷型火花塞。

绝缘体裙部长的火花塞，由于受热面积大，传热距离长，散热困难，裙部温度高，被称为热型火花塞；反之，绝缘体裙部短的火花塞，受热面积小，传热距离短，容易散热，裙部温度低，被称为冷型火花塞；介于二者之间的被称为中型火花塞。

2. 按电极材料划分

按照电极材料划分，火花塞可分为镍铜合金火花塞、铂金火花塞和铱金火花塞等。镍锰合金火花塞只适用于小功率、低转速的发动机。铂金、铱金等贵金属火花塞具有很高的熔点，并具有极高的抗腐蚀能力，能适应大功率、高转速的现代发动机。

3. 按照结构划分

按照结构划分，火花塞可分为以下六种类型，如图6-2所示。

(1) 标准电极型火花塞：特点是绝缘体裙部略缩入壳体下端面，这种火花塞最为常见。

(2) 细电极型火花塞：特点是电极较细，能够产生强烈的火花，点火能力好，在严寒季节也能保证发动机的迅速启动，热范围较宽，能满足多种用途。

(3) V型槽中心电极型火花塞：特点是在中心电极头部有90°的V型切口，由于V型切口的存在，能在电极的外侧打出火花，火焰核沿电极的外围形成。这种火花塞能够提高打火性能，在提高启动性、加速性及保持空转的稳定性方面都非常优秀，还能减少耗油量。

(4) U型槽侧电极型火花塞：特点是将侧电极制作成U型，以提高点火强度。

(5) 多侧电极型火花塞：侧电极一般为两个或两个以上，优点是点火可靠，间隙不需经常调整，经常被应用在电极容易烧蚀和火花塞间隙不能经常调节的一些汽油机上。

(6) 沿面跳火型火花塞：也被称为沿面间隙型，这种火花塞通常与电容储能式点火

系统配合使用。优点是可以完全避免炽热点火，抗污能力强；缺点是稀混合气下的点燃率低、中心电极容易烧蚀。

（a）标准电极型火花塞

（b）细电极型火花塞

（c）V型槽中心电极型火花塞

（d）U型槽侧电极型火花塞

（e）多侧电极型火花塞

（f）沿面跳火型火花塞

图 6-2　按结构划分的火花塞类型

三、国产火花塞的型号

国产火花塞的型号组成各部分代表的意义如下：

第一部分用英文字母表示火花塞的螺纹规格；第二部分用阿拉伯数字来表示火花塞的热值；第三部分也是英文字母，表示火花塞的类型、材质。

例如，K6RTC：

“K”表示螺纹规格为 M14×1. 25，平座，螺纹长度为 19 mm。

“6”表示火花塞的热值为 6。

“R”表示火花塞为电阻型。

“T”表示火花塞绝缘体为突出型。

“C”表示火花塞中心电极材料为镍铜合金。

四、火花塞应具备的性能

（1）高耐热性：可适应极热、极冷的情况。

（2）高强度：可适应剧烈的压力变化。

（3）高绝缘性：可承受高电压的绝缘性。

(4) 良好气密性：在高压力、低压力频繁变化时能保持气密性。

(5) 耐消耗性：在恶劣环境下，要求火花塞电极的消耗能降到最低。

(6) 耐污损性：在恶劣环境下，能把燃烧的污垢减到最少。

五、火花塞的选用

火花塞是由汽车制造厂在汽车发动机定型时结合发动机的综合实验选用确定的，选型的基本原则是：大功率、大压缩比、高转速的发动机，应选用高热值的冷型火花塞；小功率、小压缩比、低转速的发动机，则选用低热值的热型火花塞。

在实际应用时，以上原则还需结合地域路况、燃油成分等具体情况加以修正。如果车辆经常在地势平坦、路况较佳的地段行驶，此时车辆常处于高速状态，发动机高负荷运转，根据选型原则应当选热值较高的冷型火花塞。如果同一辆车经常行驶在地形复杂、路况较差的地段，此时不得不低速行驶，发动机负荷降低，火花塞达不到自净温度，就可能因油污、积炭而造成发动机熄火，此种情况应选用低热值的热型火花塞。

此外，气候、温度、启动点火方式等因素也对火花塞的选型有影响。因此，火花塞的选用应该“具体情况，具体分析”。

六、火花塞的检测方法

1. 目视法

正常的火花塞应表面干净，颜色为棕色或黄白色。混合气过浓、供电系统不良、空气滤清器脏堵、火花塞热值选错等原因都可能造成火花塞表面积炭发黑或者产生油污，需要及时清理火花塞表面或更换火花塞。

火花塞顶端有疤痕或者破损、电极出现溶化、烧蚀等现象时，则表明火花塞已经毁坏，应该更换火花塞。

2. 电阻测量法

用万用表 Ω 档测量火花塞的绝缘电阻，阻值应≥10 MΩ。

3. 就车试验法

连续 5 次将发动机转速迅速提高至 4000 r/min，然后熄火，拆下火花塞，检查其电极情况。若电极干燥，则火花塞可用；若电极潮湿，则需要更换火花塞。

4. 跳火法

旋下火花塞，放在气缸体上，用高压线试火，若无火花或火花较弱，表明火花塞已漏电或不工作。

5. 火花塞电极间隙测量法

用塞尺检查火花塞的中心电极与侧电极间的间隙，新的普通火花塞的电极间隙为 0.6～0.8 mm，采用高性能电子点火时，电极间隙可增大至 0.8～1.2 mm。如图 6-3 所示为火花塞电极间隙。如若间隙偏离规定值时，应及时进行调整或更换。

图 6-3　火花塞电极间隙

七、火花塞的清洁保养

火花塞上积炭、积油时，可用汽油或煤油、丙酮溶剂浸泡，待积炭软化后，用非金属刷刷净电极上、瓷芯与壳体空腔内的积炭，用压缩空气吹干，切不可用刀刮、砂纸打磨或蘸汽油烧，以防止损坏电极和陶瓷绝缘体。

任务实施

☞ **任务准备**

(1) 防护装备：常规实训工作服、车内外防护三件套。

(2) 工具设备：汽车整车或实训台架、各种类型的火花塞。

(3) 辅助资料：卡片、记号笔、翻纸板、参考书。

☞ **实施步骤**

(1) 查找实验车辆上火花塞的位置，初步认识火花塞。

(2) 利用网络资源或者翻阅相关资料收集任务报告中的相关信息并记录。

(3) 根据查询到的信息，填写完成任务报告

任务报告

<table>
<tr><td colspan="4">任务一　火花塞的认知与检查</td></tr>
<tr><td>班级</td><td></td><td>姓名</td><td></td></tr>
<tr><td>组别</td><td></td><td>组长</td><td></td></tr>
<tr><td colspan="2">1. 接受任务（5 分）</td><td colspan="2">得分：</td></tr>
<tr><td colspan="4">你是一名汽车维修专业的学生，根据所学的火花塞相关知识完成任务报告，并将记录总结到报告中。</td></tr>
<tr><td colspan="2">2. 信息收集（20 分）</td><td colspan="2">得分：</td></tr>
<tr><td colspan="4">(1) 火花塞的作用是使________送来的脉冲高压电放电，击穿________间的空气，产生电火花以引燃气缸内的 ________。
(2) 火花塞主要由________、________、________________、________和________等组成。
(3) 火花塞按照热值高低来分，可分为________________、________________和________。
(4) 检测火花塞的方法有________________、________________和________________等。
(5) 按照电极材料划分，火花塞可分为________________、________________和________________。
(6) 按照结构划分，火花塞可分为________、________、________、________、________和________。</td></tr>
</table>

（续表）

3. 制订计划（15分）	得分：

请根据任务要求制订工作计划及任务分工。

序号	工作内容	工作要点	负责人

4. 计划实施（50分）	得分：

序号	工作内容	分值	得分
1	识别实验车辆的火花塞品牌	10分	
2	确定实验车辆的火花塞类型	10分	
3	列举市场上常用的火花塞品牌，至少3个	15分	
4	描述检查火花塞的方法，至少2种	15分	

5. 检查评价（10分）	得分：

请根据个人及小组成员在完成任务中的表现及工作结果进行自我评价和小组评价。

自我评价：________________________________。

小组评价：________________________________。

任务总成绩：

任务二　火花塞的更换

任务引导

使用过程中，火花塞的电极逐渐消耗，会造成电极的间隙过大，点火能量减弱，车辆会出现动力下降、冷启动困难、油耗加大等问题，因此，火花塞需要定期更换。汽车维修保养人员更换火花塞需要掌握哪些更换方法和工具的使用呢？

任务目标

◎ 知识目标

（1）了解更换火花塞时所需要的工具。

（2）掌握火花塞的更换流程。

（3）了解火花塞更换时的注意事项。

◎ **能力目标**

(1) 能正确地选用火花塞。

(2) 能规范、安全地使用工具。

(3) 能正确规范地更换火花塞。

(4) 严格执行工作现场 8S 管理。

◎ **素质目标**

(1) 培养学生的民族自豪感。

(2) 培养学生潜心研究、独立思考的能力。

任务资讯

一、火花塞的更换周期

一般普通型镍铜合金的火花塞建议在车辆行驶 20 000～30 000 km 后进行更换，铂金火花塞可在车辆行驶 30 000～50 000 km 后进行更换，铱金火花塞的使用寿命较长，具体更换时间应根据火花塞的使用状态而定。

二、更换火花塞的规范流程

以下以 2018 款大众迈腾 2. 0T 轿车为主，介绍火花塞更换的规范流程。

1. 工具的准备

大众专用点火线圈拉拔工具 T40039、大众专用 VAG1331 扭力扳手等。

2. 具体流程

(1) 关闭发动机及点火开关。

(2) 拆卸发动机护罩。

(3) 拔下点火线圈插头。

(4) 用专用点火线圈拉拔工具 T40039 拉出点火线圈，如图 6-4 所示。

(5) 使用专用火花塞扳手工具 3122B 拆下火花塞并取出，如图 6-5 所示。

(6) 检查火花塞的燃烧状态，确定是否烧蚀，必要时需更换新的火花塞。

(7) 使用专用火花塞扳手工具 3122B 安装新的火花塞（安装前检查零件号是否正确）。

(8) 用专用火花塞扳手工具 3122B 以 25 N · m 的力矩拧紧火花塞。

(9) 安装点火线圈，连接插头。

(10) 启动发动机，观察发动机运转情况。

(11) 关闭发动机，安装发动机，安装护罩。

图 6-4　拉出点火线圈

图 6-5　拆下火花塞

任务实施

☞ 任务准备

（1）防护装备：常规实训工作服、车内外防护三件套。

（2）工具设备：汽车整车或实训台架、火花塞拆装工具、铂金火花塞。

（3）辅助资料：卡片、记号笔、翻纸板、参考书。

☞ 实施步骤

（1）在实验整车上找到火花塞的位置。

（2）利用网络资源和教学资源，查询火花塞更换的步骤及注意事项。

（3）根据查询到的信息，填写完成任务报告

任务报告

<table>
<tr><td colspan="4">任务二　火花塞的更换</td></tr>
<tr><td>班级</td><td></td><td>姓名</td><td></td></tr>
<tr><td>组别</td><td></td><td>组长</td><td></td></tr>
<tr><td colspan="2">1. 接受任务（5 分）</td><td colspan="2">得分：</td></tr>
<tr><td colspan="4">在 11 月 3 日，4S 店来了一辆大众迈腾汽车，车主要求对车辆的火花塞进行更换。</td></tr>
<tr><td colspan="2">2. 信息收集（20 分）</td><td colspan="2">得分：</td></tr>
<tr><td colspan="4">（1）为什么需要定期更换火花塞？

（2）如何检测火花塞是否需要更换？

（3）请同学们阐述一下扭力扳手的正确使用方法。</td></tr>
</table>

（续表）

(4) 请同学们简述更换火花塞的步骤及注意事项。

(5) 简述若不能定期更换火花塞，会给发动机带来哪些不良影响。

3. 制订计划（15 分） **得分：**

请根据任务要求制订工作计划。

序号	工作步骤	具体内容

4. 计划实施（50 分） **得分：**

实施内容：请为迈腾汽车更换火花塞。

序号	工作内容	分值	得分
1	打开发动机舱盖，并固定好	5 分	
2	拆卸发动机护罩	5 分	
3	拔下点火线圈插头	5 分	
4	使用火花塞专用工具拆卸旧火花塞	10 分	
5	检查火花塞电极及陶瓷绝缘体的状况	5 分	
6	安装新火花塞并拧紧	10 分	
7	安装点火线圈，连接插头	5 分	
8	检查点火系统是否正常	5 分	

5. 检查评价（10 分） **得分：**

请根据个人及小组成员在完成任务过程中的表现及工作结果进行自我评价和小组评价。

自我评价：____。

小组评价：____。

任务总成绩：

项目七

传动皮带的认知与更换

知识体系

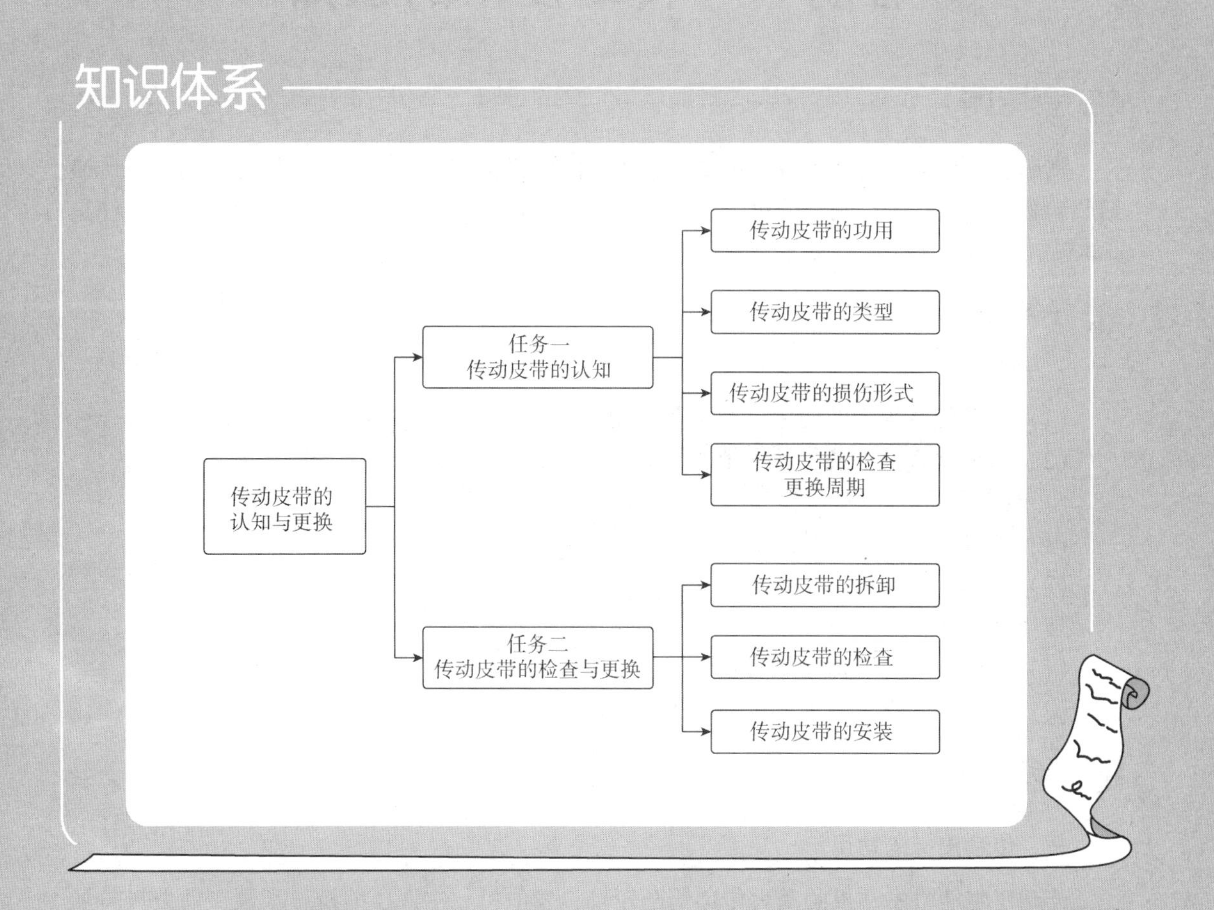

学习任务

学习汽车发动机传动皮带的功用、类型、损伤形式、更换周期，以及传动皮带检查方法等知识。参照维修手册，按照工作规范，对传动皮带进行拆检并做好相应的记录，在工作过程中应遵循现场工作管理规范。项目七分为两个学习任务。

任务一：传动皮带的认知。

任务二：传动皮带的检查与更换。

通过两个任务的学习，了解传动皮带的相关知识，掌握传动皮带的检查与更换方法，掌握传动皮带的更换周期。

任务一　传动皮带的认知

任务引导

汽车发动机上的传动皮带，主要用于驱动配气机构和附属设备，将发动机的动力传递给凸轮轴、发电机、空调压缩机、转向助力泵等设备。传动皮带主要有两种类型：一种是正时皮带，另一种是附件皮带，主要有 V 带（也称三角带）和多楔带（也称蛇形带）。

任务目标

◎ 知识目标

(1) 了解传动皮带的功用、类型及损伤形式。

(2) 掌握检查及更换传动皮带的周期。

◎ 能力目标

(1) 能准确判断出传动皮带的类型。

(2) 能判断传动皮带的损伤形式。

◎ 素质目标

(1) 培养学生勇于探索和实践的工匠精神。

(2) 培养学生吃苦耐劳、严谨的工作态度。

任务资讯

一、传动皮带的功用

传动皮带能将发动机的动力传递给凸轮轴、发电机、空调压缩机、水泵、动力转向泵等辅助装置。

二、传动皮带的类型

按结构划分，传动皮带可以分为齿形带（见图 7-1）、V 带（见图 7-2）、多楔带（见图 7-3）。其中，齿形带是正时皮带，用于配气机构，将发动机的动力传递给凸轮轴；V

带和多楔带是附件皮带，用于驱动附属设备。

图 7-1　齿形带

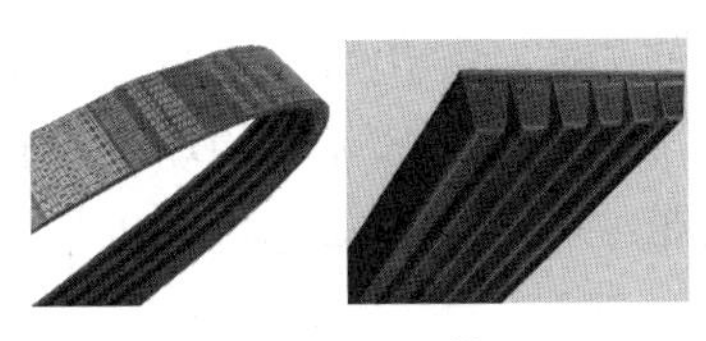

图 7-2　V 带

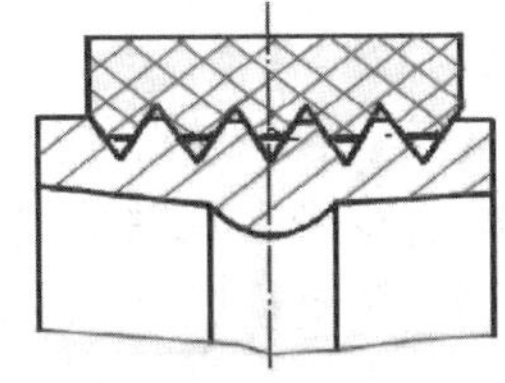

图 7-3　多楔带

（1）齿形带，又称同步带，是一种由特殊齿形组成的带状传动装置。齿形带通常由橡胶或聚氨酯材料制成，具有一系列均匀分布的齿形。齿形带可以与齿轮配合使用，在传输动力和扭矩的同时，能确保精确的同步运动。齿形带的主要优点如下。

① 同步性能好：由于齿形带的齿形可以精确地与齿轮、齿形配合，因此可以实现高精度的同步传动和位置控制。

② 传动效率高：齿形带的摩擦损失小，因此传动效率较高。

③ 减震降噪：齿形带具有一定的弹性，可以减轻传动过程中的冲击和振动，降低噪声。

④ 负载能力强：齿形带的结构设计使其具有较高的负载能力和较长的疲劳寿命。

（2）V 带：普通 V 带应用非常广泛，很多机械设备上都有其身影。相较于其他传动皮带，V 带的成本最低、最简单，技术含量低，对皮带槽的精度要求也不高，传递动力的能力差，寿命很短。V 带主要有帘布芯和绳芯结构，具体包括包布、顶胶、抗拉体、底胶等组件，如图 7-4 所示。

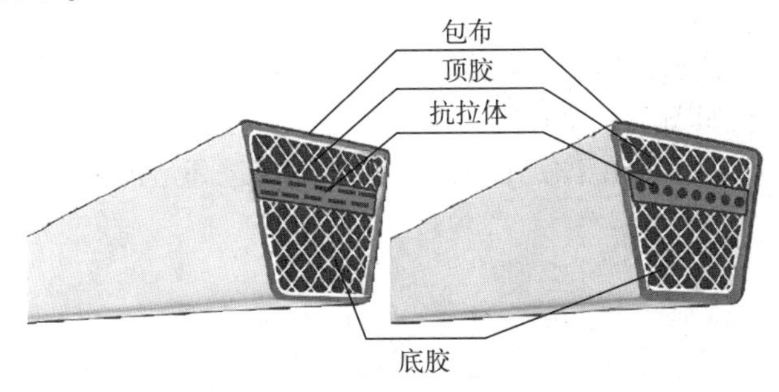

（a）帘布芯结构　　（b）绳芯结构

图 7-4　V 带的主要结构

（3）多楔带：多楔带非常薄，并且宽度很宽。多楔带比 V 带具有更大的优势，因为带体较薄，所以它在运转时受到的压力较小，发热量也相应减小。更大宽度的带体设计使多楔带和皮带轮的接触面积更大，能够传递的动力也比 V 带更大。多楔带的主要特点如下：

① 传动功率更大，在空间相同时，比普通 V 带传动功率提高 30%。

② 传动系统结构紧凑，在相同传动功率的情况下，传递装置所占空间比普通 V 带小 25%。

③ 带体纤薄，具有柔韧性，更适应直径小的皮带轮（小于传统的 V 带带轮），亦可传动多个轮子。多楔带更加适应于高速传动，带速可达 40 m/s；振动幅度小，发热更少，运转更平稳。

④ 具有耐热、耐油、耐磨的特性，使用时伸长小，使用寿命长。

三、传动皮带的损伤形式

汽车传动皮带长期工作在高速运转的环境中，长时间使用之后会出现皮带打滑、带体老化变硬、异常噪声、皮带损坏、皮带在轮槽中翻转或脱离皮带轮等故障。传动皮带直接损坏的主要形式有传动皮带断裂、传动皮带开裂、传动皮带线绳勾出破损、传动皮带橡胶老化四种形式。

传动皮带断裂的主要原因是发动机传动皮带在安装时安装过紧，或皮带老化引起的疲劳断裂。传动皮带断裂如图 7-5 所示。

传动皮带开裂的主要原因是皮带长时间受到腐蚀和老化，主要是由于温度过高或皮带打滑造成的。传动皮带开裂如图 7-6 所示。

图 7-5　传动皮带断裂

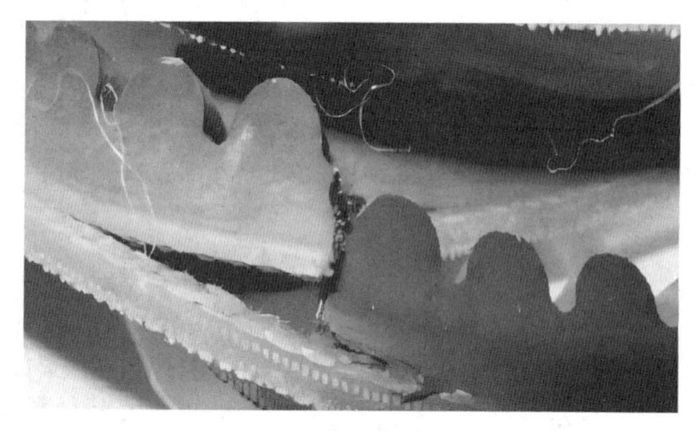

图 7-6　传动皮带开裂

传动皮带线绳勾出破损主要是由于发动机传动皮带使用时间过长，产生磨损导致的。传动皮带线绳勾出破损如图 7-7 所示。

传动皮带橡胶老化主要是由于使用时间过长和温度过高造成的。传动皮带橡胶老化如图 7-8 所示。

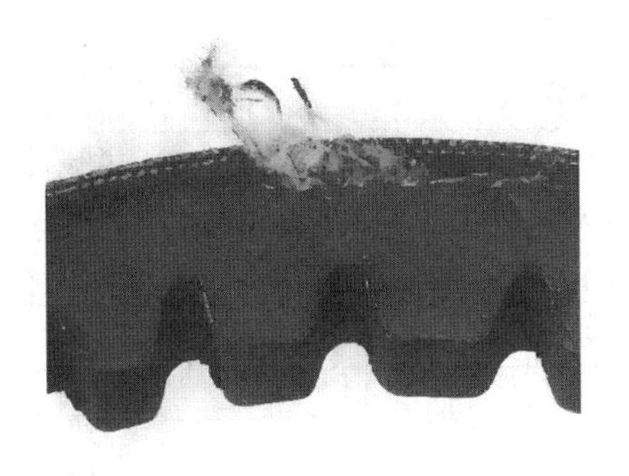

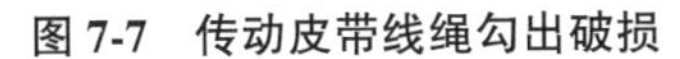

图 7-7　传动皮带线绳勾出破损

图 7-8　传动皮带橡胶老化

发动机传动皮带的损坏会导致发电机停转、蓄电池衰竭、水泵停转、发动机过热、汽车不能正常使用等问题的出现。

四、传动皮带的检查更换周期

发动机传动皮带通常需要每 2 年或汽车每行驶 60 000 km 进行一次全面检查。这是大多数汽车制造商的建议，但具体周期会因车型和驾驶条件的不同而有所变化；更换周期应根据传动皮带类型的不同而不同。

（1）齿形带更换周期通常为汽车行驶 60 000～100 000 km 时，具体车型参考厂家技术要求。

（2）V 带、多楔带的更换周期通常在汽车行驶 80 000 km 左右时，具体车型参考厂家技术要求。

任务实施

☞ 任务准备

（1）防护装备：常规实训工作服、车内外防护三件套。

（2）工具设备：V 带、多楔带、发动机、汽车整车。

（3）辅助资料：卡片、记号笔、翻纸板、车辆维修保养手册。

☞ 实施步骤

（1）对车辆进行防护。

（2）利用网络资源或教学资源收集资料，填写任务报告表格。

（3）编写工作计划。

（4）辨认各种在发动机上的不同类型的皮带。

任务报告

任务一　传动皮带的认知			
班级		姓名	
组别		组长	

（续表）

1. 接受任务（5分） **得分：**

根据教材或利用网络收集到的资料，填写关于发动机传动皮带的相关信息，能辨认在发动机上安装的皮带具体类型，并说明皮带损伤形式及原因，了解此种皮带损伤会给发动机带来哪些不良的后果。

2. 信息收集（20分） **得分：**

（1）发动机传动皮带的功能是将发动机的动力传递给凸轮轴、________、________、________、________等辅助装置。

（2）发动机传动皮带主要分为________和________两种。

（3）皮带的直接损坏的主要形式有________、________、________、________四种形式。

（4）简述发动机传动皮带的检查更换周期。

（5）简述多楔带的优点。

（6）简述当发动机传动皮带损坏后，会给发动机带来的不良影响。

3. 制订计划（15分） **得分：**

根据任务要求制订关于发动机传动皮带认知的工作计划。

序号	皮带名称	功用	损坏后对发动机的影响

4. 计划实施（50分） **得分：**

实施内容：对发动机传动皮带进行实物认知。

序号	工作内容	分值	得分
1	在发动机上，正确指出所有的齿形带	20分	
2	在发动机上，正确指出所有的V带	15分	
3	在发动机上，正确指出所有的多楔带	15分	

5. 检查评价（10分） **得分：**

请根据个人及小组成员在完成任务过程中的表现及工作结果进行自我评价和小组评价。

自我评价：________________________________。

小组评价：________________________________。

任务总成绩：

任务二　传动皮带的检查与更换

任务引导

随着车辆行驶里程的增加，车主应根据车辆保养维修保养手册，按发动机传动皮带的检查更换周期，定时检查传动皮带。

任务目标

◎ 知识目标

（1）掌握传动皮带的检查与更换方法。

（2）掌握更换传动皮带时的注意事项。

◎ 能力目标

（1）能正确规范地使用工具。

（2）能正确地检查和更换传动皮带。

◎ 素质目标

（1）培养学生勇于探索和实践的工匠精神。

（2）培养学生吃苦耐劳、严谨的工作态度。

任务资讯

一、传动皮带的拆卸

（1）拆卸发动机罩盖，如图 7-9 所示。

图 7-9　拆卸发动机罩盖

（2）拆卸散热器的空气导流板。

（3）按照车辆维修保养手册，选用合适的工具，拧松蓄电池负极电缆锁紧螺母，拆卸蓄电池负极电缆，如图 7-10 所示。在拆卸时，应注意以下事项：

① 在拆卸蓄电池负极电缆之前，要确保车辆点火开关在关闭位置。

② 在拆卸蓄电池负极电缆后，应将负极电缆用绝缘胶带包裹，防止负极电缆以外部分接触车身，以防导致电路通电。

图 7-10　拆卸蓄电池负极电缆

（4）拆卸右前车轮：根据车辆维修保养手册，选用合适的工具，正确拆卸右前车轮。在拆卸车轮时，按对角拆卸的方式拆卸车轮的固定螺母。车轮固定螺母的拆卸顺序如图 7-11 所示。

注意事项：在使用气动工具时，不能戴手套操作。在拆卸车轮之前，应用举升机举升车辆。

图 7-11　右前车轮固定螺母的拆卸顺序

（5）正确使用工具，分别拆卸发动机后部右侧底罩（见图 7-12）及拆卸固定塑料锁扣（即发动机后部右侧底罩的固定螺栓）（见图 7-13）。

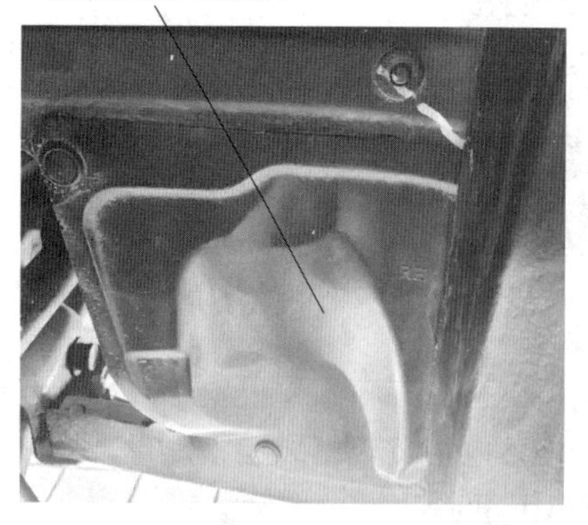

图 7-12　拆卸发动机后部右侧底罩

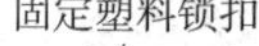

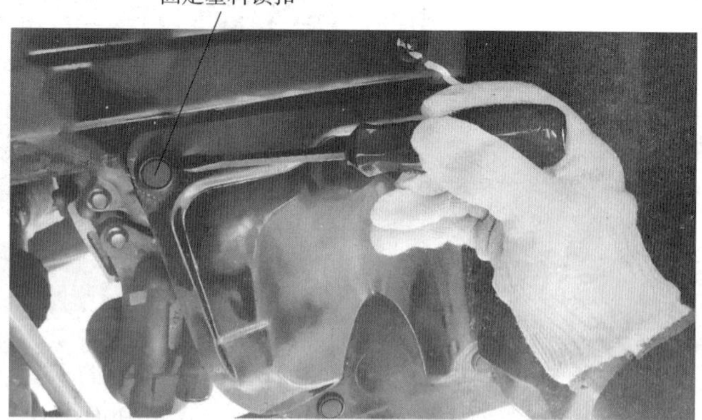

图 7-13　拆卸固定塑料锁扣

（6）传动皮带拆卸：① 根据车辆维修保养手册，选择合适的套筒扳手（10 mm）和棘轮扳手。正确使用工具，拧松发电机下部固定螺栓（见图 7-14）。

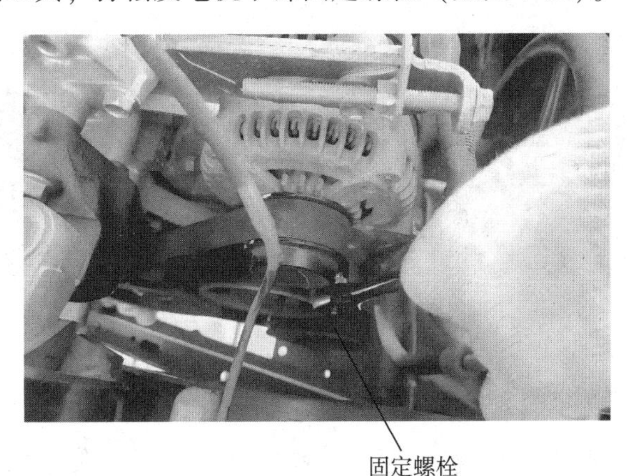

图 7-14　拧松发电机下部固定螺栓

② 正确使用工具，拧松发电机上部固定螺栓，拧松发电机皮带调整螺栓。

③ 拆下传动皮带（见图 7-15）。

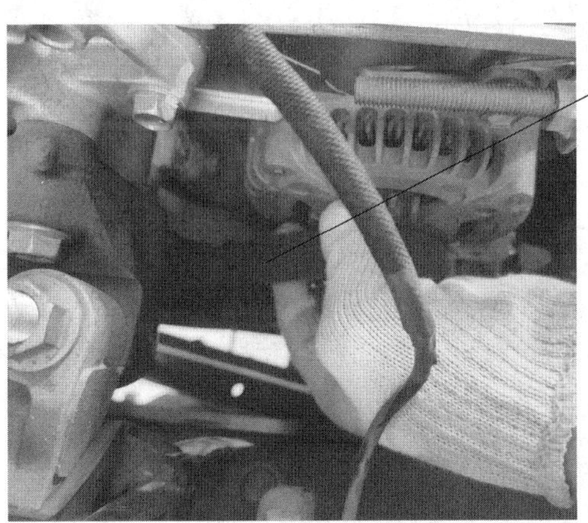

图 7-15　拆下传动皮带

二、传动皮带的检查

（1）检查新传动皮带的零件号是否正确（见图 7-16）。

图 7-16　传动皮带的零件号

（2）检查新传动皮带的外观：在检查过程中，如果发现传动皮带有裂纹、变形等情况，则需要更换，传动皮带外观的检查如图 7-17 所示。

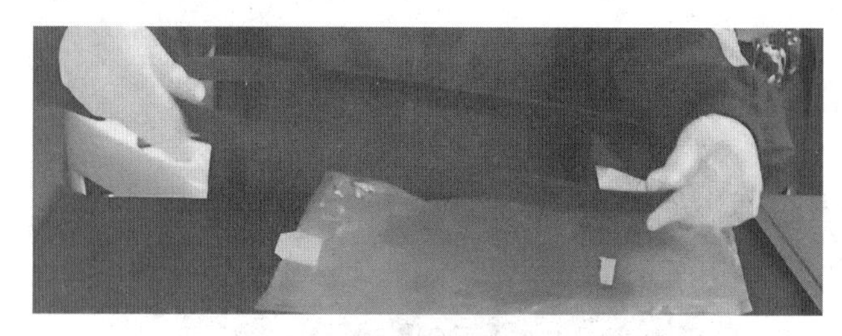

图 7-17　传动皮带外观的检查

三、传动皮带的安装

（1）安装传动皮带：将传动皮带对准传动皮带安装槽并安装进去（见图 7-18）。

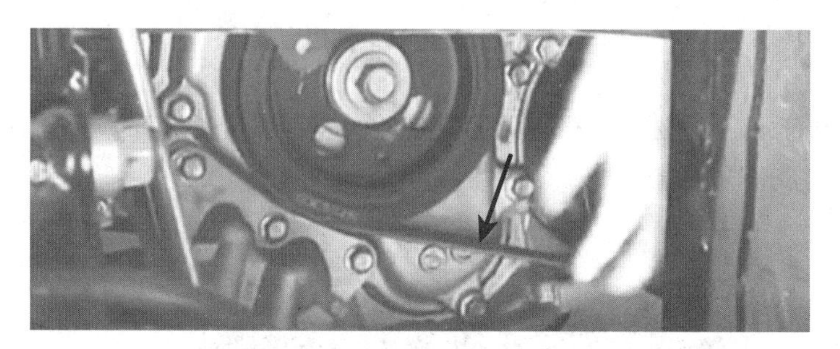

图 7-18　安装传动皮带

（2）调整传动皮带张紧度。

① 正确使用工具调整传动皮带张紧度调节螺栓（见图 7-19）。

注意事项：在调整传动皮带张紧度时，应确认传动皮带安装在楔形槽中。

图 7-19　调整传动皮带张紧度调节螺栓

② 使用皮带张紧力表测量皮带的张紧力值，当张紧力达到车辆保养手册规定的值时，停止调整。

③ 紧固发电机固定螺栓。正确使用工具，以规定扭矩拧紧发电机上部和下部的固定螺栓（见图 7-20）。

图 7-20　以规定扭矩拧紧固定螺栓

（3）安装蓄电池负极电缆：安装完蓄电池负极电缆（如图 7-21）后，拧紧电缆锁紧螺母，恢复收音机、电台和时钟的设置。

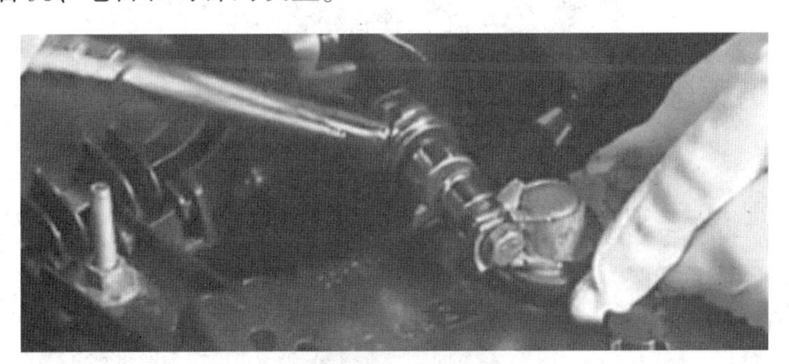

图 7-21　安装蓄电池负极电缆

（4）检查传动皮带。

启动发动机，使发动机怠速运行 5 分钟左右（见图 7-22），之后关闭发动机，再观察张紧力表的数值是否符合车辆维修保养手册的规定值（见图 7-23）。如果不符合标准，应重新调整。

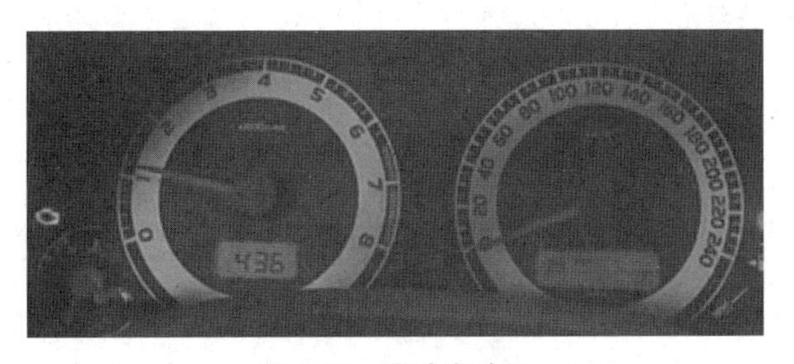

图 7-22　启动发动机

图 7-23　检查传动皮带的张紧力

（5）安装发动机后部右侧底罩。

安装发动机后部右侧底罩的固定螺栓和固定锁扣（见图 7-24）。

图 7-24　安装发动机后部右侧底罩

（6）安装车轮。

正确使用工具来安装车轮（见图 7-25），按顺序拧紧固定螺母（见图 7-26）。

图 7-25　安装车轮

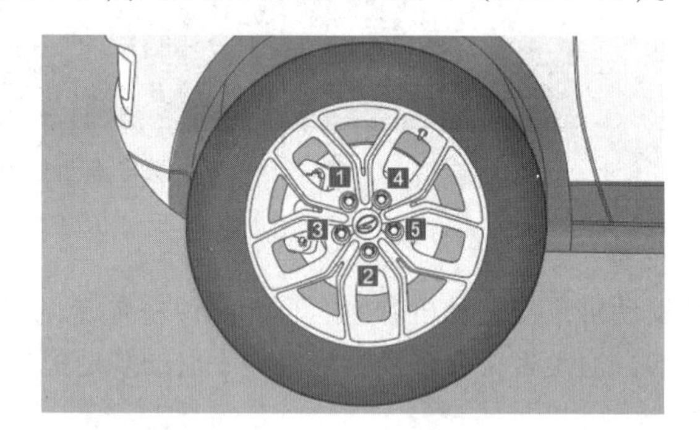

图 7-26　拧紧固定螺母的顺序

（7）安装散热器的空气导流板。

（8）安装发动机罩盖。

（9）注意：在安装发动机传动皮带时，发动机必须处于停止状态，而且皮带不要过紧，也不要过松。

任务实施

☞ 任务准备

（1）防护装备：常规实训工作服、车内外防护三件套。

（2）工具设备：套筒扳手一套、皮带张紧力测量工具、汽车整车。

（3）辅助资料：卡片、记号笔、翻纸板、发动机维修手册、车辆维修保养手册。

☞ 实施步骤

（1）对车辆进行防护。

（2）查阅相关资料，收集信息并填写相关信息。

（3）编写工作计划。

（4）进行传动皮带的检查与更换。

任务报告

<table>
<tr><td colspan="4">任务二　传动皮带的检查与更换</td></tr>
<tr><td>班级</td><td></td><td>姓名</td><td></td></tr>
<tr><td>组别</td><td></td><td>组长</td><td></td></tr>
<tr><td colspan="2">1. 接受任务（5 分）</td><td colspan="2">得分：</td></tr>
<tr><td colspan="4">一辆丰田卡罗拉进入 4S 店，车主向工作人员描述发动机传动皮带有毛刺（线绳勾出破损），请求检查并更换发动机传动皮带。请你通过收集信息完成任务报告的填写，并根据教材和手册的内容制订发动机传动皮带的更换计划，并实施更换。</td></tr>
<tr><td colspan="2">2. 信息收集（20 分）</td><td colspan="2">得分：</td></tr>
<tr><td colspan="4">（1）在安装发动机传动皮带时，发动机必须处于________状态。
（2）在安装完蓄电池负极电缆后，应该恢复收音机、电台和________的设置。重新匹配车辆相关________。
（3）使用气动工具时，不能________操作。
（4）在调整传动皮带张紧度时，应确认传动皮带安装在________。
（5）在拆卸蓄电池负极电缆之前，要确保车辆点火开关在________。
（6）蓄电池负极电缆拆卸后，位置要________，不要与______________相接触。</td></tr>
<tr><td colspan="2">3. 制订计划（15 分）</td><td colspan="2">得分：</td></tr>
<tr><td colspan="4">根据任务要求制订关于发动机传动皮带检查与更换的工作计划。</td></tr>
</table>

序号	工作步骤	具体内容

（续表）

<table>
<tr><td colspan="2">4. 计划实施（50分）</td><td colspan="2">得分：</td></tr>
<tr><td colspan="4">实施发动机传动皮带的检查与更换。</td></tr>
<tr><td>序号</td><td>工作内容</td><td>分值</td><td>得分</td></tr>
<tr><td>1</td><td>拆卸发动机罩盖、散热器空气导流板、电池负极电缆、车轮及右侧底罩</td><td>10分</td><td></td></tr>
<tr><td>2</td><td>正确拆卸传动皮带</td><td>5分</td><td></td></tr>
<tr><td>3</td><td>检查新传动皮带的零件号是否正确</td><td>5分</td><td></td></tr>
<tr><td>4</td><td>检查新传动皮带是否有裂纹、变形等情况</td><td>5分</td><td></td></tr>
<tr><td>5</td><td>正确安装传动皮带</td><td>10分</td><td></td></tr>
<tr><td>6</td><td>检查传动皮带的张紧力值</td><td>5分</td><td></td></tr>
<tr><td>7</td><td>安装发动机罩盖、散热器空气导流板、电池负极电缆、车轮及底罩</td><td>10分</td><td></td></tr>
<tr><td colspan="2">5. 检查评价（10分）</td><td colspan="2">得分：</td></tr>
<tr><td colspan="4">请根据个人及小组成员在完成任务过程中的表现及工作结果进行自我评价和小组评价。
自我评价：____。
小组评价：____。</td></tr>
<tr><td colspan="4">任务总成绩：</td></tr>
</table>

项目八

汽油滤清器的认知与更换

知识体系

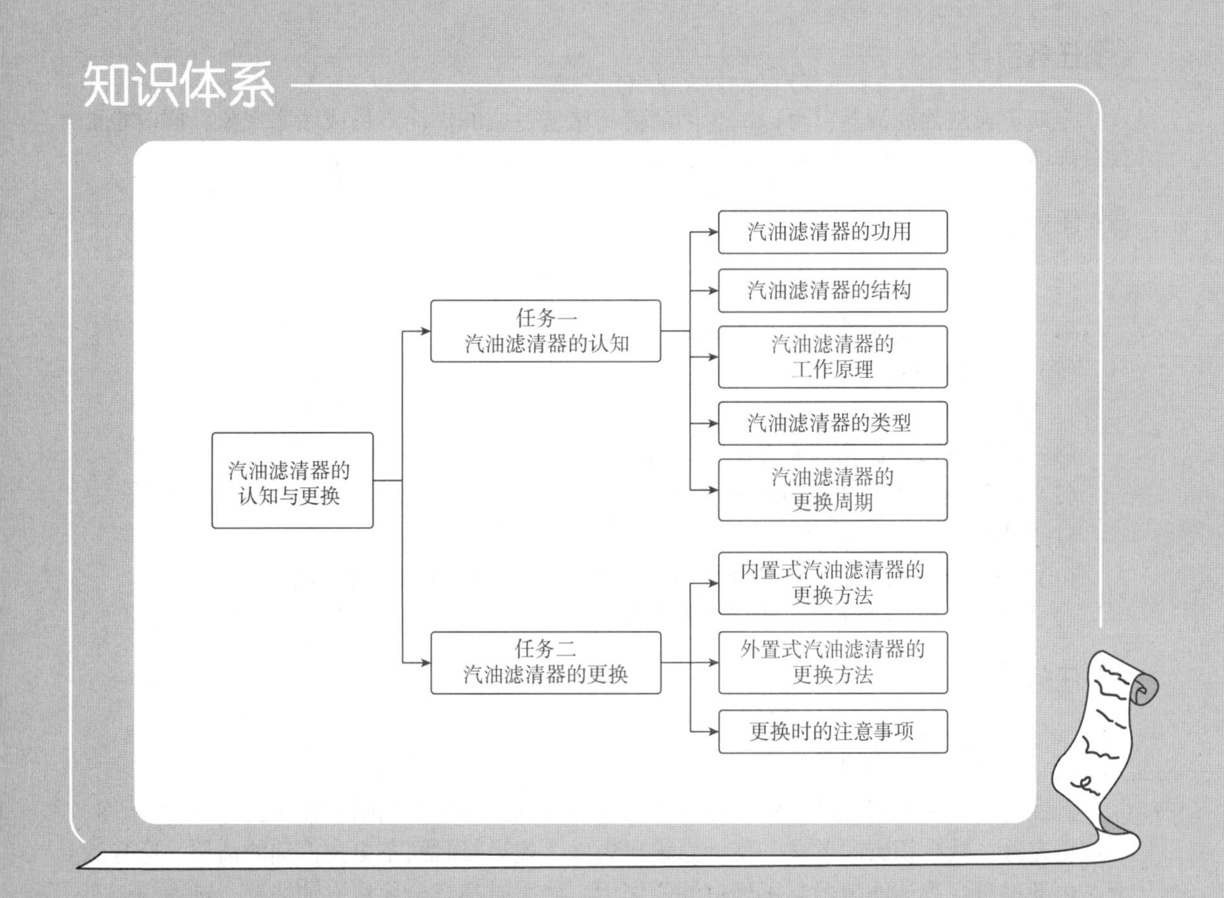

学习任务

本项目主要学习汽车燃油供给系统中的主要元件汽油滤清器的相关知识，分为两个学习任务。

任务一：汽油滤清器的认知。

任务二：汽油滤清器的更换。

通过两个任务的学习，理解汽油滤清器的功用和种类，掌握汽油滤清器的更换周期及更换方法。

任务一　汽油滤清器的认知

任务引导

定期更换汽油滤清器，可以减少因滤清器堵塞造成的供油不畅或堵塞现象，同时也能排除因油路长期不通畅导致的车辆加速无力、燃油经济性变差等故障。

任务目标

◎ 知识目标

(1) 掌握汽油滤清器的功用和类型。

(2) 了解汽油滤清器的工作原理。

◎ 能力目标

(1) 能明确汽油滤清器在车上的位置。

(2) 能够判断出汽油滤清器的类型。

◎ 素质目标

(1) 培养学生爱岗敬业的精神及团队合作的能力，培养学生良好的职业道德。

(2) 培养学生潜心研究、独立思考的能力。

任务资讯

一、汽油滤清器的功用

汽油滤清器主要用于过滤汽油中的杂质，使进入发动机内部用于燃烧的汽油变干净，燃烧更充分，减少积碳的形成，使动力输出更好。如果长时间不更换汽油滤清器，会导致滤芯内部过脏，汽油滤清器起不到过滤的作用，严重时甚至会导致汽油堵塞，进而引起车辆无法启动或者是行驶中熄火。因此，需要定期更换汽油滤清器，以免影响发动机的正常工作。

二、汽油滤清器的结构

汽油滤清器安装在电动燃油泵出口侧的油路中。汽油滤清器主要由进油口、出油口、回油口、滤芯、限压阀、壳体等组成（见图 8-1）。滤芯采用菊花形结构，这种结构的特点是单位体积内过滤面积大。滤清器内经常需要承受 200～300 kPa 的燃油压力，因此，要求滤清器壳体及燃油管路的耐压强度应在 500 kPa 以上。

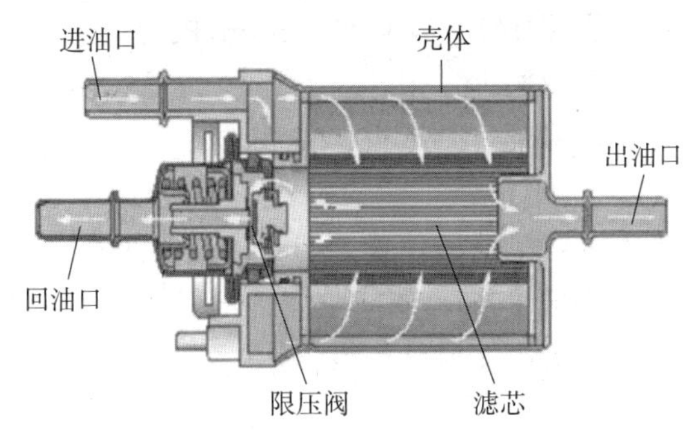

图 8-1　汽油滤清器的结构

三、汽油滤清器的工作原理

发动机在工作时，汽油从汽油滤清器的进油口进入滤芯外围，把带有杂质的汽油通过滤芯过滤后从出油口流出。如果滤清器堵塞，将使油压降低、输油量减少，导致发动机不能正常工作。

四、汽油滤清器的类型

按照安装位置的不同，汽油滤清器一般可分为内置式汽油滤清器（见图 8-2）和外置式汽油滤清器（见图 8-3）。

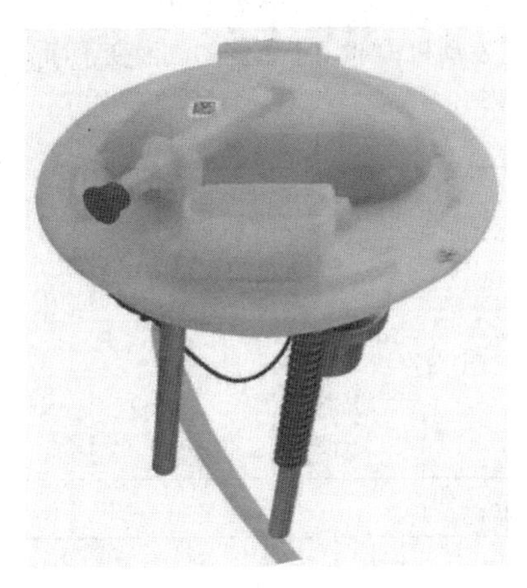

图 8-2　内置式汽油滤清器

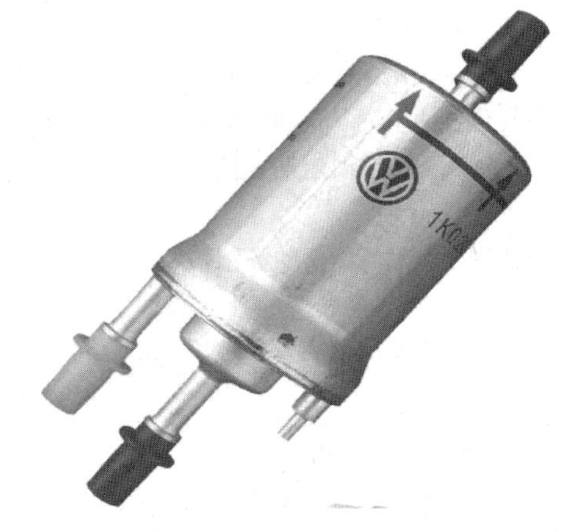

图 8-3　外置式汽油滤清器

内置式汽油滤清器一般和汽油泵一起安装在油箱内，因此更换比较麻烦且成本也比较高。外置式汽油滤清器一般安装在车身底部燃油管路上，更换比较方便。

五、汽油滤清器的更换周期

建议每隔 4 年或每行驶 60 000 km 更换一次内置式汽油滤清器、建议每 4 年或每行驶 30 000 km 更换一次外置式汽油滤清器。

任务实施

☞ 任务准备

（1）防护装备：常规实训工作服、车内外防护三件套。

（2）工具设备：汽车整车或实训台架。

（3）辅助资料：卡片、记号笔、翻纸板、参考书。

☞ 实施步骤

（1）查找实验车辆上汽油滤清器的位置，初步认识汽油滤清器。

（2）查阅相关资料，收集信息并记录下来。

（3）根据查询到的信息，填写完成任务报告。

任务报告

<table>
<tr><td colspan="4">任务一　汽油滤清器的认知</td></tr>
<tr><td>班级</td><td></td><td>姓名</td><td></td></tr>
<tr><td>组别</td><td></td><td>组长</td><td></td></tr>
<tr><td colspan="2">1. 接受任务（5 分）</td><td colspan="2">得分：</td></tr>
<tr><td colspan="4">你是一名汽车维修专业的学生，请查找实验车辆上汽油滤清器的具体位置，学习汽油滤清器的相关知识，并记录到任务报告中。</td></tr>
<tr><td colspan="2">2. 信息收集（20 分）</td><td colspan="2">得分：</td></tr>
<tr><td colspan="4">（1）汽油滤清器主要由________、________、______、滤芯、限压阀、壳体等组成。
（2）汽油滤清器主要用于过滤汽油中的________，使进入发动机内部用于燃烧的汽油变干净，______更充分，减少______的形成，使______输出更好。
（3）按照安装位置的不同，汽油滤清器一般可分为________________和________________。
（4）为什么汽油滤清器需要定期更换？
（5）如何快速判断汽油滤清器的类型？
（6）汽油滤清器的更换周期一般是多长时间？</td></tr>
<tr><td colspan="2">3. 制订计划（15 分）</td><td colspan="2">得分：</td></tr>
<tr><td colspan="4">请根据任务要求制订工作计划及进行任务分工。</td></tr>
</table>

序号	工作内容	工作要点	负责人

（续表）

4. 计划实施（50分）			得分：
请同学们找到实验车辆上汽油滤清器的位置，并判断属于什么类型的汽油滤清器。			
序号	工作内容	分值	得分
1	举升车辆	10分	
2	观察实验车辆，找到油箱位置	10分	
3	找到汽油滤清器的位置	10分	
4	确定汽油滤清器的类型	10分	
5	下降车辆	10分	
5. 检查评价（10分）			得分：
请根据个人及小组成员在完成任务过程中的表现及工作结果进行自我评价和小组评价。 自我评价：________________。 小组评价：________________。			
任务总成绩：			

任务二　汽油滤清器的更换

任务引导

汽油滤清器的滤芯阻塞，会造成发动机供油压力不足，进而导致发动机输出功率不足，燃油经济性变差。作为汽车维修保养人员，你知道汽油滤清器的更换方法吗？

任务目标

◎ 知识目标

（1）了解更换汽油滤清器时所需要工具的规格和使用方法。

（2）掌握汽油滤清器的更换流程。

（2）了解汽油滤清器更换时的注意事项。

◎ 能力目标

（1）能够独立进行汽油滤清器的更换。

（2）能够向用户介绍汽油滤清器的作用和更换周期。

（3）严格执行工作现场8S管理。

◎ 素质目标

（1）培养学生爱岗敬业的精神及团队合作的能力，培养学生良好的职业道德。

（2）培养学生潜心研究、独立思考的能力。

任务资讯

一、内置式汽油滤清器的更换方法

以 2018 款大众迈腾 2. 0T 汽车为例介绍内置式汽油滤清器的更换方法。

1. 工具准备

专用工具 T10202、螺丝刀等工具。

2. 更换步骤

（1）检查燃油表，剩余燃油量不能超过油表的四分之一，或把汽油排空。

（2）清洁燃油泵盖板附近的灰尘，拔下电器插头，拆下盖板（见图 8-4），拔下电器插头（见图 8-5）。

（3）戴好护目镜，在燃油管路连接处放好抹布，小心地将燃油管路（见图 8-5）从法兰上拔下。

（4）使用专用工具 T10202 拆卸燃油泵锁止环（见图 8-6）。

（5）拆下汽油滤清器接头，取出旧的汽油滤清器。

（6）更换新的汽油滤清器，以 110 N · m 的力矩拧紧燃油泵锁止环。

（7）连接燃油管路及电器插头、安装盖板。

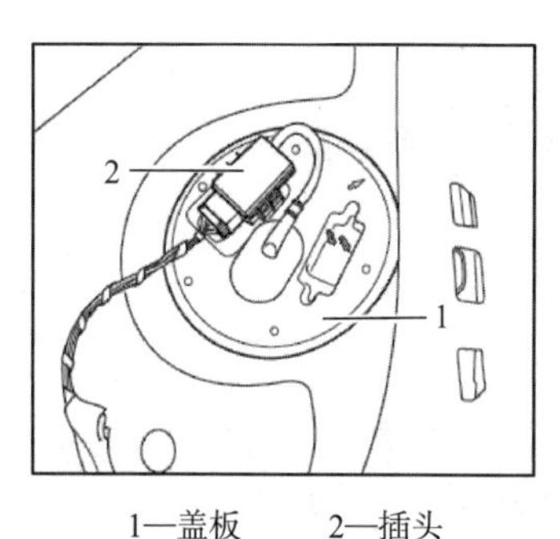

1—盖板　　2—插头

图 8-4　盖板及插头

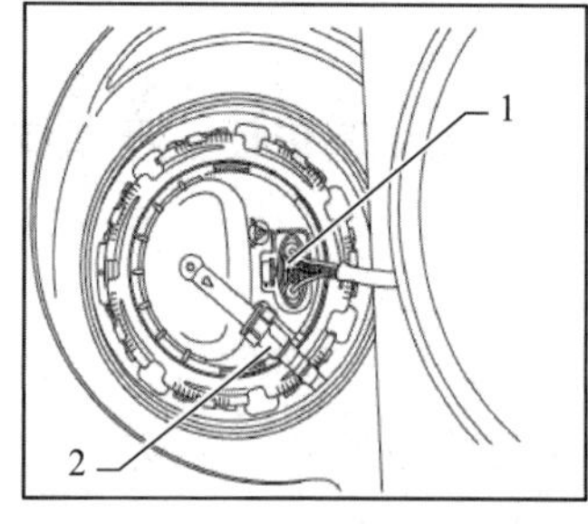

1—电器插头　　2—燃油管路

图 8-5　电器插头及燃油管路

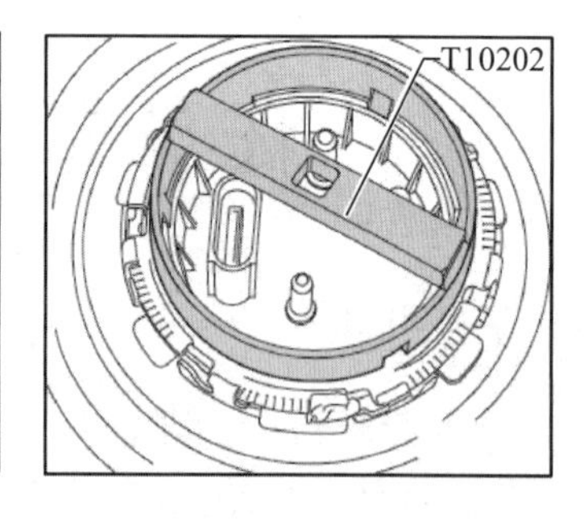

图 8-6　拆卸燃油泵锁止环

二、外置式汽油滤清器的更换方法

以 2018 款大众捷达 1. 6L 汽车为例介绍外置式汽油滤清器的更换方法。

1. 工具准备

高压气枪、螺丝刀等工具。

2. 更换步骤

（1）用高压气枪清洁汽油滤清器附近的灰尘。

（2）戴好护目镜，在燃油管路连接处放好抹布，小心地将燃油管路从汽油滤清器上拔出。

（3）拆卸固定螺栓，取出汽油滤清器。

（4）更换新的汽油滤清器。

（5）连接燃油管路及电器插头、以 3 N · m 的力矩拧紧盖板固定螺栓。

（6）启动发动机，检查是否泄漏。

三、更换时的注意事项

（1）释放汽油系统的油压：汽油喷射式发动机为了利于再次启动，在发动机熄火后，燃油管路内仍需保持较高的油压。在拆卸燃油管路、更换汽油滤清器时，应先释放掉燃油管路内的油压，以免在松开油管接头时，大量汽油喷出造成人身伤害或发生火灾，以及造成浪费。

在释放油压时，首先应启动发动机，然后在发动机运转中拔下电动汽油泵电源接头或电动汽油泵继电器，待发动机自行熄火后，再启动发动机 2～3 次，油压即可完全释放；最后关闭点火开关，插上电动汽油泵电源接头（或插上电动汽油泵继电器或汽油泵保险）。

（2）外置式汽油滤清器在更换时要注意从燃油管路中卸下汽油滤清器，同时应注意汽油滤清器进油口端与出油口端的方向（见图 8-7）。

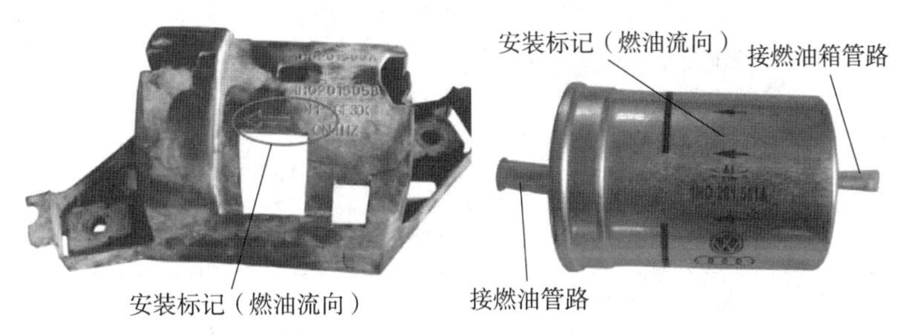

图 8-7　汽油滤清器安装方向

（3）按照正确的安装方向，装上新的同型号的汽油滤清器，再接好所有燃油管路的接头。

（4）将流出的汽油擦净，后将点火开关旋至 ON 位置再关闭，如此反复数次，使汽油系统建立起油压。

（5）启动发动机后认真检查所有拆卸的管路有无泄漏情况。

任务实施

☞ 任务准备

（1）防护装备：常规实训工作服、车内外防护三件套、隔离警示围栏。

（2）工具设备：汽车整车或实训台架。

（3）辅助资料：卡片、记号笔、翻纸板、参考书。

☞ 实施步骤

（1）在实验整车上找到汽油滤清器的位置。

（2）利用网络和教学资源，查询汽油滤清器的更换步骤。

（3）根据查询到的信息，填写完成任务报告。

任务报告

<table>
<tr><td colspan="4">任务二　汽油滤清器的更换</td></tr>
<tr><td>班级</td><td></td><td>姓名</td><td></td></tr>
<tr><td>组别</td><td></td><td>组长</td><td></td></tr>
<tr><td colspan="2">1. 接受任务（5 分）</td><td colspan="2">得分：</td></tr>
<tr><td colspan="4">在 11 月 3 日，4S 店来一辆现代伊兰特轿车，行驶 29 500 km，车主提出要更换汽油滤清器。你是一名汽车维修专业的学生，现在开始进行汽油滤清器的更换，请利用网络和教学资源，查询汽油滤清器更换的步骤，并记录到报告中。</td></tr>
<tr><td colspan="2">2. 信息收集（20 分）</td><td colspan="2">得分：</td></tr>
<tr><td colspan="4">（1）简述更换汽油滤清器需要的工具。

（2）简述不更换汽油滤清器给发动机带来的不良影响。

（3）简述更换外置式汽油滤清器的流程及注意事项。

（4）请分析在更换汽油滤清器后，发动机无法正常启动的原因。</td></tr>
<tr><td colspan="2">3. 制订计划（15 分）</td><td colspan="2">得分：</td></tr>
<tr><td colspan="4">请根据任务要求制订工作计划。</td></tr>
</table>

序号	工作步骤	具体内容

（续表）

4. 计划实施（50分）	得分：
实施汽油滤清器的更换。	

序号	工作内容	分值	得分
1	检查燃油表，剩余燃油不能超过油表的四分之一，如果燃油过多需将汽油箱内汽油排空	10分	
2	清洁燃油泵盖板附近的灰尘，拔下电器插头，拆下盖板	5分	
3	戴好护目镜，在燃油管路连接处放好抹布，将燃油管路从法兰上拔下	10分	
4	拆卸燃油泵锁止环	5分	
5	拔下汽油滤清器接头，取出旧的汽油滤清器	5分	
6	更换新的汽油滤清器，以110 N·m的力矩拧紧燃油泵锁止环	10分	
7	连接燃油管路及电器插头、安装盖板	5分	

5. 检查评价（10分）	得分：
请根据个人及小组成员在完成任务过程中的表现及工作结果进行自我评价和小组评价。 自我评价：________________________。 小组评价：________________________。	
任务总成绩：	

项目九

自动变速器油的认知与更换

知识体系

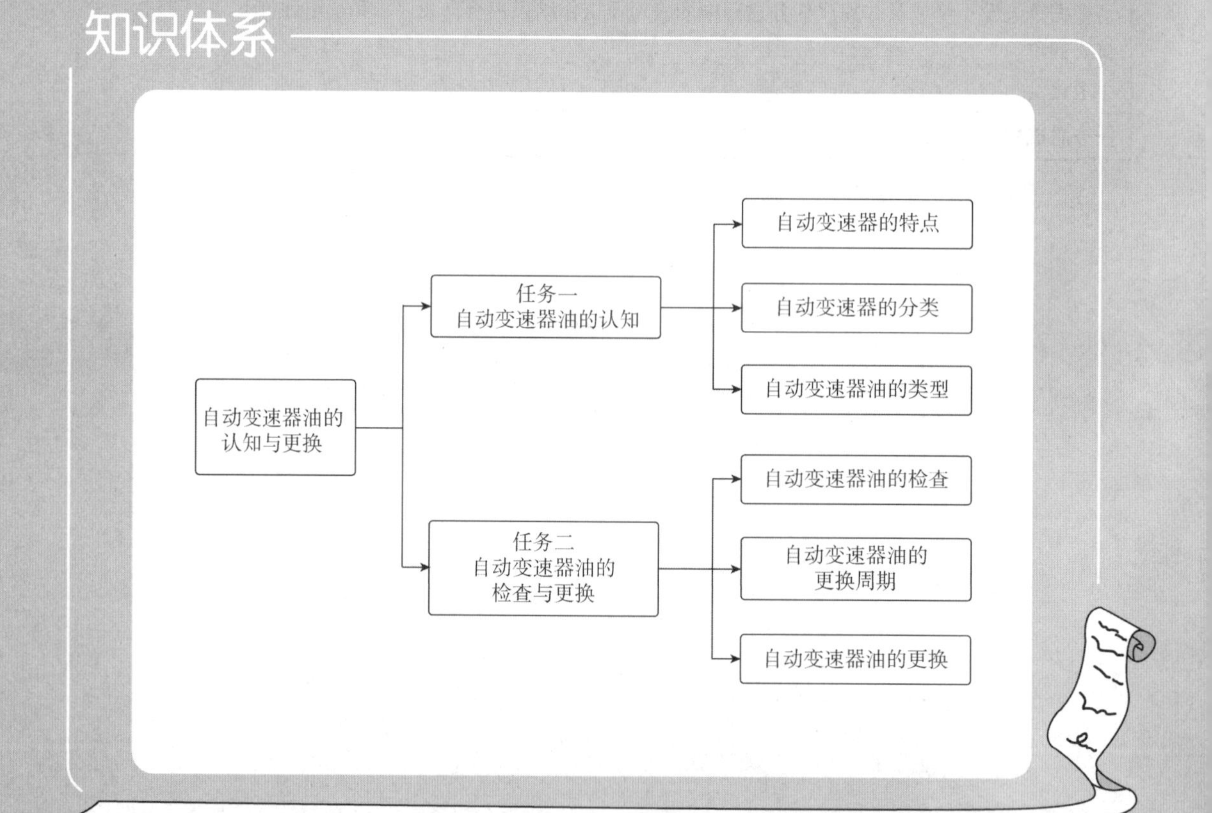

学习任务

现在自动挡汽车越来越多，我们应该了解自动变速器的特点和分类，了解各种变速器所使用的变速器油的特点。掌握自动变速器油液的检查与更换方法，掌握自动变速器油的更换周期。本项目分为两个任务。

任务一：自动变速器油的认知。

任务二：自动变速器油的检查与更换。

任务一　自动变速器油的认知

任务引导

现在车辆上装配的自动变速器主要有四种：液力自动变速器（AT）、电控机械自动变速器（AMT）、无级自动变速器（CVT）、双离合自动变速器（DCT或DSG），这四种变速器所使用的自动变速器油也不一样。同学们要先了解自动变速器的特点和分类，再掌握各种自动变速器油的特点。

任务目标

◎ **知识目标**

（1）了解自动变速器的特点和分类。

（2）掌握各种自动变速器油的特点。

◎ **能力目标**

（1）能根据自动变速器类型合理地选用自动变速器油。

（2）严格执行工作现场8S管理。

◎ **素质目标**

（1）应树立职业意识，并按照企业的质量管理规范来要求自己。

（2）应具有爱岗敬业、团队合作的精神，具备良好的职业道德。

任务资讯

一、自动变速器的特点

自动变速器的特点如下所示。

（1）减轻驾驶员的疲劳程度并提高行车安全性。

（2）大大提高发动机和传动系统的使用寿命。

（3）提高汽车的动力性和舒适性。

（4）减少汽车对空气的污染。

（5）结构和维修复杂，制造和维护成本高。

二、自动变速器的分类

按传动原理划分，自动变速器可分为液力自动变速器、电控机械自动变速器、无级自动变速器、双离合自动变速器，如图 9-1 所示。

（a）液力自动变速器

（b）电控机械自动变速器

（c）无级自动变速器

（d）双离合自动变速器

图 9-1　自动变速器的分类

三、自动变速器油的类型

1. AT 变速器油

AT 变速器油是专门用于液力自动变速器的油液，它有两个作用：除了对行星齿轮组进行润滑、散热外，最主要的作用是传递动力，所以它的黏度相较于手动变速器（MT）油的黏度要低。由于 AT 变速器油的作用是负责液压传动，因此流动性要求较高，抗气泡能力也比手动变速器油的要求更严格。AT 变速器油主要有 4AT、5AT、6AT、7AT、8AT、9AT 等，不同的变速器使用的变速器油型号也有所区别，挡位越多的变速器对 AT 变速器油的要求越高。

注意事项：选购的油品等级一定要等于或高于原车使用的产品，如果自动变速器之前用的是 4AT，那么在更换之时最好选择 4AT 或者 5AT、6AT 等。

2. AMT 变速器油

AMT 是机械式手自一体的变速器，工作原理是在手动变速器的基础上改变了手动换挡操纵部分，即在总体传动结构不变的情况下，通过加装微电脑，自动控制操纵系统来实现换挡。因此，AMT 变速器能够与 MT 变速器通用一种变速器油。

MT 变速器油即常说的齿轮油，作用主要是润滑和散热。按质量水平来分，MT 变速器油分 5 档，即 GL1、GL2、GL3、GL4、GL5，GL1、GL2、GL3 现已停止使用，市场上一般只售卖 GL4 和 GL5。从油品特点来说，MT 变速器油比自动变速器油的黏度要大，更换的周期普遍也比自动变速器油要短一些。

车辆齿轮油黏度等级的主要选择依据是使用环境温度。我国南方地区可选用 90 号或 140 号油，东北及西北寒冷地区宜选用 80W/90 号或 75W/90 号油，中部地区宜选用 85W/90 号或 85W/140 号油。

3. CVT 变速器油

CVT 变速器油的本质与 AT 变速器油类似，但是它是专门用油。因为 CVT 变速器是特殊的钢链传动，需要的油液流速、摩擦性能、膨胀系数等都与 AT 变速器油有所区别，所以不能用 AT 变速器油代替，相比较而言，CVT 变速器油比 AT 变速器油的黏度更低，还具有一定的阻力（摩擦力），以防止传动钢链打滑。

4. DCT 变速器油

DCT 变速器虽然也叫自动变速器，但和其他的自动变速器有着本质的区别，可以把 DCT 理解为两个手动变速器的结合体，所以该变速器使用的油就是齿轮油和液压油两种油的混合体。DCT 变速器油是专用品，不可和其他变速器油混用。

任务实施

☞ 任务准备

（1）防护装备：常规实训工作服、车内外防护三件套。

（2）工具设备：自动变速器油、汽车整车。

（3）辅助资料：卡片、记号笔、翻纸板、自动变速器维修手册、汽车维修保养手册。

☞ 实施步骤

（1）收集自动变速器油的相关资料，填写信息收集表。

（2）查找四种自动变速器所对应的品牌和车型。

（3）查找四种自动变速器所对应的自动变速器油的型号和品牌。

任务报告

任务一　自动变速器油的认知			
班级		姓名	
组别		组长	
1. 接受任务（10 分）		得分：	
根据所学习的内容，掌握各种自动变速器所对应的自动变速器油的相关知识，以及自动变速器的保养周期。利用网络、参考书籍，查找 AT、AMT、CVT、DCT 这四种主要自动变速器所对应的品牌和车型，以及所对应的自动变速器油的型号和品牌。			
2. 信息收集（20 分）		得分：	

（续表）

（1）按传动原理划分，自动变速器可分为______________________、电控机械自动变速器、______________、______________。

（2）AT 变速器油是专门用于液力自动变速器的油液，有两个作用：除了对行星齿轮组进行________、________外，最主要的作用是传递动力，所以它的________比手动变速器油的黏度要低。

（3）DCT 变速器可以理解为两台手动变速器的结合体，所以该变速器使用的油就是________和________两种油的混合体。DCT 变速器油是专用品，不可和其他变速器油混用。

3. 任务实施（60 分）	得分：

（1）查找四种自动变速器所对应的品牌和车型。

序号	自动变速器	品牌和车型	分值
			7.5 分
			7.5 分
			7.5 分
			7.5 分

（2）查找四种自动变速器所对应的自动变速器油的型号和品牌。

序号	自动变速器	自动变速器油的型号和品牌	分值
			7.5 分
			7.5 分
			7.5 分
			7.5 分

4. 检查评价（10 分）	得分：

请根据个人及小组成员在完成任务过程中的表现及工作结果进行自我评价和小组评价。

自我评价：____。

小组评价：____。

任务总成绩：

任务二　自动变速器油的检查与更换

任务引导

自动变速器油对自动变速器的工作、使用性能及使用寿命都有着非常重要的影响。应根据车辆的自动变速器保养周期，检查或更换自动变速器油。如果自动变速器出现故障，在维修完成之后，也应添加或更换油液。

任务目标

◎ 知识目标

(1) 掌握自动变速器油的检查方法。

(2) 掌握自动变速器油的更换方法。

◎ 能力目标

(1) 能正确地检查自动变速器油的液面高度。

(2) 能正确地更换自动变速器油。

◎ 素质目标

(1) 应树立职业意识，并按照企业的质量管理规范来要求自己。

(2) 应具有爱岗敬业、团队合作的精神，具备良好的职业道德。

任务资讯

一、自动变速器油的检查

1. 泄漏检查

检查自动变速器油是否有泄漏情况，主要应检查以下区域：

(1) 举升车辆，检查自动变速器壳体的接触面是否漏油，如图 9-2 所示。

(2) 检查油冷却软管及相关管件是否漏油，如图 9-3 所示

图 9-2　检查自动变速器壳体的接触面

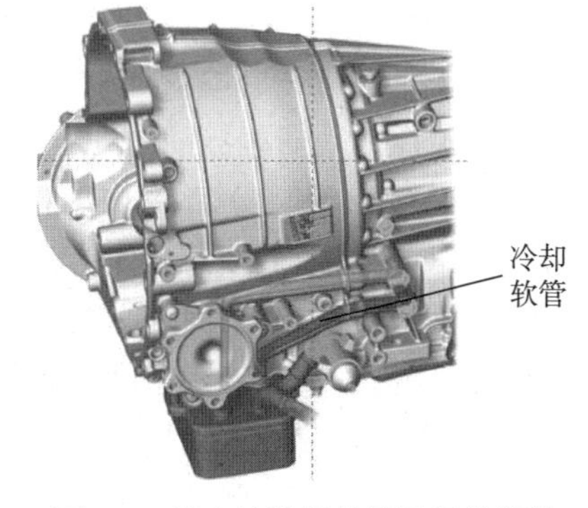

图 9-3　检查油冷却软管及相关管件

(3) 检查驱动轴和拉索伸出的区域是否漏油。

(4) 检查油封表面是否漏油。

(5) 检查排放塞和加注塞表面是否漏油，如图 9-4 所示。

2. 自动变速器油品质的检查

在正常情况下，油液应该是清爽的，并保持原来的粉红色（粉红色为正常颜色）；如果油液颜色呈现为棕色，表明油液已经氧化变质；如果油液颜色呈现为黑色，表明变速器内部部件已经烧蚀；如果油液变脏、变色或者有粉末，表明自动变速器内部部件有损坏。油液的品质还可以从外观上加以判断，如用手指捻捻油液感受一下黏度，用鼻子闻一闻有无特殊的气味，均可以判断出油液品质的好坏。

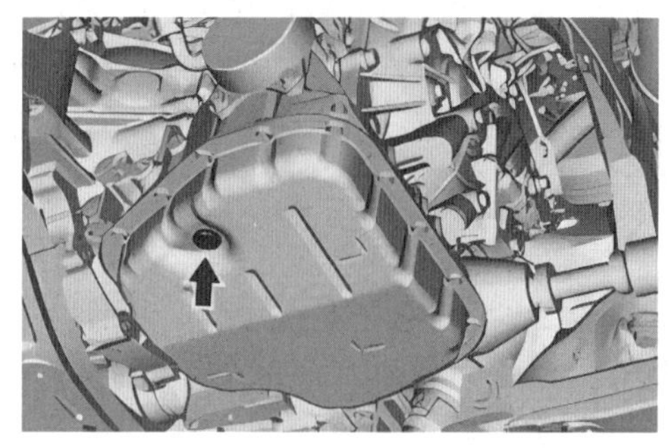

（a）排放塞

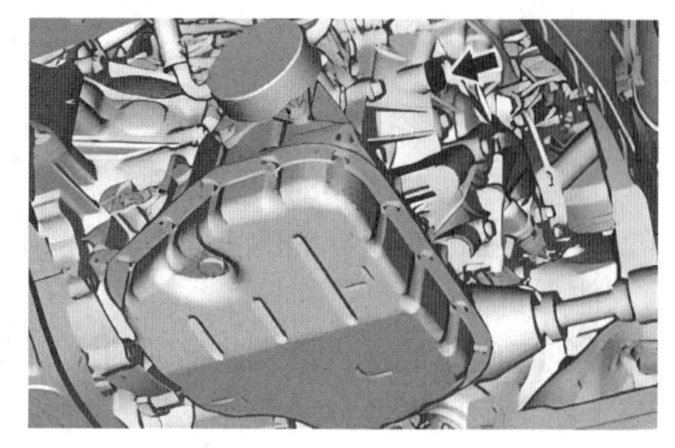

（b）加注塞

图 9-4　检查排放塞和加注塞表面

3. 液面高度检查

（1）油液液面的高低对自动变速器的工作效果有很大的影响。当油液液面过低时，空气可能进入油泵内部循环，并与油液发生混合导致油液分解，出现气阻使油压难以建立或油压过低，进而导致离合器和制动器打滑。油液液面过高同样会使油液分解，因为行星齿轮在过高的液面下转动，空气同样会被压入油液，被分解的油液可能会产生泡沫、出现过热或氧化等现象。以上这些问题都会使得各种阀门、离合器、伺服机构等部件因压力不正常而出现故障。

（2）液面高度检查方法分为油尺法和溢油法两种。

① 油尺法的检查步骤：AT 自动变速器油的液面高度检查分为热机检查和冷机检查两种方式。热机检查是指在自动变速器油温处于 50～80 ℃的情况下检查液面高度的方法；而冷机检查是指在自动变速器油温处于 30～50 ℃的情况下检查液面高度的方法。自动变速器的油尺上刻有 COOL（冷）和 HOT（热）两个范围。在热状态检查液面高度时，液面高度必须处于 HOT 的范围。具体检测方法如下：

- 将车辆停放在平直路面上，拉紧驻车制动器。
- 启动发动机，使冷却液温度达到 80～90 ℃，发动机保持运转状态。
- 用故障诊断仪读取自动变速器油温，热状态时为 50～80 ℃，如图 9-5 所示。
- 启动发动机，踩下制动踏板并将换挡杆依次挂到每个挡位，且在每个挡位停顿 3 秒钟。然后将换挡杆挂回驻车挡，如图 9-6 所示，这样能使油液进入阀体和变速器壳体。

图 9-5　用故障诊断仪读取自动变速器油温

图 9-6　变速器换挡操作

● 当发动机怠速时，抽出油尺，用干净的抹布擦净油尺后重新插入，接着拔出检查。在热状态时，油液在油尺网纹处为正常；在冷状态时，在油尺的两个凹槽之间为标准，如图 9-7 所示。

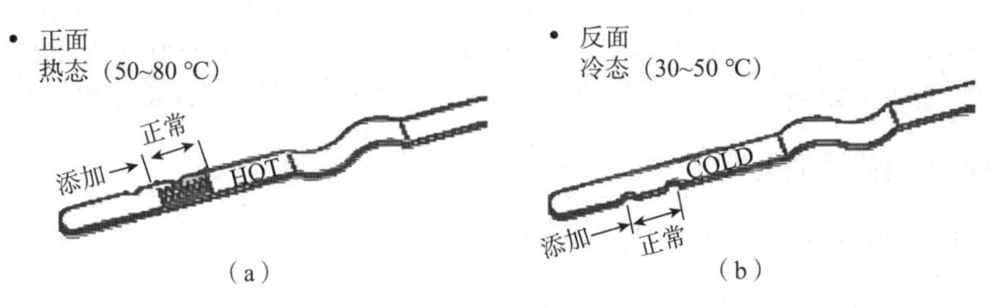

图 9-7　油液的标准

② 溢油法油面高度检查：有些自动变速器（如大众、奥迪、宝马、标致、雪铁龙等）没有油尺。这些变速器可通过溢油法检查液面高度。一汽大众 DSG-6 挡自动变速器利用油底壳上的溢油检查螺塞孔开展检查和加注变速器油的工作，该处螺塞孔顶部安装有一个溢流管，其位置如图 9-8 所示。

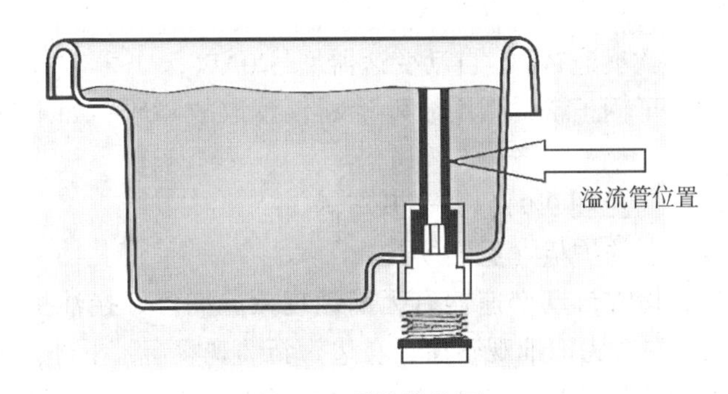

图 9-8　溢流管位置

这种类型的变速器油液面高度的检查同普通手动变速器油液面高度的检查相似。检查按以下流程进行：

● 检查时使汽车车身保持水平，发动机运转时打开空调开关，可提高发动机怠速转速，以保证自动变速器泵油充足。

● 踩下制动踏板，并将换挡杆依次挂到每个挡位，且每个挡位停顿 3 秒，将换挡杆置于 P 挡或 N 挡，保持发动机怠速运转，从变速器油底壳卸下溢油检查螺塞，如果有 AT 油液连续溢出即为油位正常。

● 如果油液没有连续溢出，应加注 AT 油液，直到连续溢出为止。在发动机怠速运转状态时，以维修保养手册规定的力矩拧紧溢油检查螺塞。需要注意的是：在向自动变速器加注油液时，若有吸气声则会产生油沫，应该关闭发动机等待一段时间，让 AT 油液稳定后再加注。

油温对液面高度的影响很大，当自动变速器的油液受热后，体积会膨胀，使液面升高，因此在不同油温下，相同油量的液面高度也不同。

二、自动变速器油的更换周期

自动变速器油的更换周期与车辆的保养周期计算方法是一样的，以行驶里程或使用时间为准。如果车辆使用手册中明确给出了这两个指标，按先到达的执行；如果车辆使用手册中没有这样的指标或者没有明确标出换油时间，一般按照每 50 000～80 000 km 的行驶里程来更换自动变速器油。

三、自动变速器油的更换

1. 有油尺车辆自动变速器油的更换

有油尺车辆自动变速器油的更换步骤如下：

（1）启动发动机，使自动变速器油温度升高。

（2）关闭发动机。

（3）从放油螺栓处放出自动变速器油。

（4）车辆从油尺管处添加新的自动变速器油。

（5）检查液面高度。

2. 无油尺车辆自动变速器油的更换

保养车辆：2023 年款奥迪 A6，自动变速器型号 0AW。

（1）先试车，如果车辆正常，则用故障诊断仪读取故障码；如果没有故障码，则进行下一步骤。

（2）做好车辆防护（见图 9-9），并举升车辆。

（3）拆卸自动变速器的护板（见图 9-10）。

（4）拆完护板后，检查自动变速器有无漏油现象。准备好换油机，换油机的电源为 12 V，可连接蓄电池，左边为旧油观察窗，右边为新油观察窗，下部为加新油口。

（5）拆除自动变速器的散热油管，连接换油机的两根油管，如图 9-11 所示。

（6）启动发动机，检查油管连接处是否漏油。

（7）用换油机进行循环清洗，设定时间为 10 分钟，再循环清洗，应在汽车变速器每个挡位停留 3～5 秒，如图 9-12 所示。

图 9-9　车辆防护

图 9-10　拆卸变速器的护板

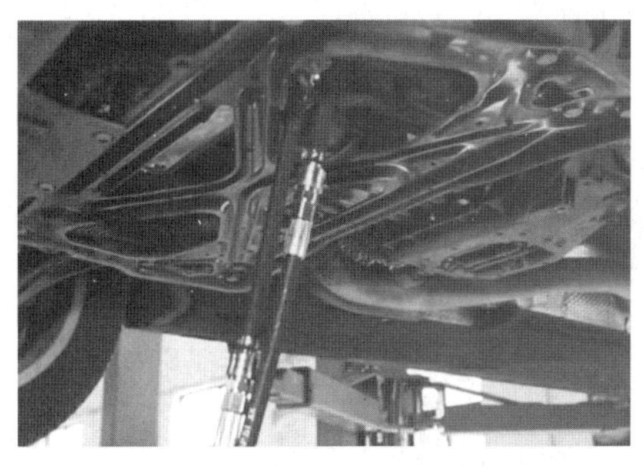

图 9-11　连接换油机的两根油管

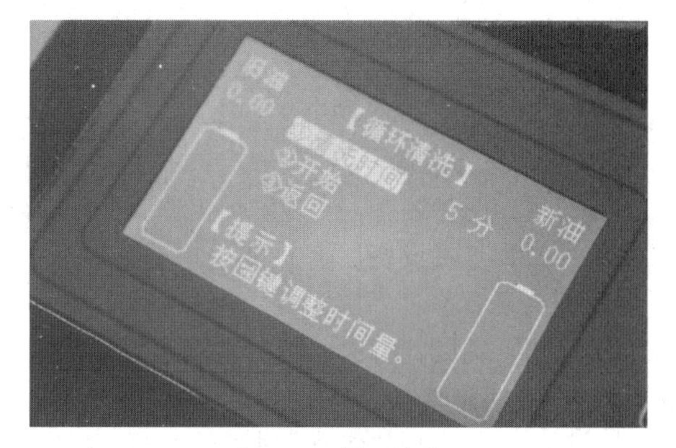

图 9-12　循环清洗

（8）关闭发动机，拆下放油螺栓和溢流管，利用重力排油，如图 9-13 所示。

（9）在排油之后，安装溢流管和放油螺栓，用 30 N · m 的力矩拧紧，如图 9-14 所示。

图 9-13　重力排油

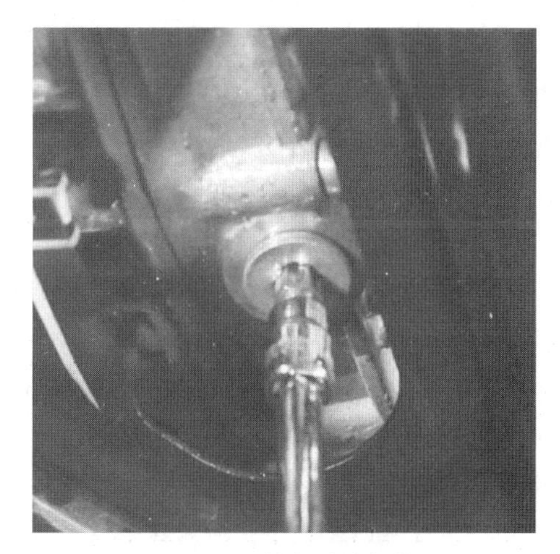

图 9-14　拧紧放油螺栓

（10）若自动变速器一共排出 6 L 旧油，则向换油机中加入 6 L 新油，启动换油机，开始加注新的自动变速器油。

（11）奥迪 A6 这款自动变速器的初装油是 8 L，之前排出 6 L 旧油，然后又加入 6 L 新油，则还有 2 L 旧油没有排出来，已经和新油混在一起了，所以还需要等量交换 2 L 新油，即再加入 2 L 新油进行等量交换，用换油机再排出 2 L 油，减少残余旧油在全部自动变速器油中的比例。

（12）检查自动变速器的液面高度，检查温度应为 35～45 ℃，拆下放油螺栓，如果有油液流下，说明液面高度正常。如果没有油液流下，继续加注新油，直到液面高度正常为止，安装放油螺栓。

（13）恢复原车的管路，清洁油渍。检查管路是否紧固，进行试车。试车结束后，再次检查液面高度，确定液面高度正常后，安装护板。

（14）在换油工作结束后，关闭换油机，整理工具设备，清洁工位。

任务实施

☞ 任务准备

（1）防护装备：常规实训工作服、车内外防护三件套。

（2）工具设备：套筒扳手一套、收集桶、自动变速器油、换油机、汽车整车、举升机。

（3）辅助资料：卡片、记号笔、翻纸板、自动变速器维修手册、汽车维修保养手册。

☞ 实施步骤

（1）收集自动变速器油的检查与更换资料，填写信息收集表。

（2）制订自动变速器油的检查与更换工作计划。

（3）实施自动变速器油的检查与更换实操。

任务报告

<table>
<tr><th colspan="4">任务二　自动变速器油的检查与更换</th></tr>
<tr><td>班级</td><td></td><td>姓名</td><td></td></tr>
<tr><td>组别</td><td></td><td>组长</td><td></td></tr>
<tr><td colspan="2">1. 接受任务（5 分）</td><td colspan="2">得分：</td></tr>
<tr><td colspan="4">4S 店来了一辆需保养的车辆，2023 年款奥迪 A6，请工作人员为车辆进行自动变速器油的检查与更换。工作人员应先判断变速器的类型，然后确定换油的方法并更换自动变速器油。</td></tr>
<tr><td colspan="2">2. 信息收集（20 分）</td><td colspan="2">得分：</td></tr>
<tr><td colspan="4">（1）在正常情况下，油液应该是清爽的，并保持原来的粉红色，如果油液颜色呈现为________，表明油液已经氧化变质；如果油液颜色呈现为________，表明变速器内部部件已经烧蚀。
（2）检查自动变速器油是否有泄漏情况，主要应检查________________、________________、________________、________________、________________等区域。
（3）油液的液面高度检查方法分为________和________两种方式。
（4）油液液面过低时空气可能进入________内部循环，并与________发生混合导致油液分解，出现________使油压难以建立或油压过低，进而导致离合器和制动器________。油液液面过高同样会使________，因为行星齿轮在过高的液面下转动，________同样会被压入油液。
（5）________对液面高度的影响很大，当自动变速器的油液受热后，体积会膨胀，使液面升高，因此在不同________下，相同油量的油面高度也不同。</td></tr>
<tr><td colspan="2">3. 制订计划（15 分）</td><td colspan="2">得分：</td></tr>
<tr><td colspan="4">制订自动变速器油的检查与更换工作计划。</td></tr>
</table>

序号	工作步骤	具体内容

（续表）

4. 计划实施（50分）	得分：

奥迪轿车自动变速器油的更换。

序号	工作内容	分值	得分
1	若车辆路试正常，用故障诊断仪读取故障码，确定无故障码	5分	
2	安装车内外防护三件套，并举升车辆，拆卸自动变速器的护板	3分	
3	拆完护板后，检查自动变速器有无漏油现象，并准备换油机	2分	
4	拆除自动变速器的散热油管，连接换油机的两根油管	5分	
5	启动发动机，检查油管连接处是否漏油	5分	
6	用换油箱进行循环清洗	5分	
7	关闭发动机，拆下放油螺栓和溢流管，利用重力排油	5分	
8	在排油之后，安装溢流管和放油螺栓	5分	
9	向换油机中加入新油，启动换油机	5分	
10	检查自动变速器的液面高度	5分	
11	恢复原车的管路，进行试车	5分	

5. 检查评价（10分）	得分：

请根据个人及小组成员在完成任务过程中的表现及工作结果进行自我评价和小组评价。

自我评价：____。

小组评价：____。

任务总成绩：

项目十

轮胎的认知与更换

知识体系

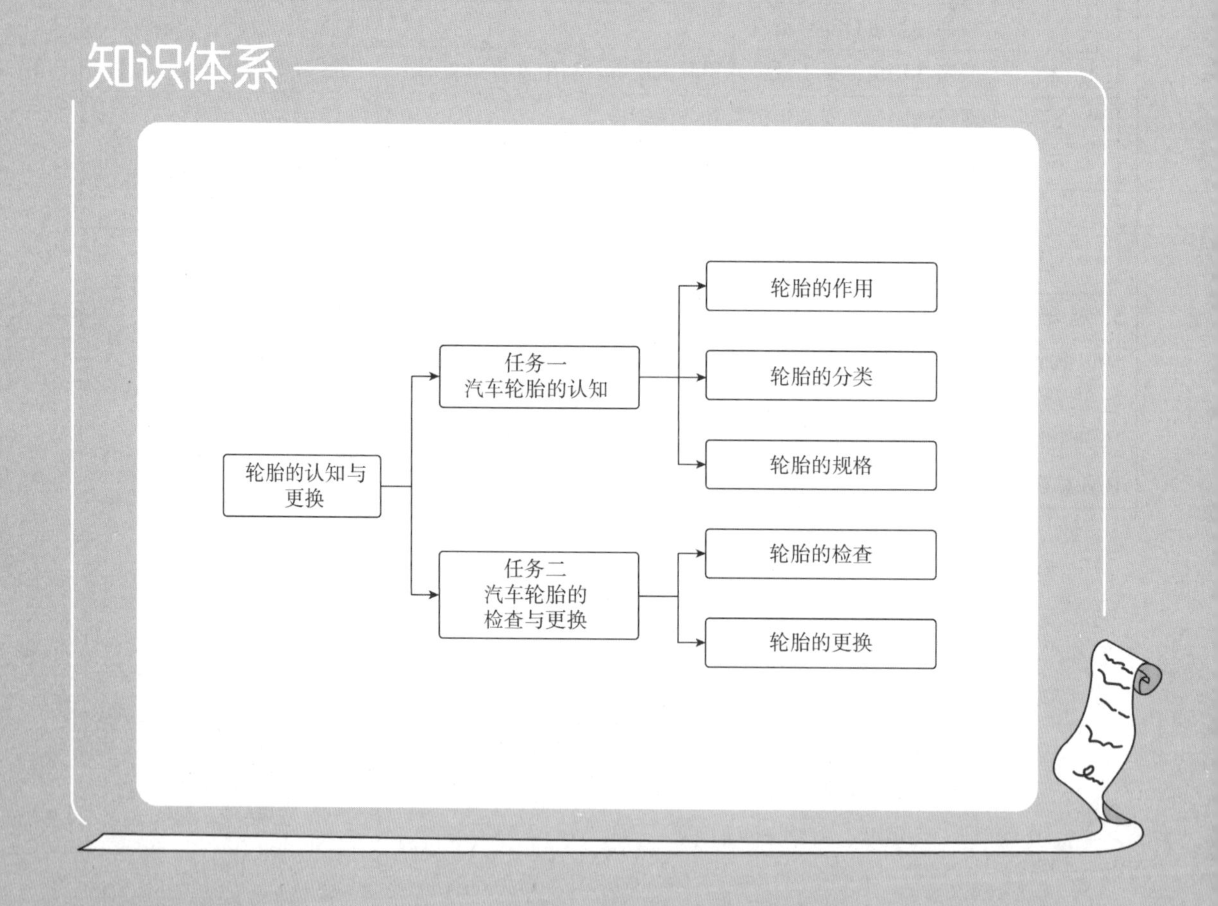

学习任务

汽车在道路上行驶时，轮胎直接与路面接触，通过与地面产生附着力使车辆正常行驶。轮胎的性能直接影响着车辆的动力性、经济性和安全性，因此，我们应该正确地选用轮胎，并根据轮胎的使用寿命及时更换轮胎。本项目分为两个任务。

任务一：汽车轮胎的认知。

任务二：汽车轮胎的检查与更换。

任务一　汽车轮胎的认知

任务引导

轮胎是汽车的重要部件，正确认识轮胎对于轮胎的选配、使用、保养十分重要，对于保障行车安全和延长轮胎使用寿命具有重要意义。

任务目标

◎ 知识目标

(1) 了解轮胎的作用及分类。

(2) 掌握轮胎规格的含义。

◎ 能力目标

(1) 能够识别轮胎标识。

(2) 严格执行工作现场 8S 管理。

◎ 素质目标

(1) 爱护工具和车辆，自觉地做好车辆的防护工作。

(2) 培养解决问题的实践能力。

任务资讯

一、轮胎的作用

轮胎的作用主要如下：

(1) 支撑车体、乘坐人员及货物的重量。

(2) 将发动机或制动器的作用力传递到路面，使车体启动、行驶或制动。

(3) 能够使汽车在各种气候、路面和速度条件下稳定、高速地行驶。

(4) 吸收路面传来的冲击力，起到缓冲的功能。

二、轮胎的分类

(1) 按轮胎内空气压力的大小不同，轮胎可分为高压胎（0.5～0.7 MPa）、低压胎（0.2～0.5 MPa）和超低压胎（0.2 MPa 以下）。

（2）按胎体帘布层结构的不同，轮胎可分为子午线轮胎和斜交轮胎。

① 子午线轮胎：子午线轮胎胎体帘线与钢丝带束层帘线之间所形成的角度，就像地球的子午线一样，因此被称为子午线轮胎（见图 10-1）。

② 斜交轮胎：斜交轮胎胎体帘线层与层之间，呈交叉排列，所以被称为斜交轮胎（见图 10-2）。

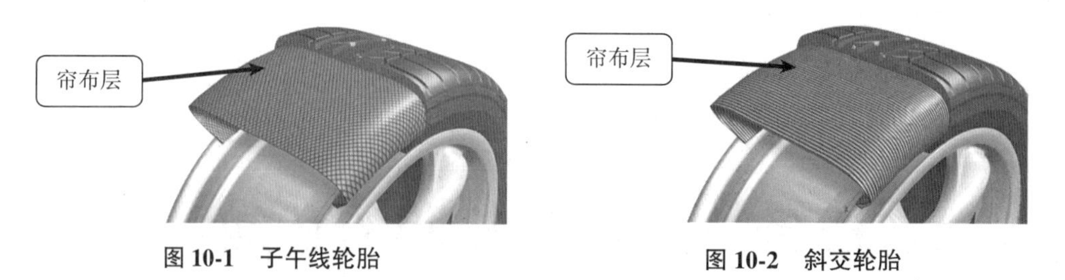

图 10-1 子午线轮胎　　图 10-2 斜交轮胎

（3）按适应的气候条件不同，轮胎可分为夏季轮胎、冬季轮胎和四季轮胎（见图 10-3）。

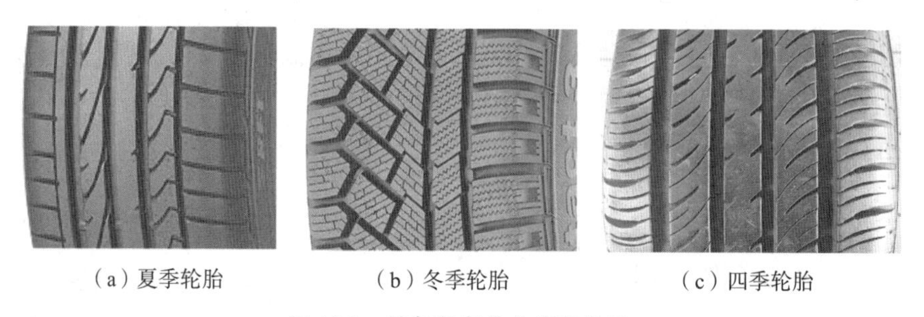

（a）夏季轮胎　（b）冬季轮胎　（c）四季轮胎

图 10-3 按气候条件分类的轮胎

三、轮胎的规格

1. 子午线轮胎的规格

子午线轮胎的规格含义如图 10-4 所示：

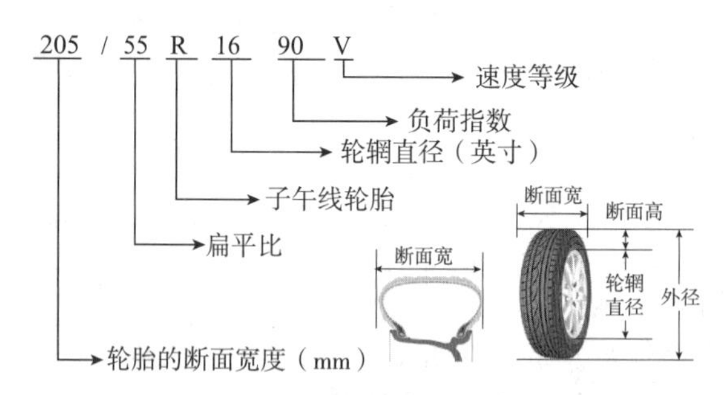

图 10-4 子午线轮胎的规格含义

例如，轮胎规格为 205/55R16 90V，各数字或字母含义如下：

205：轮胎断面宽度为 205 mm。

55：扁平比为 55%。扁平比为轮胎断面高度 H 与断面宽度 B 之比，常见的扁平比数值包括 35%、40%、45%、50%、55%、60%、65%、70%、75%、80%。

R：R 代表子午线轮胎，即“Radial”的第一个字母。

16：轮辋直径，即轮胎内径 16 英寸（1 英寸≈0.0254 米）。

90：负荷指数，即最大载荷质量。荷重等级为 90 的轮胎的最大载荷质量为 600 kg。

V：速度等级，表明轮胎能行驶的最高车速。V 代表轮胎能行驶的最高车速为 240 km/h。

2. 轮胎速度等级

汽车的性能逐年提高，这要求轮胎的速度性能能与汽车的最高速度匹配。轮胎主要是由高分子复合材料构成，温度升高时会加速橡胶老化。当汽车高速行驶时，会使整个轮胎的温度升高，从而导致胎面磨损加剧。实验证明，胎面温度每升高 1℃，胎面磨损增加 2%。轮胎都有其设计的临界速度，当高速行驶达到这一速度时，轮胎就会出现“驻波”现象，这时的速度就是该轮胎的“临界速度”，如果在该速度下使用，轮胎很快就会发生爆裂。为了安全考虑，汽车是不允许超过轮胎设计的最高速度使用的。轮胎的设计速度可以通过查看胎侧标识获知。我国采用了国际标准化组织规定的速度标志，轮胎常见速度等级标志及对应最高时速如表 10-1 所示。

表 10-1　轮胎常见速度等级标志及对应最高时速

速度等级标志	最高时速（km/h）	速度等级标记	最高时速（km/h）
F	80	T	190
M	130	U	200
N	140	H	210
P	150	V	240
Q	160	W	270
R	170	Y	300
S	180		

3. 轮胎的负荷

轮胎的负荷是根据轮胎的构造、胎体强度、使用气压和速度等数据经计算确定的。超负荷使用轮胎，会影响轮胎寿命，并导致轮胎过度生热。实践证明，超负荷 10%，轮胎寿命将降低 20%；超负荷还会增大滚动阻力，超负荷 30%，滚动阻力将增加 45%～60%。因此，不要超负荷使用轮胎，轮胎的负荷指数与负荷能力对应关系如表 10-2 所示。

表 10-2　轮胎负荷指数与负荷能力对应表

负荷指数	负荷能力（kg）	负荷指数	负荷能力（kg）	负荷指数	负荷能力（kg）
81	462	88	560	95	690
82	475	89	580	96	710
83	487	90	600	97	730
84	500	91	615	98	750
85	515	92	630	99	775
86	530	93	650	100	800
87	545	94	670	101	825

（续表）

负荷指数	负荷能力（kg）	负荷指数	负荷能力（kg）	负荷指数	负荷能力（kg）
102	850	105	925	108	1000
103	875	106	950	109	1030
104	900	107	975	110	1060

4．轮胎标识

轮胎的标识主要有商标、速度等级、负荷指数、规格、磨耗指示点、花纹代号、轮胎结构、生产日期、轮胎构造、生产地、轮胎最大负荷及最大气压、磨耗级数、抓地级数、温度级数等数据。轮胎的主要标识如图 10-5 所示，其具体含义如表 10-3 所示。

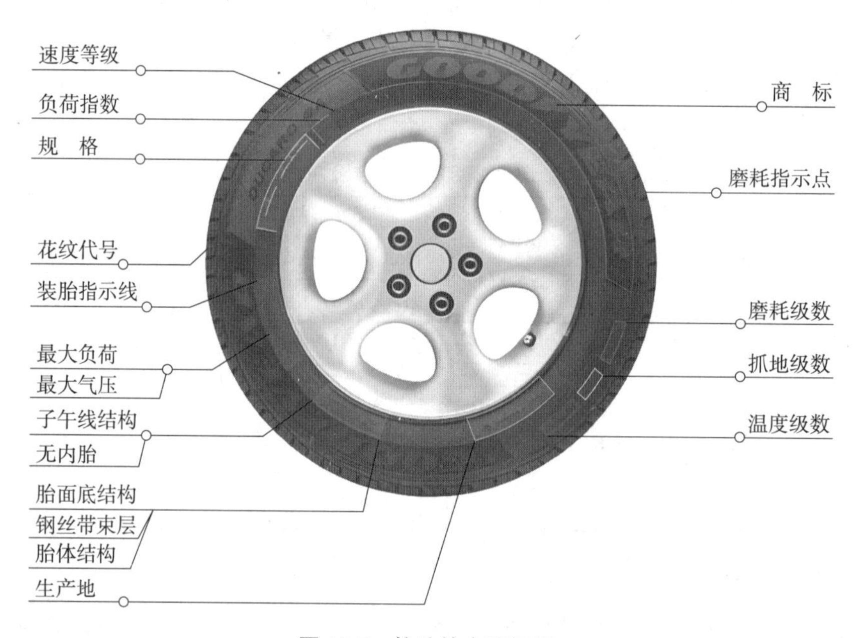

图 10-5　轮胎的主要标识

表 10-3　轮胎标识具体含义

编号	项目	标识举例	含义
1	商标	BRIDGESTONE	普利司通（轮胎品牌）
2	规格	215/55R17 90V	轮胎规格标识
3	轮胎结构	STEEL BELT RADIAL	钢丝带束层、子午线
4	生产日期	3523	2023 年第 35 周生产
5	无内胎	TUBELESS	无内胎
6	生产编号	IULM JAF 4205	生产编号
7	最大负荷及最大气压	MAX. LOAD650 kg（1433 lb）350 kPa（51 psi）MAX PRESS	在 350 kPa（51 psi）的最大充气压力下轮胎能承载 650 kg（1433 lb）

（续表）

编号	项目	标识举例	含义
8	轮胎构造	PLIES：TREAD 2 STEEL+2 POLYESTER+1 NYLON SIDEWALL：2 POLYESTER	层数：胎面 2 层钢丝+2 层聚酯+1 层尼龙 胎侧：2 层聚酯
9	标准轮辋	STANDARD RIM：6J	标准轮辋：6J
10	国家强制性认证	3C	3C 认证标识
11	生产地	MADE IN CHINA	中国制造
12	国际认证	DOT	美国道路交通安全管理局认证
13	黄点	黄点	轮胎静不平衡最小点
14	红点	红点	轮胎 RFV 性能高点
15	磨耗标记	磨耗标记	推荐轮胎使用的磨耗标准
16	轮胎内外标记	INSIDE 或 OUTSIDE	此面朝内或此面朝外

磨耗标记如图 10-6 所示，轮胎内外标识如图 10-7 所示。

图 10-6　磨耗标记

图 10-7　轮胎的内外标识

任务实施

☞ 任务准备

（1）防护装备：常规实训工作服。

（2）工具设备：各种品牌车辆。

（3）辅助资料：卡片、记号笔、翻纸板。

☞ 实施步骤

（1）收集车用轮胎的资料，填写信息收集表。

（2）观察实车轮胎，记录轮胎标识。

（3）填写任务报告，并口述轮胎标识含义。

任务报告

任务一　汽车轮胎的认知

班级		姓名	
组别		组长	

1. 接受任务（10 分）	得分：

根据所学习的内容，掌握汽车轮胎的作用及分类，能够解释轮胎的规格各部分代表的含义，能说明轮胎的各种标识的具体意义。请观察车辆轮胎上的标识，结合教材、网上查阅的资料填写表格。

2. 信息收集（20 分）	得分：

（1）按轮胎内空气压力的大小不同，轮胎可分为____________、____________、____________。

（2）按胎体帘布层结构的不同，轮胎分为________________、________________。

（3）轮胎上的标识 3523 的含义：________________。

（4）轮胎上的标识 OUTSIDE 的含义：________________。

（5）解释一下轮胎规格的含义 195/60R14 86V。

3. 任务实施（60 分）	得分：

查找轮胎的标识（至少 4 个），并标出具体含义。

序号	项目	标识举例	含义

4. 检查评价（10 分）	得分：

请根据个人及小组成员在完成任务过程中的表现及工作结果进行自我评价和小组评价。

自我评价：____。

小组评价：____。

任务总成绩：

任务二　汽车轮胎的检查与更换

任务引导

一般来说，正常使用的家用汽车可以每行驶 80 000 km 或每 5 年更换一次轮胎，但如果长时间行驶在路况不好的路面，轮胎花纹容易磨损严重，应缩短更换周期。驾驶人员平时应该注意观察轮胎的外观，有无裂纹、割痕、鼓包或其他损伤等。

任务目标

◎ 知识目标

(1) 了解轮胎的检查方法。

(2) 掌握轮胎拆卸和安装的方法。

◎ 能力目标

(1) 能够对轮胎的状态进行检查。

(2) 能够对轮胎进行更换。

◎ 素质目标

(1) 爱护工具和车辆，自觉地做好车辆的防护工作。

(2) 培养解决问题的实践能力。

任务资讯

一、轮胎的检查

1. 车轮与轮胎的外观检查

(1) 检查轮胎胎面和胎壁是否有裂纹、割痕、鼓包（见图 10-8）或其他损伤。如果轮胎有以上情况，必须立即维修或更换轮胎。

(2) 检查轮胎胎面和胎壁是否嵌入金属物、石子或其他异物，如果是钉子，超过 6 mm，就要考虑更换轮胎。图 10-9 所示为轮胎嵌入金属物。

图 10-8　轮胎鼓包

图 10-9　轮胎嵌入金属物

(3) 检查轮辋和轮辐是否损坏、腐蚀或变形，平衡块是否脱落。

(4) 检查车轮轴承间隙是否有明显的松旷，运转是否良好，是否有明显的噪声。

2. 检查轮胎花纹的深度

轿车新轮胎花纹的深度一般为 8～10 mm，卡车新轮胎花纹一般为 17～20 mm。轮胎的厂家不同，花纹的深度会有不同。

轮胎花纹深度可以按以下标准检查。

良好：深度大于 3.5 mm 建议下次更换，2.5～3.5 mm 需要更换，小于 2.5 mm 立即更换，轮胎花纹深度极限值为 1.6 mm。在轮胎上有磨损极限的标记点，即磨耗指示点。

测量轮胎花纹深度的工具是游标卡尺（见图 10-10）。

图 10-10　游标卡尺测量轮胎花纹深度

3. 胎压的检查

车辆一般胎压在 2. 5 bar 左右，胎压数值在 2. 3～2. 5 bar 都是正常的。如果在满座（5 人）的情况下，胎压调到 2. 5 bar 左右比较适合；一般车内坐两个人的话，胎压数值在 2. 3 bar 也是正常的。

标准胎压通常可以在以下位置找到：车辆用户手册，驾驶室车门旁边的标签，驾驶座旁的抽屉，油箱盖小门（见图 10-11）。

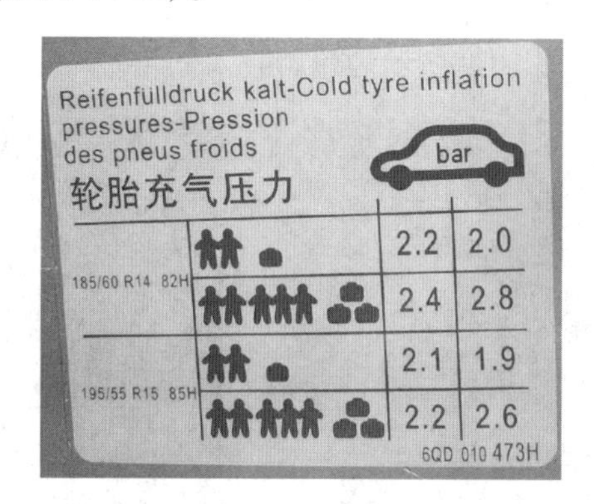

图 10-11　油箱盖小门所示标准胎压

胎压应该打多少以车厂推荐值为准。胎压的设定主要应结合车身的重量、底盘高度等因素考虑，与使用什么品牌的轮胎无必然联系。

胎压过高和过低都会缩短轮胎的使用寿命。胎压过低会使胎体变形增大，胎侧容易出现裂口，同时产生屈挠运动，导致轮胎过度发热，加速橡胶老化、帘布层疲劳、帘线折断，还会使轮胎接地面积增大，加速胎肩磨损。胎压过高会使轮胎帘线受到过度的伸张变形，胎体弹性下降，使汽车在行驶中受到的负荷增大。例如，轮胎遇冲击会产生内裂和爆破，同时胎压过高还会加速胎冠磨损，使轮胎的耐轧性能下降。

4. 轮胎的使用年限

轮胎的使用年限或行驶里程一般在 5 年或 80 000 km 左右，达到使用年限或行驶里程时应更换轮胎。

二、轮胎的更换

1. 扒胎机介绍

扒胎机是专业的汽车维修设备，主要用于轮胎的更换和安装。利用扒胎机能够将轮胎快速、准确地从轮辋上拆卸下来，也能将新轮胎安装到轮辋上。相较于传统的人工换胎方式，利用扒胎机换胎具有诸多优势。利用扒胎机换胎能缩短操作时间，减轻劳动强度，极大地提高了轮胎更换的效率、质量和安全性，降低了因人工操作不当导致的轮胎和轮辋损坏的风险。

扒胎机主要是由分离铲、工作盘、升降杆、拆装器、立柱、基座、操控踏板等组成，如图 10-12 所示。

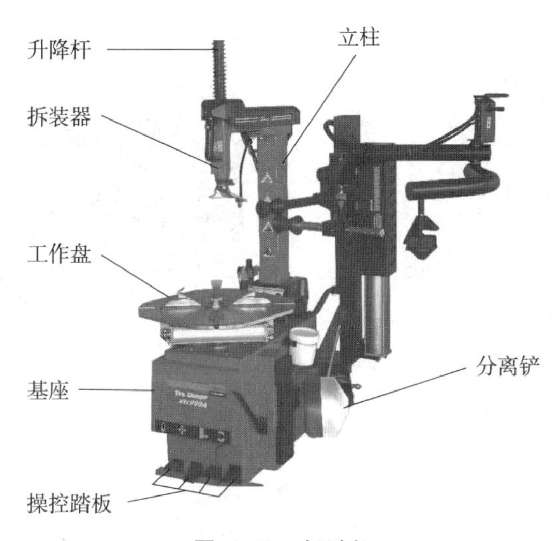

图 10-12　扒胎机

2. 轮胎拆装的流程

（1）用举升机支撑车辆，规范地拆卸车轮。

（2）首先对车轮轮胎进行放气处理。

（3）清除车轮上的杂物和平衡块，以免发生危险。

（4）将车轮垂直放在分离铲与基座橡胶垫之间，把分离铲移向轮胎，踩下操控踏板中的分离铲踏板，分离铲在气体压力作用下使轮胎松动，如图 10-13 所示。

注意事项：车轮要垂直放置，防止分离铲损伤轮辋；分离铲不要铲到气门嘴位置；车轮的外侧和内侧都要用分离铲进行彻底分离。

（5）将轮辋固定在工作盘上，如图 10-14 所示，应注意使轮辋正面朝上。

（6）在轮辋边缘涂少许润滑剂，按下升降杆，使拆装器接触轮辋边缘。

（7）以拆装器的一端为支点，用杠杆撬起轮胎外缘，踩下工作盘旋转踏板，使工作盘和轮胎一起旋转，使轮胎上边缘脱离轮辋，如图 10-15 所示。

（8）用上一步骤中同样的方法把轮胎下边缘拆卸下来（见图 10-16），使轮胎与轮辋彻底脱离。

图 10-13　分离铲使轮胎松动

图 10-14　将轮辋固定在工作盘上

图 10-15　轮胎上边缘脱离轮辋

图 10-16　轮胎下边缘脱离轮辋

（9）轮胎的安装：将轮辋放到工作盘上并卡紧。

（10）在轮胎唇边涂少许润滑剂，将轮胎下边缘一部分套装在轮辋上，踩下立柱操控踏板后按下升降杆，使升降杆靠近轮辋边缘，用手按住轮胎，踩下工作盘操控踏板，转动轮胎，使轮胎下边缘安装在轮辋上，如图 10-17 所示。安装时要将标有 OUTSIDE 的胎面朝上放置，OUTSIDE 标记如图 10-18 所示。

图 10-17　轮胎下边缘安装在轮辋上

图 10-18　OUTSIDE 标记

（11）用同样的方法将轮胎上边缘也装到轮辋上，在装轮胎上边缘时，注意要边转边压，如图 10-19 所示。

（12）安装完毕后按照标准胎压对轮胎进行充气，如图 10-20 所示。

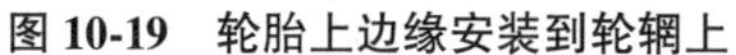
图 10-19　轮胎上边缘安装到轮辋上

图 10-20　轮胎充气

（13）做车轮动平衡测试（详见项目十一）之后，将车轮安装到车辆上。

（14）清理现场，实施 8S 管理。

任务实施

☞ 任务准备

（1）防护装备：常规实训工作服、车内外防护三件套。

（2）工具设备：套筒扳手一套、撬棍、扒胎机、润滑剂、汽车整车、举升机。

（3）辅助资料：卡片、记号笔、翻纸板、扒胎机使用手册。

☞ 实施步骤

（1）对车辆进行防护，用举升机举升车辆，拆卸车轮。

（2）收集轮胎检查和扒胎机使用的相关资料，填写任务报告。

（3）制订轮胎检查与更换的工作计划。

（4）实施轮胎的检查与更换。

任务报告

任务二　汽车轮胎的检查与更换			
班级		姓名	
组别		组长	
1. 接受任务（5 分）		得分：	
一辆大众宝来汽车车主来到 4S 店，要求工作人员对其车辆的轮胎进行检查与更换。如果你是工作人员，请举升车辆，并检查所有轮胎的磨损情况，在掌握扒胎机使用方法的前提下拆卸车轮，并对轮胎进行更换。			
2. 信息收集（20 分）		得分：	
（1）检查轮胎胎面和胎壁是否有裂纹、________、________或其他损伤。如果轮胎有以上情况，必须立即维修或更换轮胎。			

（续表）

（2）检查轮胎胎面和胎壁是否嵌入金属物、石子或其他异物。如果是钉子，超过________，就要考虑更换轮胎。

（3）车辆一般胎压在________左右。

（4）胎压________会使胎体变形增大，胎侧容易出现裂口，同时产生屈挠运动，导致轮胎过度发热，加速橡胶老化。

（5）胎压________，会使轮胎帘线受到过度的伸张变形，胎体弹性下降，使汽车在行驶中受到的负荷增大，如果遇到冲击会产生内裂和爆破。

（6）轮胎的使用年限一般是________________。

（7）拆卸轮胎之前，必须先对车轮轮胎进行________，然后清除车轮上的杂物和________。

（8）使用分离铲分离轮胎时，分离铲不要铲到________位置。

3. 制订计划（15分） **得分：**

制订轮胎检查与更换的工作计划。

序号	工作步骤	具体内容

4. 计划实施（50分） **得分：**

实施轮胎的检查与更换。

序号	工作内容	分值	得分
1	准备工作	5分	
2	正确使用分离铲	5分	
3	将轮辋固定在工作盘上	5分	
4	正确地取下轮胎	10分	
5	做好安装轮胎的准备工作	10分	
6	正确地安装轮胎	10分	
7	轮胎充气	5分	

5. 检查评价（10分） **得分：**

请根据个人及小组成员在完成任务过程中的表现及工作结果进行自我评价和小组评价。

自我评价：____。

小组评价：____。

任务总成绩：

项目十一

车轮动平衡

知识体系

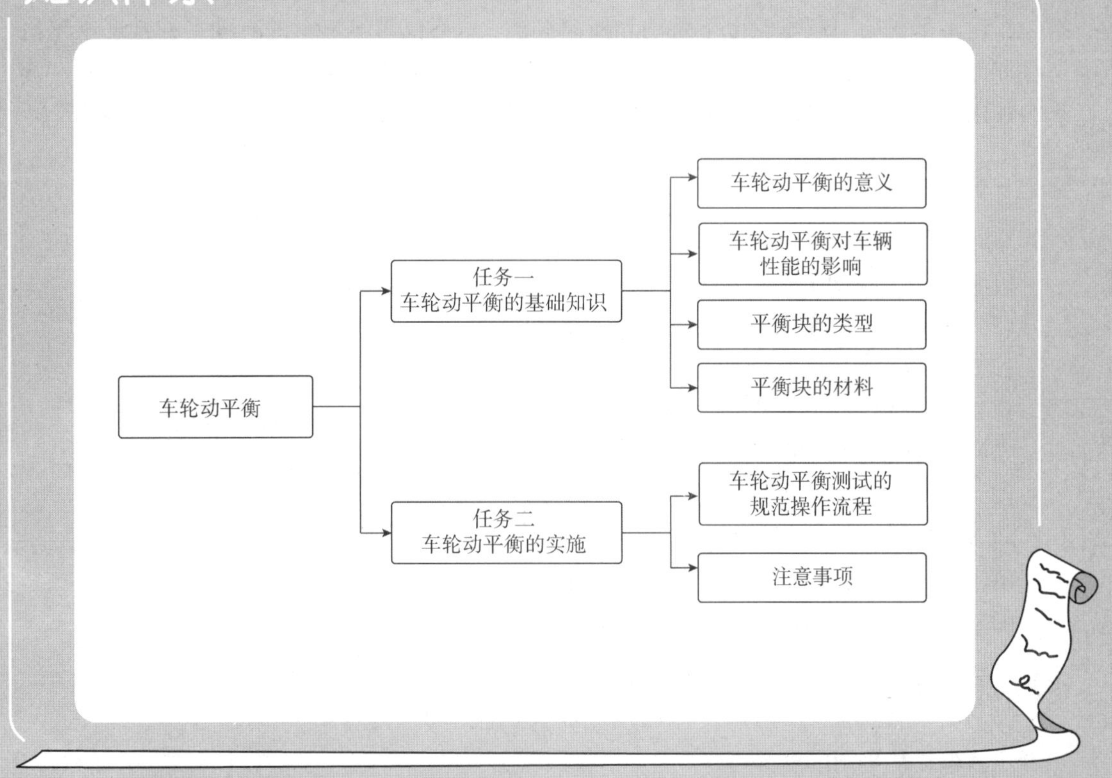
车轮动平衡
任务一
车轮动平衡的基础知识
车轮动平衡的意义
车轮动平衡对车辆性能的影响
平衡块的类型
平衡块的材料
任务二
车轮动平衡的实施
车轮动平衡测试的规范操作流程
注意事项

学习任务

本项目主要介绍车轮动平衡的意义、平衡块的类型，以及实施车轮动平衡测试的过程和注意事项。本项目分为两个任务。

任务一：车轮动平衡的基础知识。

任务二：车轮动平衡的实施。

通过两个任务的学习，了解车轮动平衡的意义、对车辆性能的影响，应如何规范地操作动平衡机。

任务一　车轮动平衡的基础知识

任务引导

车轮不平衡会引起车轮上下跳动和横向振摆，这不仅影响汽车的行驶平稳性、乘坐舒适性和操纵稳定性，使车辆难以控制，而且也影响汽车行驶的安全性。此外，车轮不平衡还会加剧轮胎及有关机件的磨损和冲击，缩短汽车的使用寿命，增加汽车的运输成本。

任务目标

◎ 知识目标

（1）了解车轮动平衡的意义。

（2）了解车轮动平衡对车辆性能的影响。

（3）了解平衡块的类型。

◎ 能力目标

（1）能够根据轮辋的类型选用适合的平衡块。

（2）严格执行工作现场 8S 管理。

◎ 素质目标

（1）培养学生注意安全、严谨认真的职业素养。

（2）培养学生精益求精的工作态度。

任务资讯

一、车轮动平衡的意义

校对车轮动平衡的意义就是让车轮在转起来后保持一个平衡的状态。车轮是由轮胎和轮辋两大部分组成的，虽然造型都是圆形的，但由于细节设计不可能达到绝对圆形，如轮辋上设计有气门嘴（见图 11-1），不同材质的气门嘴重量有所不同，这个部件的重量就会对车轮旋转平衡产生影响。本身就是软性材料的轮胎也存在失圆的因素，轮辋在制造和运输过程中也会有导致失圆的因素；所以我们要对每个车轮有一个单独的“找平衡”的步骤。

无论是更换轮辋，还是旧轮胎换新轮胎，或者只是把轮胎从轮辋上拆下来检查，只要是轮辋和轮胎分开再次组装，就需要做动平衡测试。

除了在更换轮辋和轮胎时，平时也应多加关注，如果发现转向盘有抖动情况，应当优先检查动平衡是否正常。另外，轮辋变形、补胎、加装胎压监测模块、更换不同材质的气门嘴这些因素都会影响动平衡。建议出现以上情况时，都测试动平衡来保证车轮的正常使用。

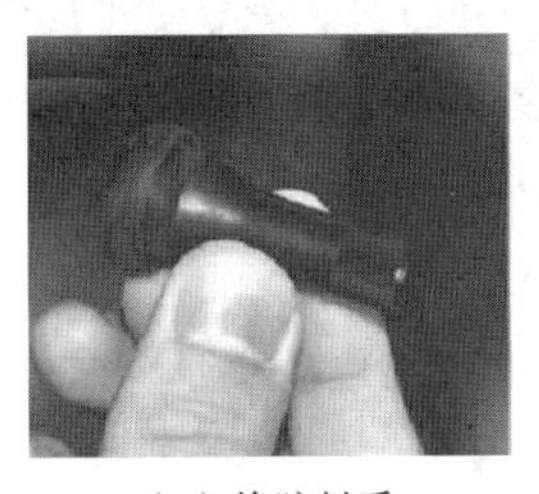

（a）橡胶材质

（b）钢材质

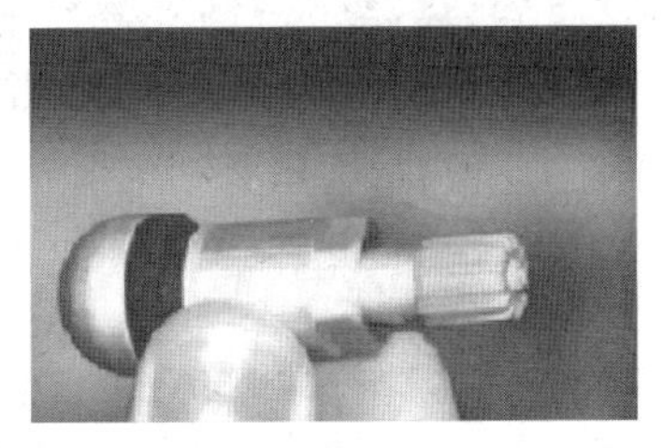
（c）铝合金材质

图 11-1　各种材质的气门嘴

二、车轮动平衡对车辆性能的影响

如果轮胎在滚动的时候不是平衡状态，驾驶时是能感觉到的，最直观的感受就是车轮会有规律地跳动，反映到车内就是转向盘抖动。虽然转向盘抖动也可能是由其他因素引起的，但还是应该先检查动平衡。如图 11-2 所示为转向盘抖动。

图 11-2　转向盘抖动

车轮不平衡对于车辆本身也会造成一定的损伤。车轮失衡比较严重（一般来说失衡的重量超过 50 g 就比较严重了）的车辆长期行驶对轴承的寿命也是有影响的，会造成轴承劳损（见图 11-3）。当失衡比较严重或车轮在失衡状态下继续长时间使用时，轮胎可能发生不正常的横向摆动，产生偏磨现象（见图 11-4），使轮胎寿命受到影响。

图 11-3　轴承劳损

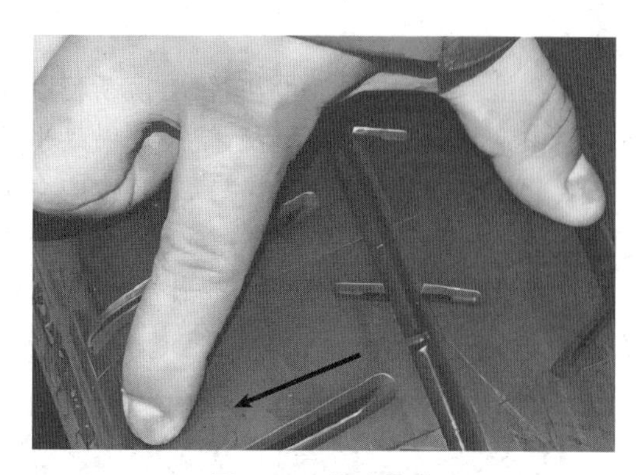

图 11-4　轮胎偏磨

三、平衡块的类型

平衡块主要分为外挂式平衡块和内贴式平衡块两种。

1. 外挂式平衡块

汽车轮辋的边缘会挂有一小块金属块，看起来稍显突兀，这种是外挂式平衡块（见图 11-5）。外挂式平衡块大多与比较陈旧的原厂轮辋搭配使用，这类平衡块重量比较多，5 g 的倍数值基本都有。外挂式平衡块在当前汽车市场中多是出现在比较陈旧的车型上。

2. 内贴式平衡块

出于对轮辋美观效果的考虑，现在平衡块多被安置在轮毂的内侧。内贴式是当今主流的平衡块固定方式，主要是配合现在轮毂外缘的结构使用。由于铝合金轮辋的轮缘结构特点，外挂式平衡块是无法挂到轮缘上的。内贴式平衡块的重量主要有 5 g 和 10 g 两种，内贴式平衡块如图 11-6 所示。

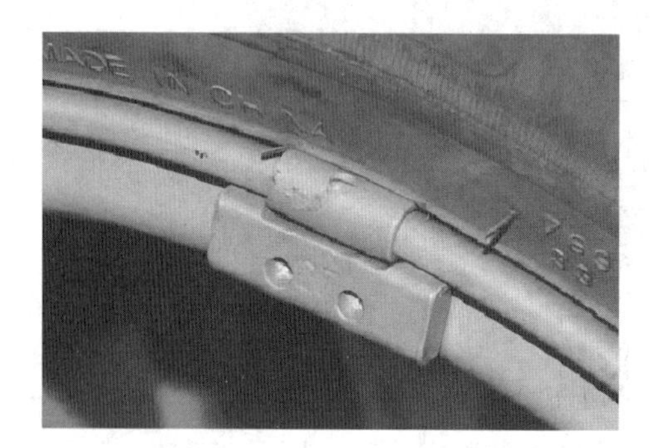

图 11-5　外挂式平衡块

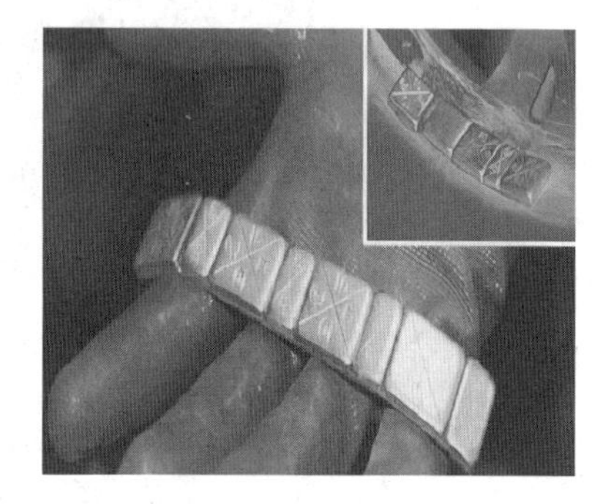

图 11-6　内贴式平衡块

四、平衡块的材料

早期市场上平衡块的原材料多为铅，因此，平衡块也曾被称为铅块。除此之外，还有一种原材料是金属锌，不过由于这些金属的价格在普通的金属材料中不算便宜，因此渐渐地退出了平衡块的市场，取而代之的是更实惠的铁。目前，市场上能见到的外挂式或内贴式的平衡块基本上都是铁制的。

任务实施

☞ 任务准备

(1) 防护装备：常规实训工作服、车内外防护三件套。

(2) 工具设备：两种类型的平衡块、车轮、汽车整车。

(3) 辅助资料：卡片、记号笔、翻纸板。

☞ 实施步骤

(1) 收集平衡块及动平衡原理的相关资料，填写任务报告。

(2) 辨认不同的平衡块。

(3) 完成任务报告并分析动平衡的原理。

任务报告

<table>
<tr><td colspan="4">任务一　车轮动平衡的基础知识</td></tr>
<tr><td>班级</td><td></td><td>姓名</td><td></td></tr>
<tr><td>组别</td><td></td><td>组长</td><td></td></tr>
<tr><td colspan="2">1. 接受任务（5 分）</td><td colspan="2">得分：</td></tr>
<tr><td colspan="4">通过学习车轮的动平衡基础知识，利用网络查询相关信息，完成信息的收集。了解车轮动平衡的意义，能区分平衡块的类型。</td></tr>
<tr><td colspan="2">2. 信息收集（25 分）</td><td colspan="2">得分：</td></tr>
<tr><td colspan="4">(1) 无论是更换轮辋，还是旧轮胎换新轮胎，或者只是把轮胎从轮辋上拆下来检查，只要是轮辋和轮胎分开再次组装，就需要做________________。
(2) 车轮在失衡状态下继续长时间使用，会导致________________。
(3) 平衡块主要分为________________和________________两种。
(4) 早期市场上平衡块的原材料多为________，现在平衡块主要的材料是________。
(5) 利用网络查询轮毂的类型及材质。
(6) 利用网络学习动平衡的原理。</td></tr>
<tr><td colspan="2">3. 计划实施（60 分）</td><td colspan="2">得分：</td></tr>
<tr><td colspan="4">区分平衡块的类型并能分析动平衡的原理。</td></tr>
<tr><td colspan="2">4. 检查评价（10 分）</td><td colspan="2">得分：</td></tr>
<tr><td colspan="4">请根据个人及小组成员在完成任务过程中的表现及工作结果进行自我评价和小组评价。
自我评价：____。
小组评价：____。</td></tr>
<tr><td colspan="4">任务总成绩：</td></tr>
</table>

任务二　车轮动平衡的实施

任务引导

车轮从车辆上拆卸下来更换新的轮胎之后，再把车轮重新安装到车辆上之前，必须进行车轮动平衡的测试。学习者应掌握动平衡机的规范使用方法和使用时的注意事项。

任务目标

◎ 知识目标

（1）了解车轮动平衡测试所需要的工具。

（2）掌握车轮动平衡测试的规范操作流程。

◎ 能力目标

（1）能够规范地操作动平衡机，实施车轮动平衡的测试。

（2）严格执行工作现场 8S 管理。

◎ 素质目标

（1）培养学生注意安全、严谨认真的职业素养。

（2）培养学生精益求精的工作态度。

任务资讯

一、车轮动平衡测试的规范操作流程

1. 工具及设备的准备、平衡机的检查

车轮动平衡的检查工具及设备（见图 11-7）包括车轮锁紧扳手、卡尺、车轮锁紧锥套、平衡钳、动平衡机等。

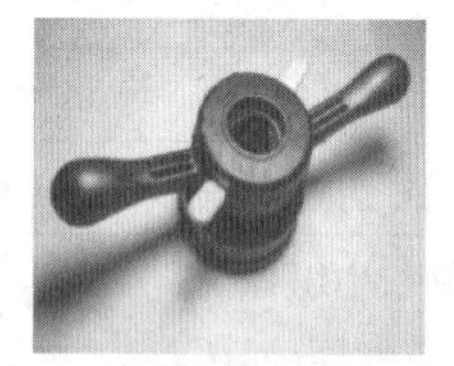

（a）车轮锁紧扳手

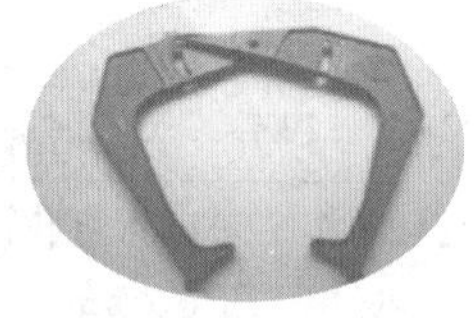

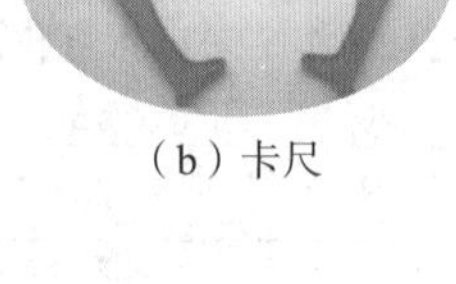

（b）卡尺

（c）车轮锁紧锥套

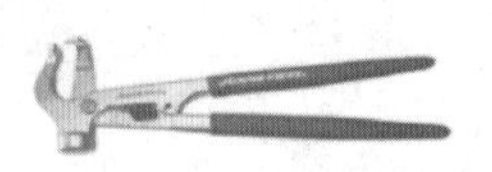

（d）平衡钳

（e）动平衡机

图 11-7　工具及设备

动平衡机应水平稳固安装、附件齐全。首先应对动平衡机进行开机检查，显示面板正常方可使用。

2. 对车轮及轮胎的清理及检查

（1）在做动平衡测试之前，用胎压表检查轮胎胎压是否正常，轮胎状态良好时方可进行下一步。

（2）拆卸旧的平衡块（见图 11-8），清除轮胎上的泥土、杂物等。

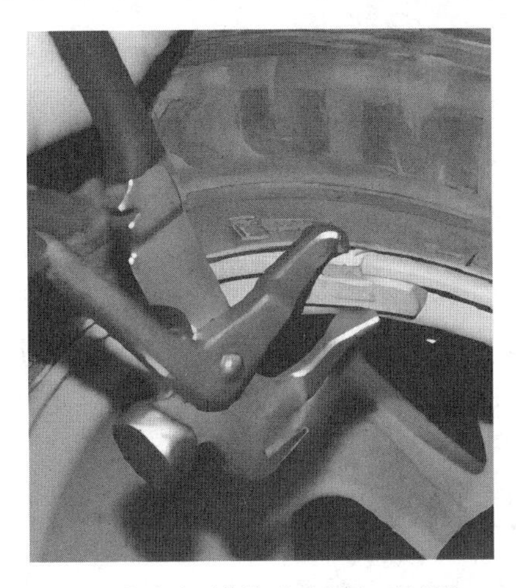

（a）外挂式平衡块需要专用工具拆除

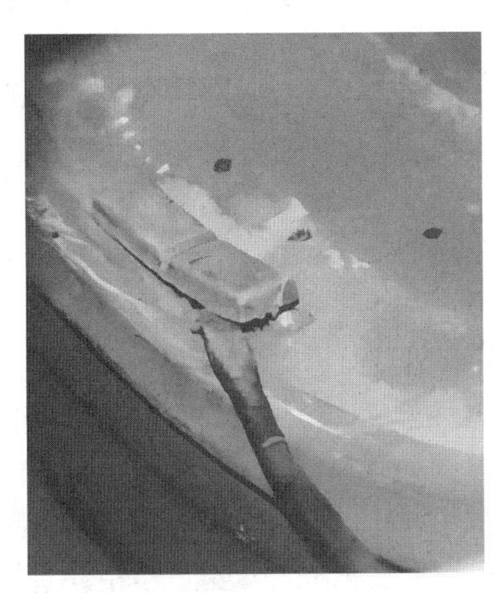

（b）内贴式平衡块用一个一字螺丝刀撬下即可

图 11-8　拆卸旧的平衡块

3. 输入测量参数的数值

（1）将轮胎套装在动平衡机主轴上，用车轮锁紧锥套和专用车轮锁紧扳手将车轮固定在动平衡机主轴上并锁紧，如图 11-9 所示。

（a）

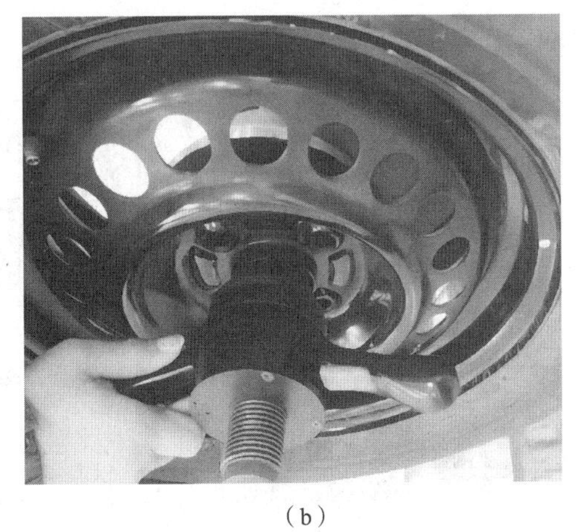

（b）

图 11-9　把车轮安装到动平衡机主轴上

（2）用测量标尺测出动平衡机离车轮轮辋的距离（即参数 a），如图 11-10 所示。

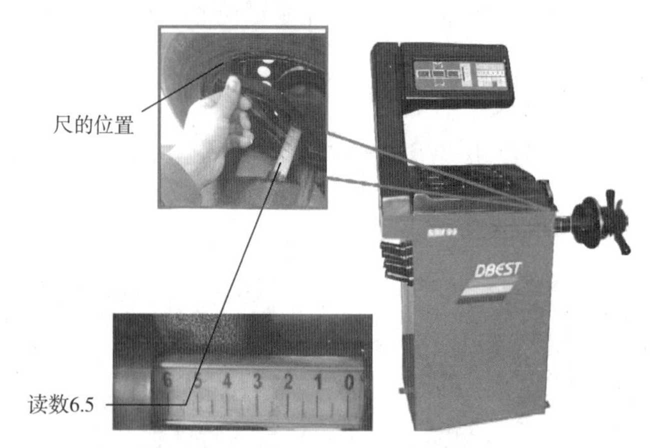

图 11-10　测量动平衡机离车轮轮辋的距离（参数 *a*）

（3）在机器面板上输入动平衡机离车轮轮辋距离的实际测量值，如图 11-11 所示。

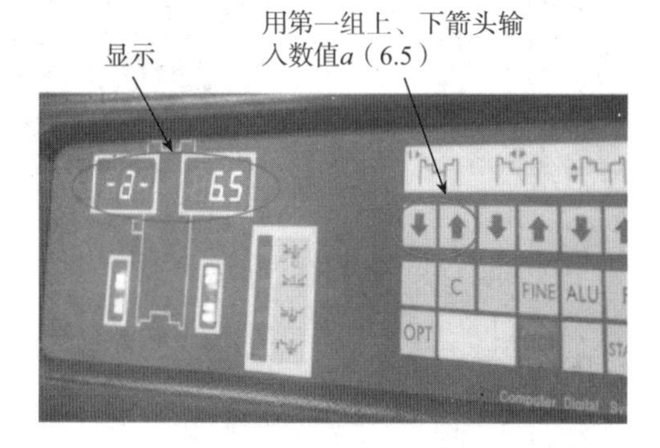

图 11-11　输入动平衡机离车轮轮辋距离的实际测量值

（4）用测量卡尺测量轮辋宽度（参数 *b*），如图 11-12 所示。

图 11-12　测量轮辋宽度（参数 *b*）

（5）在机器面板上输入轮辋宽度的实际测量值，如图 11-13 所示。

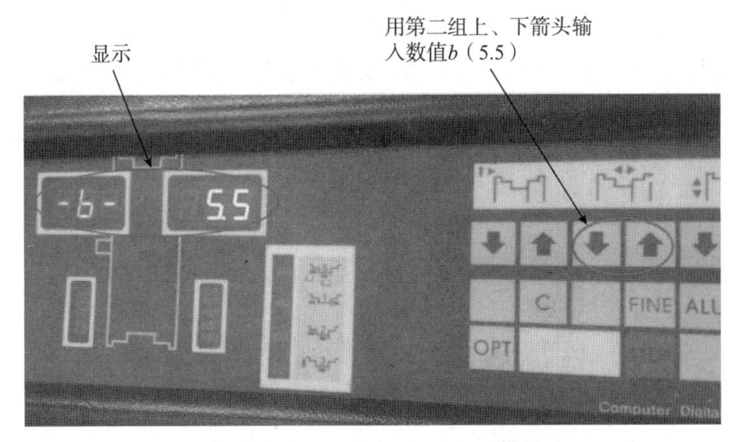

图 11-13　输入轮辋宽度的实际测量值

（6）在轮胎侧面查找轮辋直径（参数 d），如图 11-14 所示。
（7）在机器面板上输入轮辋直径，如图 11-15 所示。

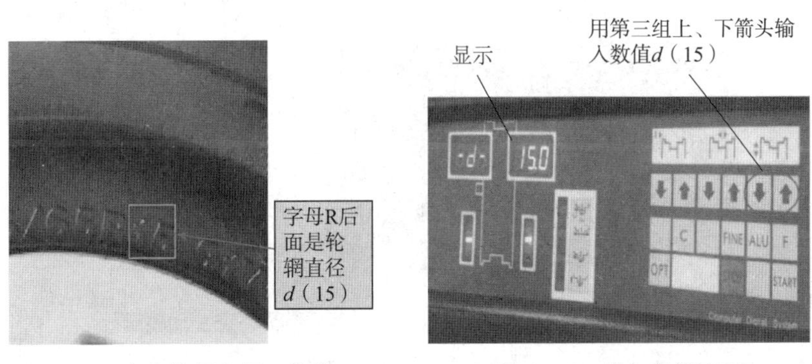

图 11-14　查找轮辋直径（参数 d）　　　图 11-15　输入轮辋直径

4. 动平衡测试

先推动车轮，然后在动平衡机上按 START 键，如图 11-16 所示。车轮在旋转过程中，机器会进行数值的收集与计算，这时不能有外力加在动平衡机上。

（a）

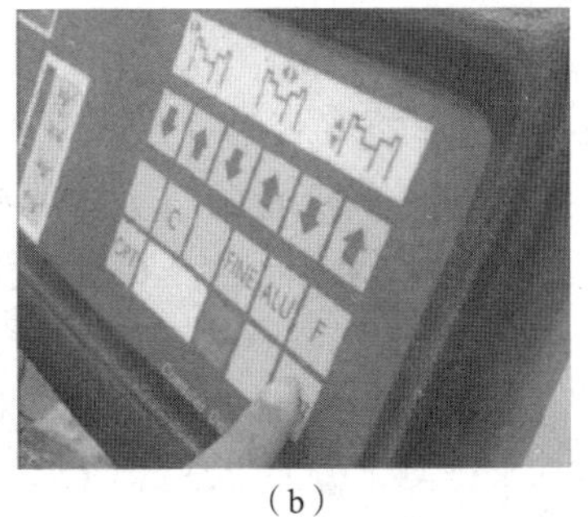

（b）

图 11-16　动平衡测试

5. 安装平衡块

（1）测试结束后，显示面板上左边是车轮内侧，右边为车轮外侧，测试结果如图 11-17 所示，显示为车轮不平衡。需按面板显示加装相应质量的平衡块，即内侧 5 g，外侧 25 g。

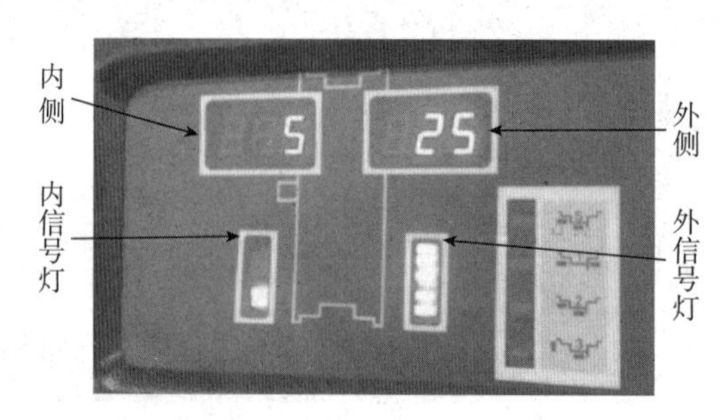

图 11-17　车轮不平衡的质量

（2）转动车轮，当指示灯全亮时停止，在轮辋的外侧上部最高位（约 12 点钟位置）加装 25 g 平衡块。按照同样的方法在轮辋内侧安装 5 g 平衡块。安装平衡块如图 11-18 所示。

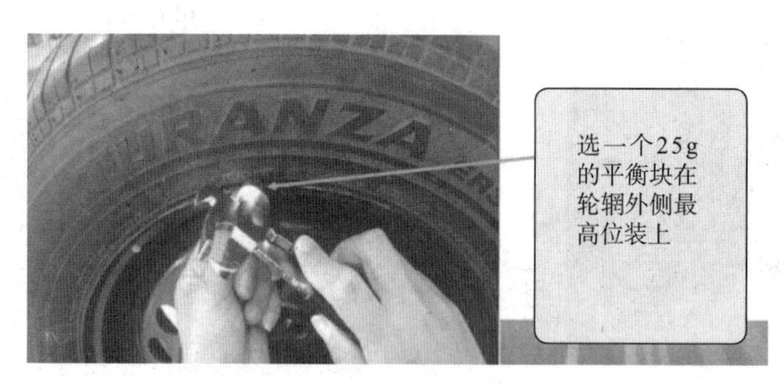

图 11-18　安装平衡块

（3）安装好平衡块后，再次在动平衡机上按 START 键，观察机器面板的显示，两侧同时出现“00”为最理想状态。当不平衡量小于 5 g 时，可结束动平衡测试。车轮并不是一个质量平均的圆，因此可能需要进行 1～2 次动平衡测试，才能达到最终平衡。

二、注意事项

（1）清理旧平衡块。在开始动平衡测试之前，必须将车轮上的旧平衡块完全清理干净，以保证新的平衡块能够正确安装。

（2）检查轮胎和轮辋。确保轮胎边缘抹的润滑剂适量，避免过多，以免影响轮胎与轮辋的装配精度，导致不平衡。同时，要检查轮辋内部或边缘是否有平衡块残留，如果有，则需要清理干净。

（3）尺寸测量。准确测量轮胎尺寸，因为尺寸测量越准确，动平衡测试效果越好。尺寸偏差可能导致动平衡测试偏差出现 5～15 g，这在车辆低速行驶时可能不明显，但在高速行驶时影响较大。

（4）操作规范。操作前应穿好工作服，注意个人安全，如扎紧袖口等，女同志还应戴好帽子。在操作时，要避免用手触摸旋转部分或用手制动旋转中的轮胎。

（5）机器检查和维护。在使用动平衡机之前，应检查机器的润滑情况和自检程序。动平衡机在使用后应进行清洁和润滑，以确保机器处于良好状态。

（6）补胎或换胎后应进行动平衡测试。在补胎、更换轮胎或轮辋后，或者轮辋变形时，建议进行动平衡测试，以确保车轮正常使用。

（7）避免过度使用平衡块。如果使用过多的平衡块或始终无法达到平衡时，应考虑更换轮毂。过多的平衡块可能会增加车轮重量，导致转动惯量增大，加重车轮抖动。

（8）注意细节。在动平衡测试过程中，要注意清理轮胎花纹中的石子和其他异物，避免影响动平衡测试的精度和效果。同时，要注意所安装平衡块的牢固性，不可用力敲击平衡块，以免冲击到主轴，造成主轴变形。

任务实施

☞ 任务准备

（1）防护装备：常规实训工作服、车内外防护三件套。

（2）工具设备：平衡钳、动平衡机、平衡块、胎压表、举升机、汽车整车。

（3）辅助资料：卡片、记号笔、翻纸板、动平衡机使用手册。

☞ 实施步骤

（1）对车辆进行防护，用举升机举升车辆，拆卸车轮。

（2）收集动平衡机使用的资料，填写任务报告。

（3）制订车轮动平衡测试的工作计划。

（4）实施车轮动平衡测试。

任务报告

任务二　车轮动平衡的实施			
班级		姓名	
组别		组长	
1. 接受任务（5分）		得分：	
在11月3日，4S店来了一辆需保养的车辆，车主反映在高速行驶时转向盘抖动严重，要求工作人员对车辆进行检查。工作人员认为是车轮失衡引起的，请你以工作人员的身份对该车辆进行车轮动平衡测试，然后试车，排除故障。			
2. 信息收集（20分）		得分：	
（1）车轮动平衡的主要工具有：车轮锁紧扳手、____________、车轮锁紧锥套、____________。 （2）进行车轮动平衡测试时，当不平衡量小于________时，操作结束。在进行动平衡测试之前，检查轮胎胎压________，确定轮胎状态良好。 （3）利用网络资源了解动平衡机的类型。 （4）总结车轮动平衡测试过程中的注意事项。			

（续表）

3. 制订计划（15 分）	得分：

制订车轮动平衡测试的工作计划。

序号	工作步骤	具体内容

4. 计划实施（50 分）	得分：

序号	工作内容	分值	得分
1	清理 、检测被测轮胎。 检查轮胎花纹深度为 ____mm ，轮胎胎压为 ________bar。	5 分	
2	安装轮胎到动平衡机主轴。	5 分	
3	采集 、输入数据 ，并填写以下数据。 轮辋边缘到动平衡机边缘的距离为 __________， 轮辋的宽度为 ______________________________， 轮辋的直径为 ______________________________。	10 分	
4	动平衡测试，不平衡质量的读取。 车轮外侧不平衡质量为 ____________g； 车轮内侧不平衡质量为 ____________g。	10 分	
5	安装平衡块。	10 分	
6	再次动平衡测试，面板两侧显示 “ 00 ” 时，结束动平衡测试 。	10 分	

5. 检查评价（10 分）	得分：

请根据个人及小组成员在完成任务过程中的表现及工作结果进行自我评价和小组评价。

自我评价：____。

小组评价：____。

任务总成绩：

项目十二

盘式制动系统的认知、检查与制动块的更换

知识体系

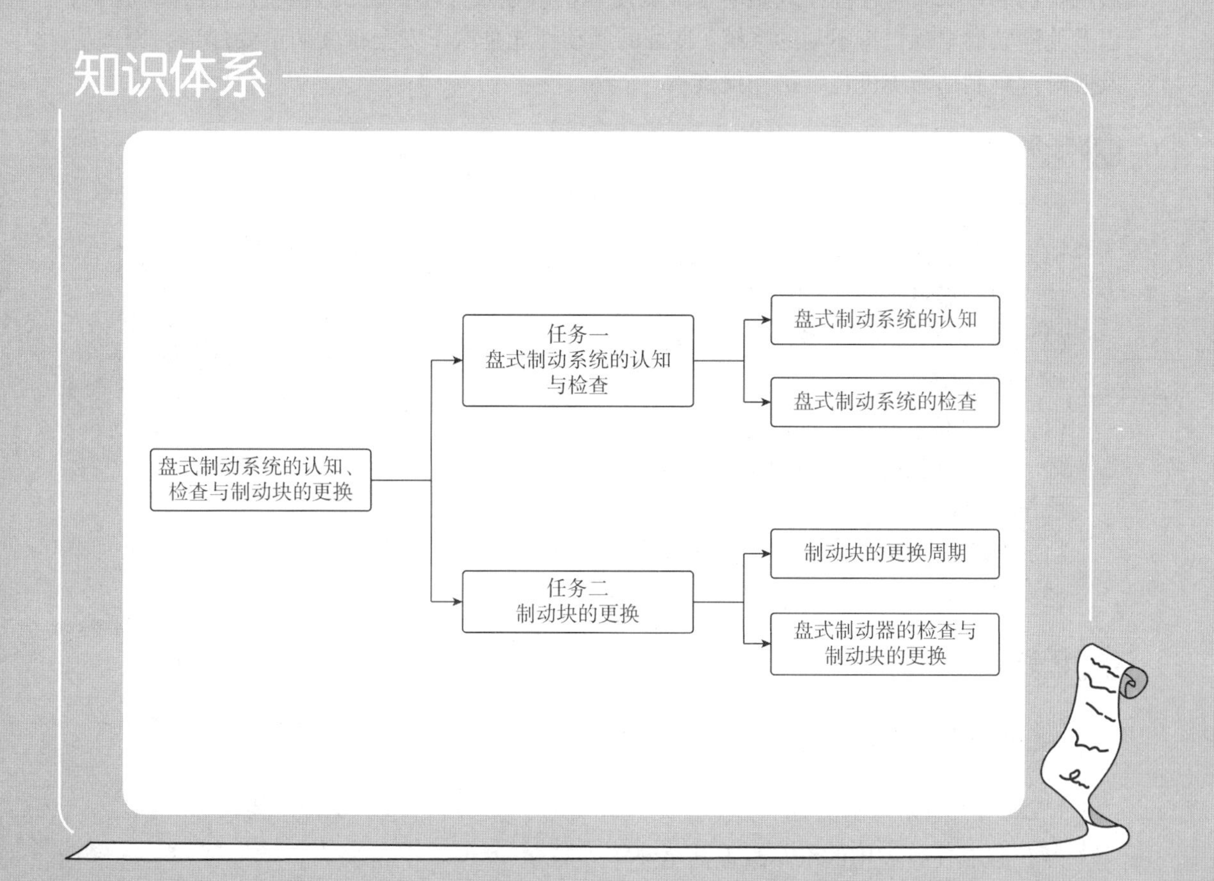

学习任务

本项目主要讲述盘式制动系统和制动块的相关知识，分为两个学习任务。

任务一：盘式制动系统的认知与检查。

任务二：制动块的更换。

通过两个任务的学习，了解盘式制动系统的组成，掌握盘式制动系统检查的方法，掌握制动块更换的规范方法。

任务一　盘式制动系统的认知与检查

任务引导

盘式制动系统是现阶段汽车普遍使用的制动系统。制动系统工作情况的好坏，会直接影响车辆的行驶安全性。盘式制动系统能使车辆减速及停车，是使下坡的速度保持稳定，以及使停驶的车辆保持不动的系统。良好的制动性能是汽车安全行驶的重要保证，因此应及时对汽车制动系统进行维护和检查。

任务目标

◎ 知识目标

（1）了解盘式制动系统的作用及分类。

（2）掌握盘式制动系统的组成。

（3）掌握盘式制动系统的检查方法。

◎ 能力目标

（1）能对盘式制动系统进行检查。

（2）能准确认知盘式制动系统的各部件。

◎ 素质目标

（1）培养学生创新的思维，团队合作的能力。

（2）培养学生吃苦耐劳、严谨的工作态度。

任务资讯

一、盘式制动系统的认知

1. 盘式制动系统的作用

（1）强制使行驶中的汽车减速甚至停车。

（2）使下坡行驶的汽车保持速度稳定。

（3）使已停驶的汽车在各种道路条件下（包括在坡道上）稳定驻车。

2. 盘式制动系统的组成

盘式制动系统的主要组成部分有制动踏板、真空助力器、储液罐、ABS 控制单元、制动管路、制动器、驻车制动杆等，如图 12-1 所示。

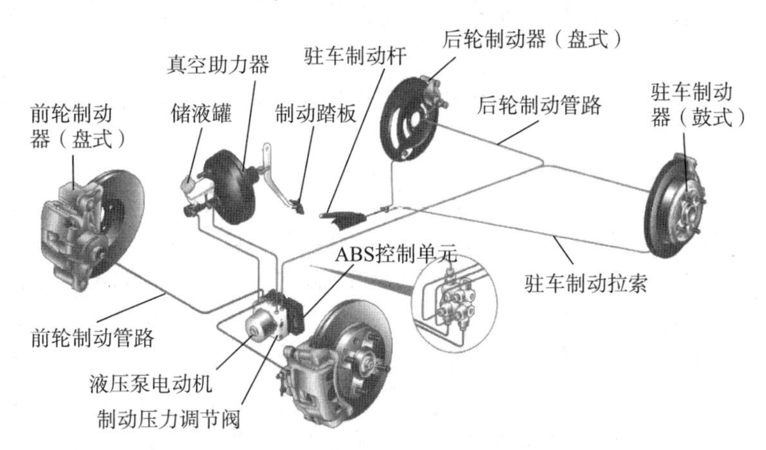

图 12-1　盘式制动系统的组成

3. 盘式制动系统的分类

按作用划分，盘式制动系统可分为行车制动系统和驻车制动系统。汽车的制动系统都必须具备行车制动系统和驻车制动系统两套制动装置。

（1）行车制动系统：也称脚刹，是使行驶中的汽车降低速度甚至停车的制动系统，行车制动踏板如图 12-2 所示。

（2）驻车制动系统：也称驻车制动器，是使已停驶的汽车驻留原地不动的制动系统，驻车制动手柄如图 12-3 所示。

图 12-2　行车制动踏板

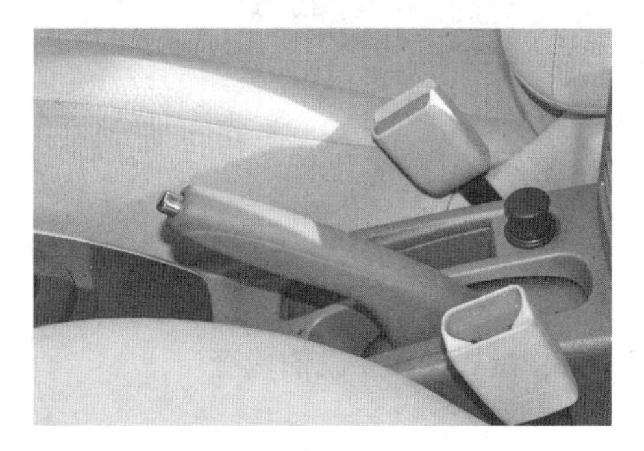

图 12-3　驻车制动手柄

4. 盘式制动系统的性能要求

（1）制动系统应具有良好的制动效能。制动效能的评价指标主要有制动距离、制动减速度、制动力和制动时间等。

（2）制动系统应操纵轻便。

（3）制动系统的制动稳定性应好。当制动系统制动时，前后车轮制动力应分配合理，左右车轮上的制动力矩应基本相等，汽车不会出现跑偏、甩尾等现象；制动系统在磨损

后，间隙应能调整。

（4）制动系统的制动平顺性应好。制动力矩既能迅速而平稳地增加，也能迅速而彻底地解除。

（5）制动系统的散热性应好。制动系统摩擦片的抗“热衰退”能力要高，水湿后恢复能力要快。

（6）对于挂车制动系统，还要求其制动作用略早于主车，且挂车自行脱钩时能自动进行应急制动。

5. 制动器

制动器主要分为盘式制动器和鼓式制动器两种，本项目重点讲述盘式制动器。盘式制动器主要具有以下优点：制动器效能受摩擦系数的影响较小，即效能较稳定；浸水后效能降低较小，而且只需经过一两次制动，制动效能即可恢复正常；在输出相同制动力矩的情况下，盘式制动器的尺寸和质量一般较小；制动盘沿厚度方向的热膨胀量极小，不会像制动鼓的热膨胀那样使制动器间隙明显增加进而导致制动踏板行程过大；制动盘外露，散热良好。基于以上原因，现在盘式制动器应用最为广泛。

盘式制动器主要由制动钳、制动器分泵活塞、制动钳支架、制动盘、制动块等组成，如图 12-4 所示。

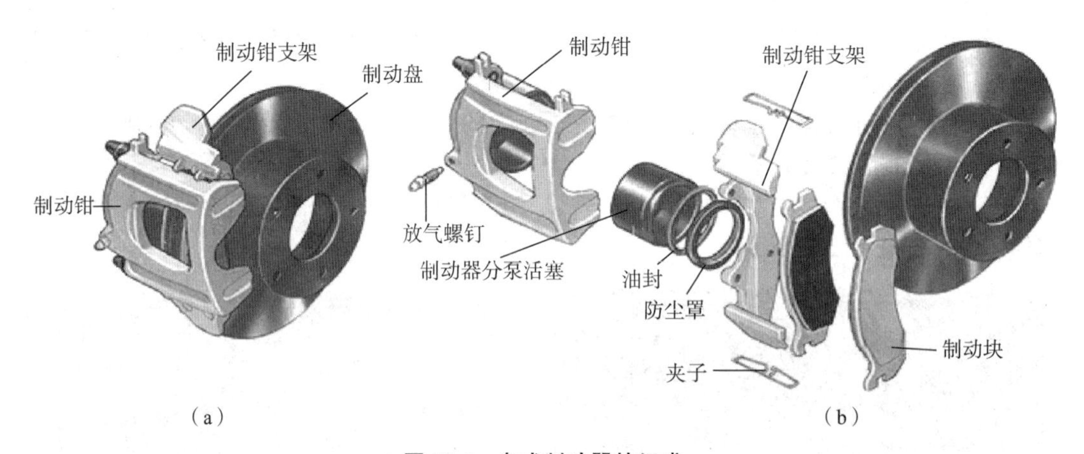

图 12-4　盘式制动器的组成

二、盘式制动系统的检查

1. 制动踏板的检查

当发动机关闭之后，用脚踩几次制动踏板，检查制动踏板是否出现变形等损伤，如图 12-5 所示。踩下制动踏板数次，释放真空助力器中残余的真空度压力。通过踩踏制动踏板，能检查出制动踏板是否反应灵敏、有无异常噪声及是否过度松动等。

（1）检查制动踏板高度：使用直板尺测量制动踏板的高度。在测量时，将直板尺垂直于地板面放置，观察制动踏板上平面在直板尺上的对应数值，该数值即为制动踏板高度，如图 12-6 所示。

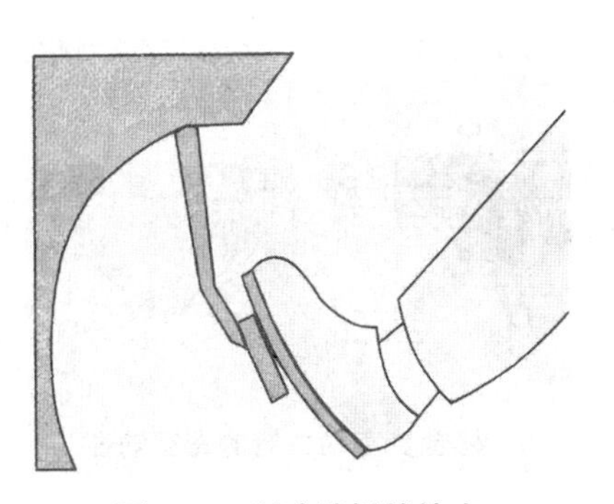

图 12-5　制动踏板的检查

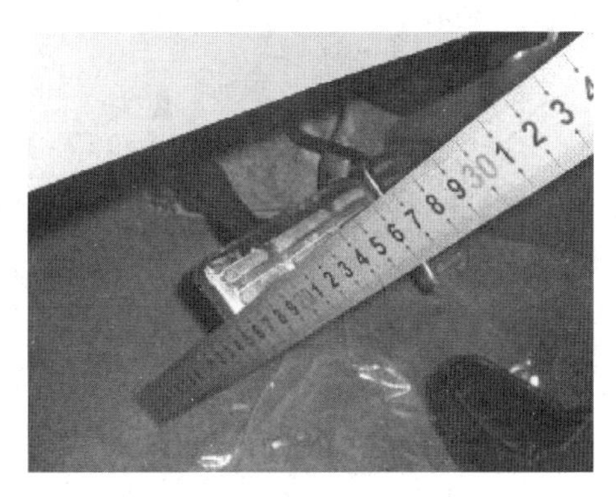

图 12-6　检查制动踏板高度

（2）检查制动踏板的自由行程：直板尺保持与地板垂直放置，制动踏板处于自然状态，观察踏板上平面在直板尺上的对应数值，用手稍用力下压制动踏板，当感觉到阻力增大时，停止下压，再次观察制动踏板上平面在直板尺上的对应数值。计算得出两个数据的差值，差值即为制动踏板的自由行程，如图 12-7 所示。制动踏板自由行程的范围是 3～8 mm。

当自由行程不合适时，可松开总泵推杆的锁紧螺母，拧动推杆，通过改变推杆的长度来调整制动踏板的自由行程。调整完毕后，再拧紧锁紧螺母，调整制动踏板的自由行程（见图 12-8）。

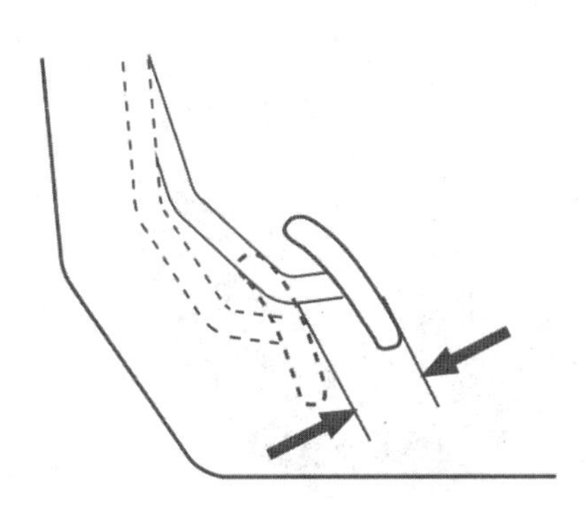

图 12-7　检查制动踏板的自由行程

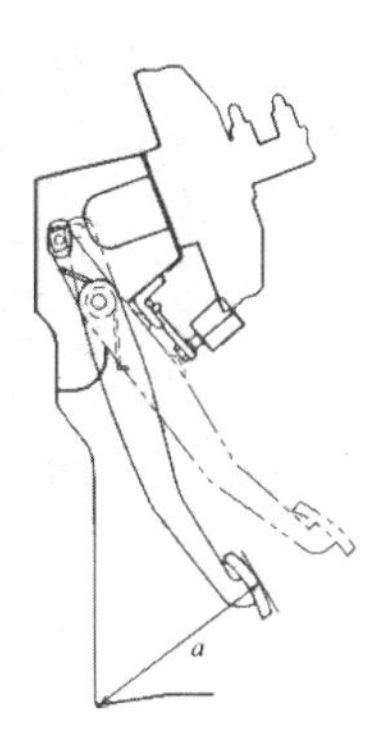

图 12-8　调整制动踏板的自由行程

2. 真空助力器的检查

（1）检查真空助力器的气密性。踩踏制动踏板数次可用于检查真空助力器的气密性。制动踏板的高度越来越高，说明真空助力器气密性良好，真空助力器如图 12-9 所示。

（2）检查真空助力器的真空功能（见图 12-10）。

① 踩住制动踏板，启动发动机。制动踏板应能自然下沉，无僵硬感，响应性良好，形成助力效果。

② 踩下制动踏板并保持 30 s；发动机熄火，松开制动踏板；在检查真空助力器的真空功能时，制动踏板高度应无明显变化。

图 12-9　真空助力器

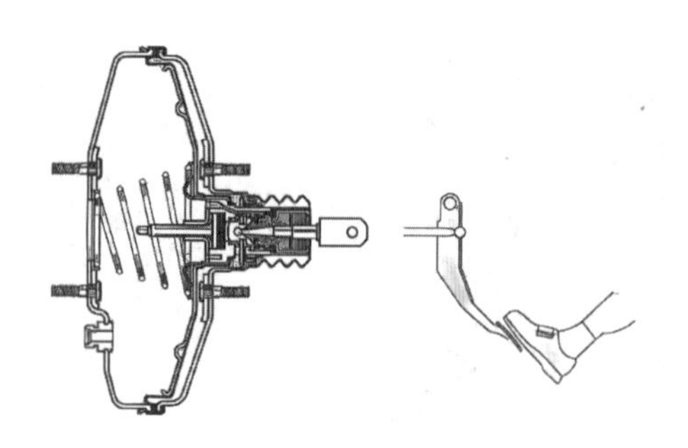

图 12-10　检查真空助力器的真空功能

3. 驻车操纵系统的检查

（1）鼓式驻车制动器：四个车轮采用盘式制动器的车型，一般驻车采用的是小型鼓式驻车制动器，并内置于后轮盘式制动器中，通过拉索和连杆等机构固定在盘式制动器上。驻车制动器的构造如图 12-11 所示。

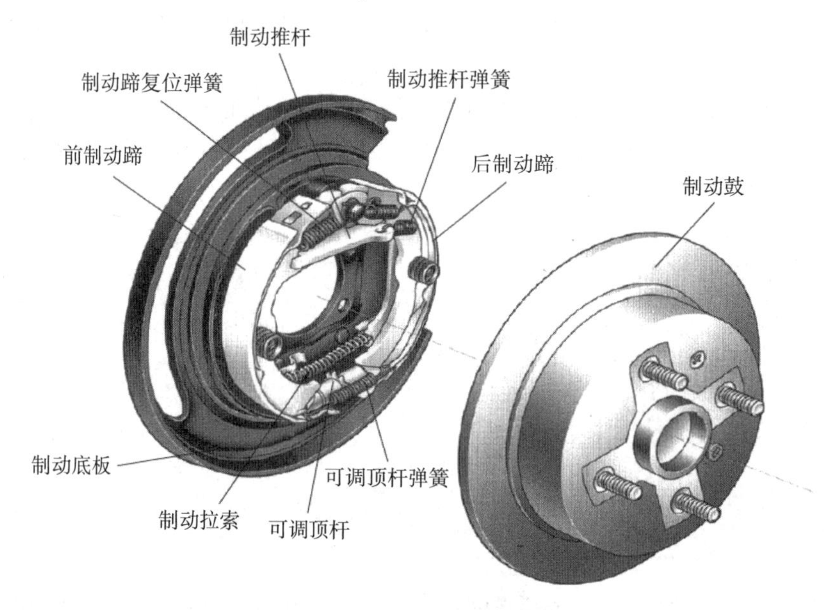

图 12-11　驻车制动器的构造

（2）驻车制动手柄与拉索检查：检查驻车制动手柄齿尖是否有损坏或磨损。如果发现损坏或磨损，应更换驻车制动手柄。检查驻车制动手柄的操作及行程是否正确，必要时应作调节。

（3）驻车操纵系统的性能检查步骤如下：

① 点火钥匙旋至 ON 位。

② 拉起驻车制动操纵杆，在操纵杆到达第一个槽口前，检查驻车制动指示灯是否点亮。

③ 继续拉起驻车制动操纵杆直至难以继续拉动，过程中会听到“咔嗒”声，记录“咔嗒”声的次数；驻车制动操纵杆的行程高度为 6～9 格，因此正常应听到 6～9 次“咔

嗒”声。驻车制动操纵杆如图 12-12 所示。

④ 释放操纵杆，检查驻车制动指示灯是亮起还是熄灭，正常应是熄灭状态。如图 12-13 所示为制动指示灯亮起。

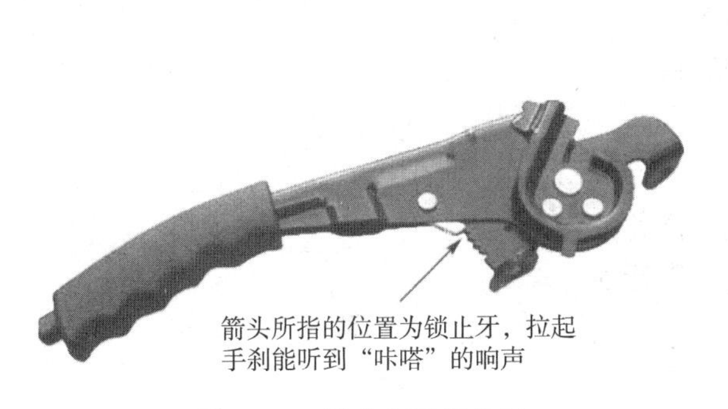

图 12-12　驻车制动操纵杆

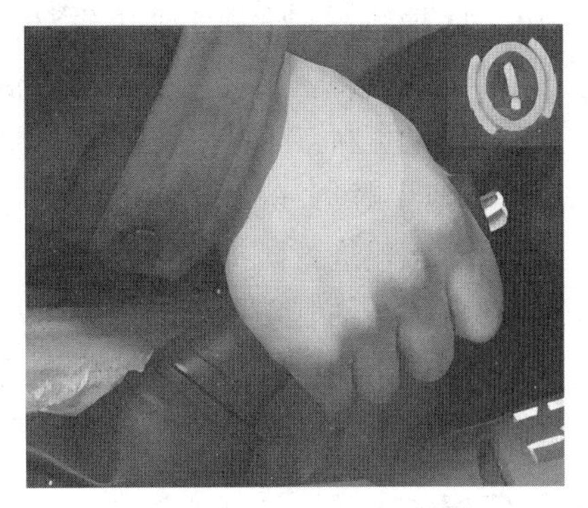

图 12-13　制动指示灯亮起

（4）检查驻车制动器棘爪的锁定性能：将换挡杆置入空挡位置，然后用举升机将车举起离地一定的高度（不低于 20 cm），拉起驻车制动操纵杆，然后转动两个后车轮，当后车轮无法转动时，说明棘爪锁定功能可靠，如图 12-14 所示。

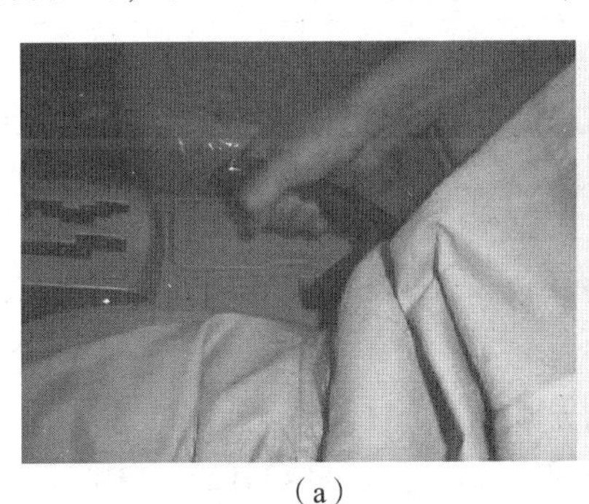
（a）

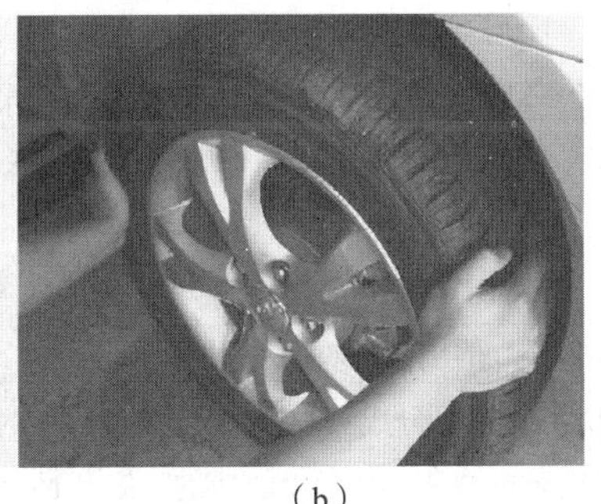
（b）

图 12-14　检查驻车制动器棘爪的锁定性能

（5）检查驻车制动器解除锁定性能：按下驻车制动操纵杆前端按钮，操纵杆应快速复位，证明按钮性能正常。同时转动两个后车轮，后车轮应能转动灵活，如图 12-15 所示。

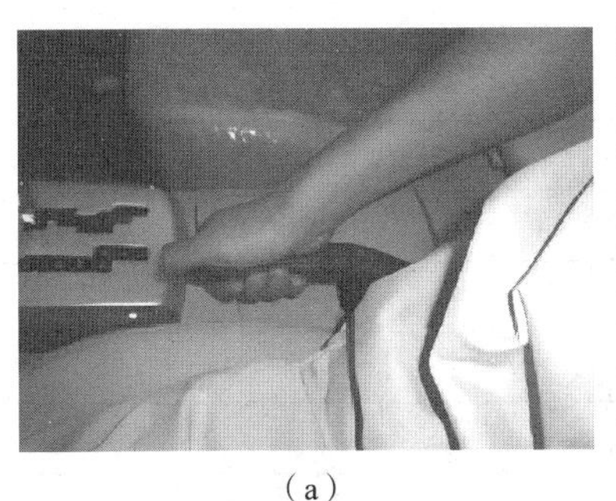
（a）

（b）

图 12-15　检查驻车制动器解除锁定性能

任务实施

☞ 任务准备

（1）防护装备：常规实训工作服、车内外防护三件套。

（2）工具设备：直尺、手电筒、整车。

（3）辅助资料：卡片、记号笔、翻纸板。

☞ 实施步骤

（1）对车辆进行防护。

（2）收集车辆制动系统的资料，填写任务报告。

（3）制订车辆盘式制动系统检查的工作计划。

（4）实施车辆制动系统的检查。

任务报告

<table>
<tr><th colspan="4">任务一　盘式制动系统的认知与检查</th></tr>
<tr><td>班级</td><td></td><td>姓名</td><td></td></tr>
<tr><td>组别</td><td></td><td>组长</td><td></td></tr>
<tr><td colspan="2">1. 接受任务（5 分）</td><td colspan="2">得分：</td></tr>
<tr><td colspan="4">4S 店来了一辆需要保养的车辆，车型为大众宝来 1.6L，请工作人员为车辆进行制动系统的检查。作为工作人员，你应该了解制动系统的作用及分类，了解盘式制动系统的组成，掌握制动系统的检查方法。</td></tr>
<tr><td colspan="2">2. 信息收集（20 分）</td><td colspan="2">得分：</td></tr>
<tr><td colspan="4">（1）盘式制动系统的作用主要有__________，__________，__________。
（2）盘式制动系统主要分成________和________两大类。
（3）制动系统主要有制动踏板、________、储液罐、________、制动管路、________、驻车制动杆等。
（4）盘式制动器主要由________、制动器分泵活塞、制动钳支架、________、________等组成。
（5）制动系统的检查应从________、________、________三个方面开始。
（6）制动踏板的自由行程应在________________。</td></tr>
<tr><td colspan="2">3. 制订计划（15 分）</td><td colspan="2">得分：</td></tr>
<tr><td colspan="4">制订盘式制动系统检查的工作计划。</td></tr>
</table>

序号	工作步骤	具体内容

（续表）

<table>
<tr><td colspan="2">4. 计划实施（50分）</td><td colspan="2">得分：</td></tr>
<tr><td colspan="4">实施盘式制动系统的检查。</td></tr>
<tr><td>序号</td><td>工作内容</td><td>分值</td><td>得分</td></tr>
<tr><td>1</td><td>制动踏板的检查</td><td>10分</td><td></td></tr>
<tr><td>2</td><td>真空助力器的检查</td><td>10分</td><td></td></tr>
<tr><td>3</td><td>驻车制动手柄与拉索的检查</td><td>10分</td><td></td></tr>
<tr><td>4</td><td>驻车操纵系统性能的检查</td><td>20分</td><td></td></tr>
<tr><td colspan="2">5. 检查评价（10分）</td><td colspan="2">得分：</td></tr>
<tr><td colspan="4">请根据个人及小组成员在完成任务过程中的表现及工作结果进行自我评价和小组评价。
自我评价：________________________________。
小组评价：________________________________。</td></tr>
<tr><td colspan="4">任务总成绩：</td></tr>
</table>

任务二　制动块的更换

任务引导

在盘式制动系统中，随着车辆行驶里程的增加，刹车制动块会被逐渐消耗，最终达到使用极限，便不能再使用。车辆应按照刹车制动块的更换周期定期更换制动块，并检查制动器的状态，以保证盘式制动系统的正常使用，确保车辆行驶安全。

任务目标

◎ **知识目标**

（1）掌握盘式制动器的检查方法。

（2）掌握制动块更换的规范操作方法。

◎ **能力目标**

（1）能规范地更换盘式制动器中的制动块。

（2）能对盘式制动器的各个部件进行检查或测量。

◎ **素质目标**

（1）培养学生创新的思维，团队合作的能力。

（2）培养学生吃苦耐劳、严谨的工作态度。

任务资讯

一、制动块的更换周期

对于每一位车主来说，驾驶过程中的车辆安全都是应该放在首位的。除了安全气囊、防撞梁、安全带和一些高科技的防碰撞系统，刹车的性能也是影响车辆安全的重要因素。刹车制动块作为易损部件，需要定期更换，一般建议每 40 000～60 000 km 更换一次。刹车制动块是否应该更换，可根据以下三个方面判断。

1. 看厚度

最简单的方法就是看仪表盘的提示，若刹车制动块指示灯常亮就需要及时更换刹车制动块了，如图 12-16 所示。驾驶人员平时应多观察刹车制动块的厚度，做到心中有数。通常情况下，一副全新的刹车制动块的厚度在 15 mm 左右，当厚度小于 5 mm 时，就要考虑更换刹车制动块了。

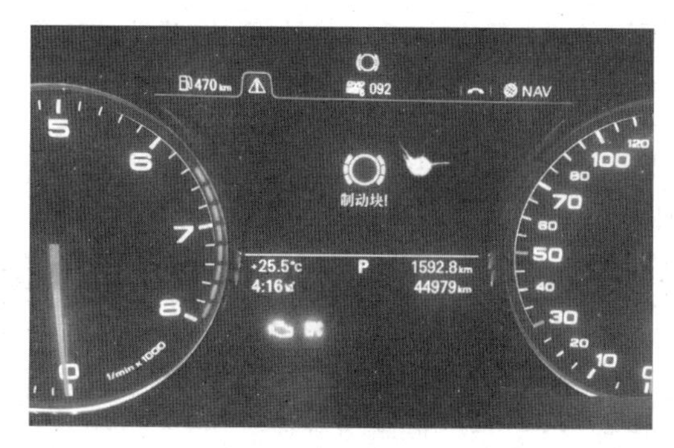

图 12-16　刹车制动块指示灯常亮

2. 听声音

如果在轻点刹车的同时伴随有“铁蹭铁”的“吱吱”声（排除刹车制动块在刚开始安装时磨合产生声音的情况），此时刹车制动块必须立即更换。当刹车制动块两侧的极限标识已经直接摩擦到刹车盘时才会发出“吱吱”声，这证明刹车制动块已经超过了极限。遇到这种情况时，在更换刹车制动块的同时要检查刹车盘，出现这种声音往往说明刹车盘已经受到损坏。

3. 制动效果

当刹车制动块变薄时，刹车效果会受影响，此时需要更深地踩下制动踏板才能达到原来的制动效果，如果感觉到制动效果明显减弱，即人感觉刹车变软了，有点刹不住，那可能就是需要更换刹车制动块了。驾驶人员应养成良好的自检习惯。刹车制动效果降低会导致制动液消耗增加，因此更换刹车制动块的同时要着重检查制动液的情况。

二、盘式制动器的检查与制动块的更换

1. 工具准备

应准备的工具包括挡车胶墩、地板垫、座椅套、转向盘套、翼子板布、前格栅布、手

套、气动扳手、世达成套工具、制动活塞回位专用工具、S 形挂钩、扭力扳手（10～100 N·m、40～340 N·m）、千分尺（0～25 mm）、直尺（0～150 mm）、抹布若干。

2. 车辆防护

（1）安装挡车胶墩，进行车内防护。

（2）拉起驻车制动杆，降下驾驶室侧车窗玻璃，拉起发动机舱盖释放杆。

（3）打开发动机舱盖，安装翼子板布和前格栅布。

车辆防护如图 12-17 所示。

3. 拆卸车轮

（1）用举升机举升车辆至合适位置。

（2）检查气动扳手。

（3）使用气动扳手按照对角交叉顺序拆卸车轮。

拆卸车轮如图 12-18 所示。

图 12-17　车辆防护

图 12-18　拆卸车轮

（4）取下车轮，置于轮胎架上。

4. 拆卸制动钳

（1）对角拧上车轮紧固螺母。

（2）将制动盘向外转动一定角度。

（3）旋松制动钳固定螺栓，如图 12-19 所示。

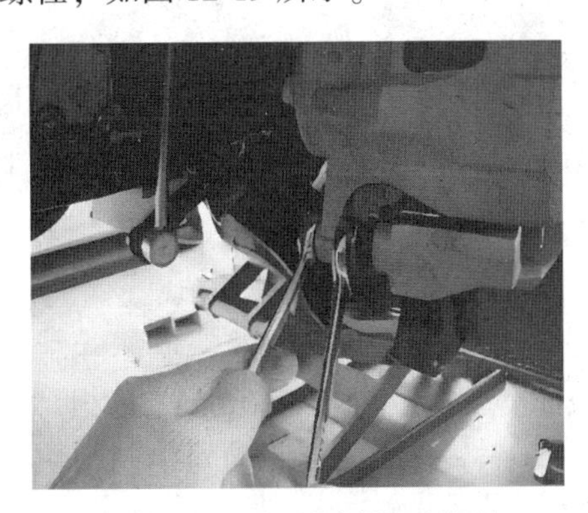

图 12-19　旋松制动钳固定螺栓

5. 拆卸制动块

(1) 旋下制动钳下面的固定螺栓。

(2) 用挂钩吊起制动钳，如图 12-20 所示。

(3) 取下制动块，注意在拆卸制动块时，要注意区分内外侧。

6. 检查制动器分泵活塞

检查制动器分泵活塞如图 12-21 所示。

(1) 检查制动器分泵密封圈有无老化、渗漏等现象。

(2) 检查滑动支撑销有无锈蚀、卡滞等现象。

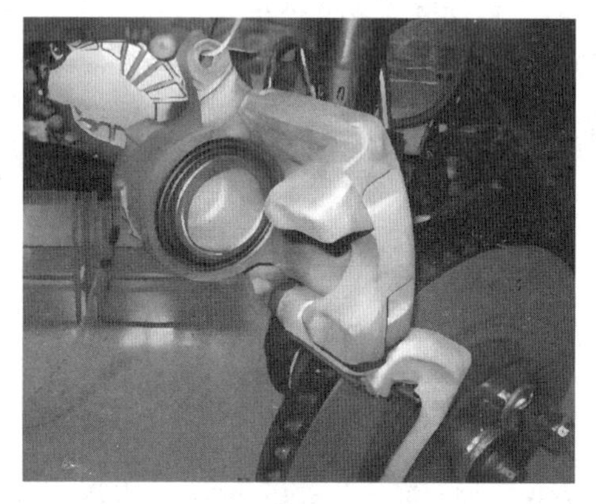

图 12-20 用挂钩吊起制动钳

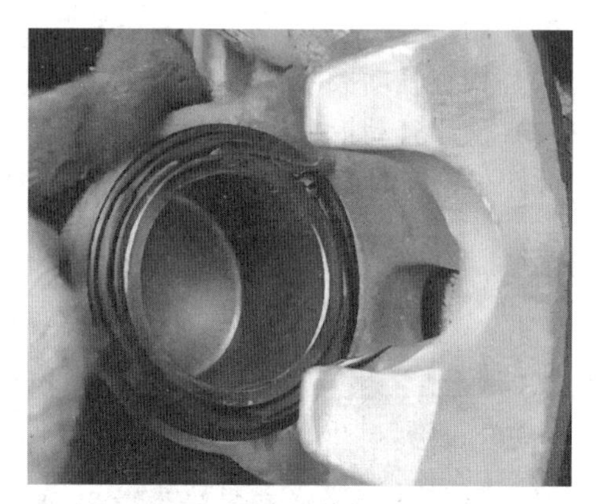

图 12-21 检查制动器分泵活塞

7. 检查制动块

检查制动块如图 12-22 所示。

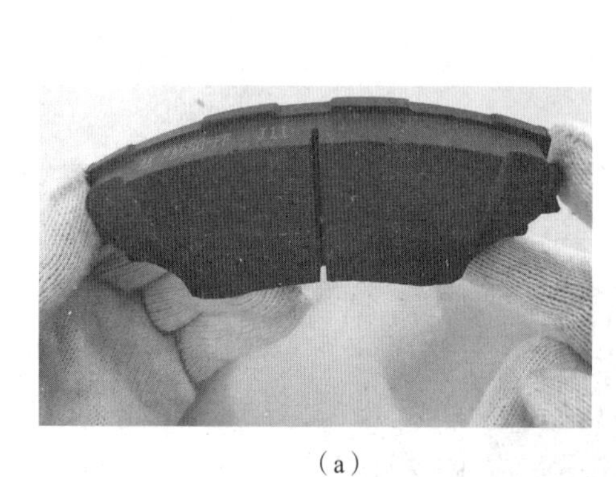

(a)

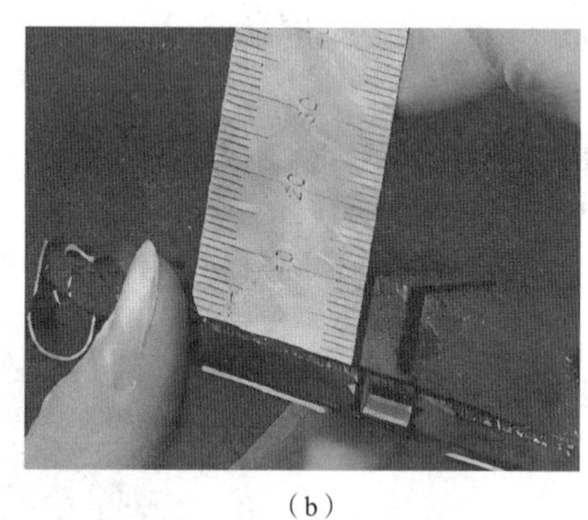

(b)

图 12-22 检查制动块

(1) 检查内外制动块表面磨损是否均匀，有无异常磨损。

(2) 查阅制动器维修手册，一般情况下制动器中制动块的摩擦衬片标准厚度为 12 mm，应测量 3 个位置的厚度。

8. 检查制动盘

检查制动盘如图 12-23 所示，具体步骤如下。

（1）检查制动盘转动是否灵活，是否有异响，若不灵活或有异响，应拆卸维修。

（2）清洁制动盘的表面。

（3）检查制动盘的外观，应确保无凹槽、无裂纹、无锈蚀等异常磨损情况。当有裂纹时，应更换制动盘；当出现轻微锈蚀、划痕、沟槽时，应用砂纸打磨。

图 12-23　检查制动盘

9. 测量制动盘的厚度

测量制动盘的厚度如图 12-24 所示，具体步骤如下。

（1）将千分尺清洁干净并校零。

（2）在制动盘上选择均匀分布的 4 个点，测量点距离制动盘边缘应为 13 mm，用千分尺测量制动盘的厚度，取最小值，制动盘的厚度不应小于 19 mm。

（3）清洁并复位千分尺。

（a）

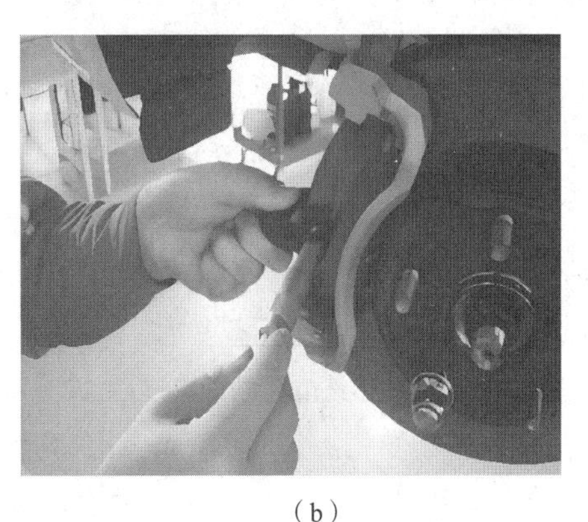

（b）

图 12-24　测量制动盘的厚度

10. 测量制动盘偏摆量

测量制动盘偏摆量如图 12-25 所示，具体步骤如下。

(1) 用专用工具配合扭力扳手，以规定扭矩（标准扭矩值为 103 N·m）对角紧固两颗车轮紧固螺母。

(2) 用百分表测量距离制动盘外缘 10 mm 处的制动盘偏摆量。

(3) 安装百分表，转动制动盘一周，记录制动盘偏摆量，偏摆量不应大于 0.05 mm。

(4) 清洁并收回百分表。

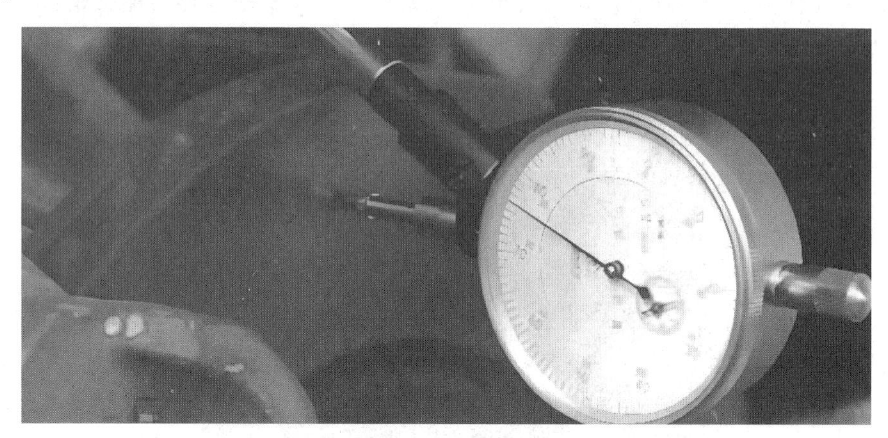

图 12-25 测量制动盘偏摆量

11. 安装制动块

安装制动块的步骤如下。

(1) 用细砂纸清洁制动盘表面（见图 12-26）。

(2) 打开制动液盖，观察液面高度。

(3) 使用刹车制动器分泵活塞回位工具使制动器分泵活塞回位（见图 12-27）。

图 12-26 用细砂纸清洁制动盘表面

图 12-27 制动器分泵活塞回位

(4) 在摩擦片的消音垫片上涂少量高温润滑脂。

(5) 安装新的制动块（见图 12-28）。

12. 安装制动钳

安装制动钳如图 12-29 所示，具体步骤如下：

(1) 取下挂钩，安装制动钳，用 34 N·m 的扭矩拧紧固定螺栓。

（2）将制动盘向内回正，拆下车轮螺母。

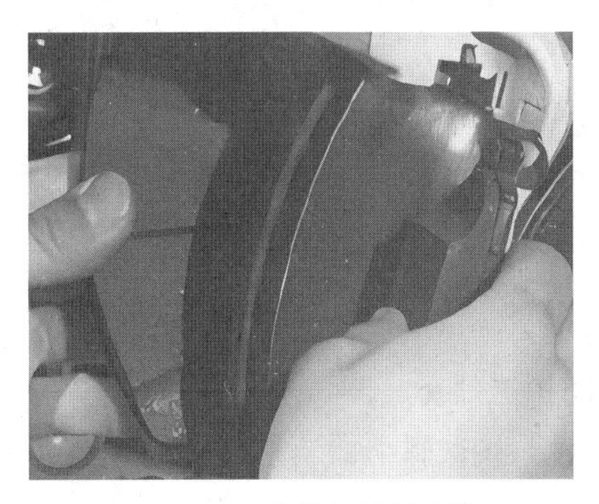
图 12-28　安装新的制动块

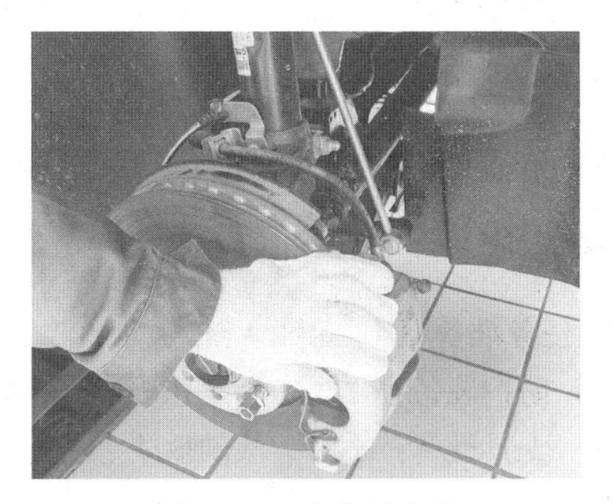
图 12-29　安装制动钳

13. 安装车轮

安装车轮如图 12-30 所示，具体步骤如下。

图 12-30　安装车轮

（1）按照对角交叉的顺序预紧车轮紧固螺母。

（2）规范地操作举升机，将汽车降至地面。

（3）以 120 N · m 的扭矩按照对角交叉的顺序拧紧紧固螺母。

14. 检查制动性能

（1）工作人员进入驾驶室，用力踩制动踏板多次，使制动器分泵活塞回位，防止驾驶人员在驾驶车辆第一脚踩下刹车时，制动效果不好。

（2）进行车辆的路试，检验车辆制动效果。

启动发动机，松开驻车制动器，使汽车以 20～30 km/h 的速度行驶，当在干燥平直的路面上踩下制动踏板时，汽车应能迅速地减速及停车，且无跑偏现象。汽车在制动后，当松开制动踏板并继续行驶时，应能顺利起步和行驶，且在行驶过程中不动转向盘时，汽车应能保持直线行驶而不跑偏。当汽车行驶一段距离（不踩制动踏板）后，停车检查制动器（制动盘和制动块）的温度，应正常不烫手。

15. 整理现场

(1) 取下车内外的防护用品。

(2) 将车辆复位，清洁车身。

(3) 清洁并整理工具。

任务实施

☞ 任务准备

(1) 防护装备：常规实训工作服、车内外防护三件套。

(2) 工具设备：手套、气动扳手、世达套装工具、制动活塞回位专用工具、S 形挂钩、扭力扳手、千分尺、直尺、汽车整车。

(3) 辅助资料：卡片、记号笔、翻纸板。

☞ 实施步骤

(1) 对车辆进行防护。

(2) 收集车辆盘式制动器及制动块的资料，填写任务报告。

(3) 制订盘式制动器检查及制动块更换的工作计划。

(4) 实施车辆制动系统的检查。

任务报告

<table>
<tr><th colspan="4">任务二　制动块的更换</th></tr>
<tr><td>班级</td><td></td><td>姓名</td><td></td></tr>
<tr><td>组别</td><td></td><td>组长</td><td></td></tr>
<tr><td colspan="2">1. 接受任务（5 分）</td><td colspan="2">得分：</td></tr>
<tr><td colspan="4">4S 店来了一辆需要保养的车辆，车辆的制动块已经到了磨损极限，请工作人员为车辆制动系统更换制动块。作为工作人员，你应掌握盘式制动器的检查及制动块的更换流程，完成信息收集工作，并制订工作计划，实施操作。</td></tr>
<tr><td colspan="2">2. 信息收集（20 分）</td><td colspan="2">得分：</td></tr>
<tr><td colspan="4">(1) 刹车制动块一般________________更换一次。
(2) 通常情况下，一副全新的刹车制动块的厚度在________左右，如果厚度小于________时，就要考虑去更换了。
(3) 启动发动机，松开驻车制动器，使汽车以________________的速度行驶，当在干燥平直的路面上踩下制动踏板时，汽车应能迅速地减速及停车，且无________。汽车在制动后，当松开制动踏板并继续行驶时，应能顺利起步和行驶，且在行驶过程中不动转向盘时，汽车应能保持________________。
(4) 在制动盘上选择均匀分布的________个点，测量点距离制动盘边缘应为________，用千分尺测量制动盘的厚度，取最小值。</td></tr>
</table>

（续表）

3. 制订计划（15 分）	**得分：**

制订盘式制动器检查及制动块更换的工作计划。

序号	工作步骤	具体内容

4. 计划实施（50 分）	**得分：**

检查盘式制动器及更换制动块。

序号	工作内容	分值	得分
1	拆卸制动钳	10 分	
2	拆卸制动块	5 分	
3	检查制动器分泵活塞	5 分	
4	检查制动块	5 分	
5	检查、测量制动盘	10 分	
6	安装制动块	5 分	
7	安装制动钳	10 分	

5. 检查评价（10 分）	**得分：**

请根据个人及小组成员在完成任务过程中的表现及工作结果进行自我评价和小组评价。

自我评价：____。

小组评价：____。

任务总成绩：

项目十三

制动液的认知与更换

知识体系

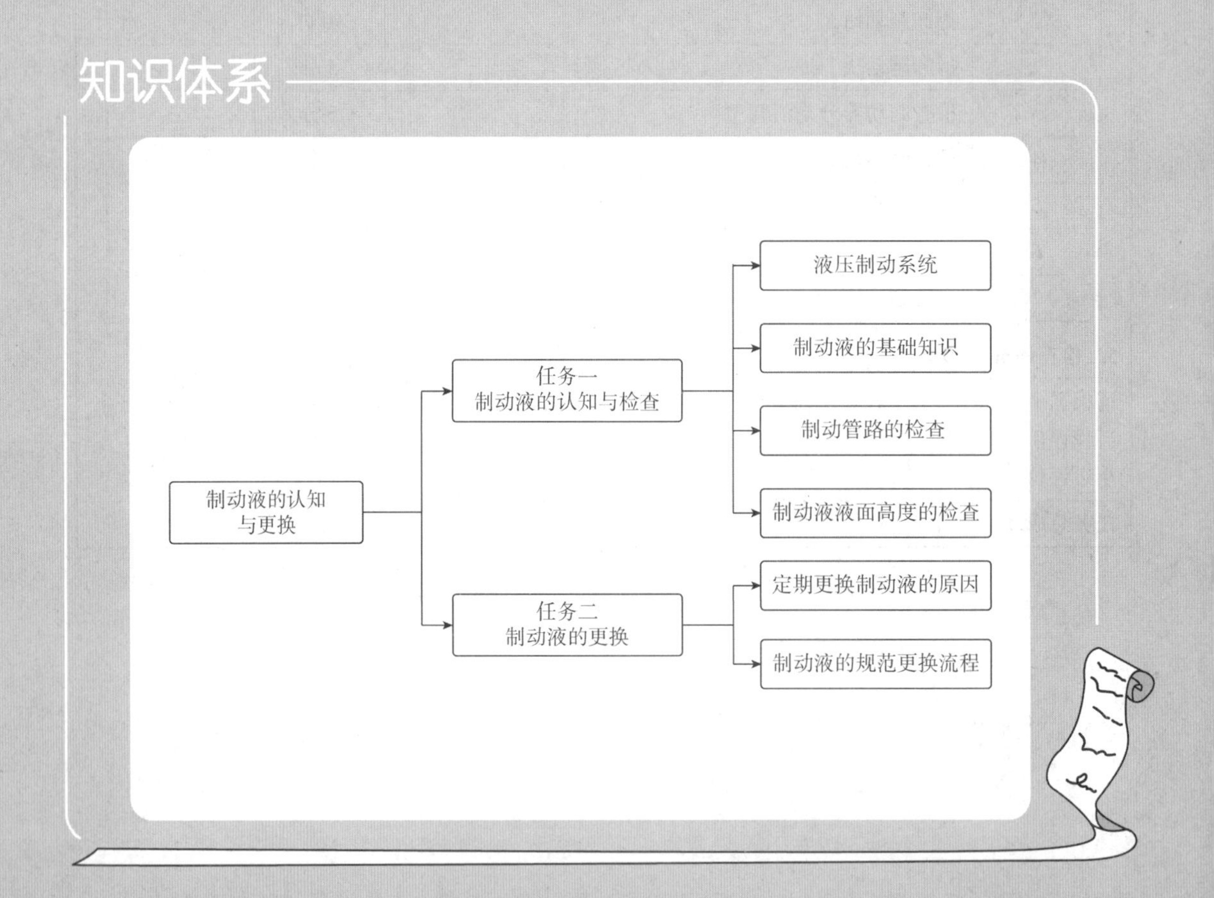

学习任务

本项目主要是介绍制动液的相关知识，分为两个任务。

任务一：制动液的认知与检查。

任务二：制动液的更换。

通过两个任务的学习，了解液压制动系统的组成，掌握制动液的作用及类型，掌握制动液的检查与更换方法。

任务一　制动液的认知与检查

任务引导

制动液是用于在汽车液压制动系统中传递压力的液体，是汽车制动系统中的重要组成部分。制动液失效会严重影响汽车的制动性能，直接危害行车安全，因此必须定期对制动液进行检查，必要时对其更换。

任务目标

◎ 知识目标

(1) 掌握液压制动系统的组成。

(2) 了解制动液的作用及类型。

(3) 掌握制动液的检查方法。

◎ 能力目标

(1) 能根据车辆液压制动系统的要求合理选择制动液。

(2) 能正确检查制动液管路及制动液。

◎ 素质目标

(1) 爱护工具和车辆，自觉地做好车辆的防护工作。

(2) 培养学生在汽车维修工作中精益求精的工作态度。

任务资讯

一、液压制动系统

1. 液压制动系统的功用

液压制动系统可以利用制动液将制动踏板的作用力转换为油液压力，通过管路传送至车轮制动器，使制动器分泵活塞工作，推动制动块锁止制动盘。

2. 液压制动系统的组成

液压制动系统由制动踏板、制动主缸、储液罐、制动轮缸、液压油管、皮碗等组成，如图 13-1 所示。

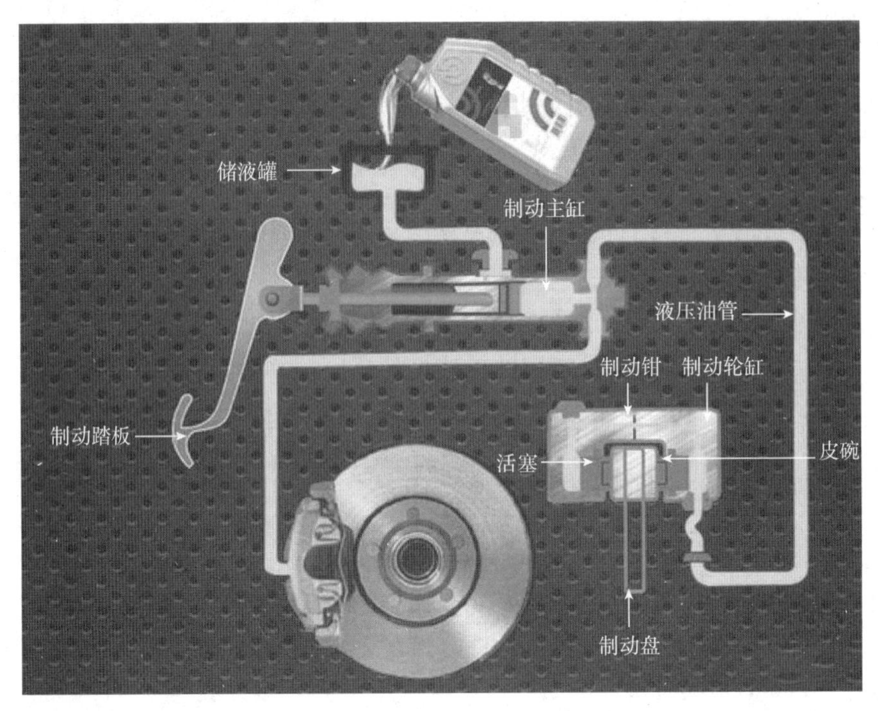

图 13-1 液压制动系统的组成

二、制动液的基础知识

1. 制动液的作用

液压制动（刹车）液是用于在液压制动系统中传递压力以制止车轮转动的一种功能性液体，其制动工作压力一般为 2 MPa，高的可达 4～5 MPa。所有液体都具有不可压缩等特性，在密封的容器中或充满液体的管路中，当液体受到压力时，便会快速、均匀地把压力传递到液体的各个部分。

2. 制动液的性能指标

我国现行的制动液标准《机动车辆制动液》（GB 12981—2012）为强制性标准，共有 15 项技术指标要求，分别是外观、平衡回流沸点、湿平衡回流沸点、运动黏度（100 ℃、-40 ℃）、pH 值、液体稳定性、腐蚀性、低温流动性和外观、蒸发性能、容水性、液体相容性、抗氧化性、橡胶适应性、行程模拟性能和防锈性能。在这些性能指标中，有三个比较重要的指标：平衡回流沸点、运动黏度和腐蚀性。

（1）平衡回流沸点：平衡回流沸点又分为干沸点和湿沸点。干沸点是指新制动液的沸点，干沸点也是衡量一款制动液好坏的首要指标。湿沸点是指一款制动液中的水含量等于 3.5%时的沸点，即含了水的制动液的沸点。

平衡回流沸点不达标就会容易产生气阻，导致刹车失灵，因此这个指标在制动液中非常重要。

（2）运动黏度：运动黏度分为冰点黏度（-40 ℃）和 100 ℃时黏度，低温黏度过高会使刹车响应慢，高温黏度过低会导致润滑效果差，容易磨损零件。因此，运动黏度也是衡量一款制动液是否合格的重要指标之一，一款优秀的制动液应该具有良好的低温流动性和高温保护性。

（3）腐蚀性：制动液的工作环境不可避免地会和金属元件、橡胶件等接触，因此，是否具有耐腐蚀性能也是衡量一款制动液是否合格的性能指标之一。制动液需要符合《机动车辆制动液》（GB 12981—2012）的要求。

3. 对制动液的要求

（1）高沸点：较高沸点能使制动液具有较低蒸发性，沸点应不低于 205 ℃。当汽车长时间行驶、在高速上或下坡行驶时，刹车制动块的温度会高达数百摄氏度，制动液温度也会随着制动块温度的升高而升高，若制动液沸点不够高，则制动液会汽化，产生气泡，使踩刹车踏板时发软，不能立即达到刹车目的，也就不能保证行车安全性。

（2）低冰点：制动液的冰点越低，低温流动性越好，这对于严寒地区而言特别重要。

（3）对液压制动系统中的橡胶件无损害：制动液应对各种橡胶件无腐蚀性。优质制动液在使用后极少使皮碗发生严重膨胀变形。若使用劣质制动液，皮碗则容易膨胀变形，导致车辆漏油、刹车时跑偏，进而易造成事故。皮碗在制动液中的体积膨胀率通常在 1%～5%。

（4）对液压制动系统各种金属腐蚀性较小。一般制动液腐蚀性较强，但优质制动液对各类金属的腐蚀性较小，可延长制动主缸的寿命。劣质制动液则会很快腐蚀金属，对行车造成危害。

（5）长期使用时无沉淀物。制动液长期在高温状态下使用，若是质量不稳定就会发生热分解，产生沉淀物，同样也会影响制动性能，一款合格的制动液应无沉淀物。

4. 制动液的类型

制动液主要分为 DOT 3 级制动液、DOT 4 级制动液、DOT 5 级制动液、DOT 5.1 级制动液四种类型。

（1）DOT 3 级制动液：DOT 3 级制动液一般为醇醚型，目前大部分车型已不再使用，DOT 3 级制动液的亲水性较强，沸点也较低（干沸点 205 ℃，湿沸点 140 ℃），容易出现热衰减。

（2）DOT 4 级制动液：DOT 4 级制动液一般为酯型，是在醇醚型的基础上添加大量的硼酸酯制作而成的，可以看作是 DOT 3 级制动液的升级版。DOT 4 级制动液拥有更高的干沸点（230 ℃），抗水能力更强。价格不贵，是目前主流市场上使用量最多的制动液之一。

（3）DOT 5 级制动液：DOT 5 级制动液一般为硅油型，属于竞技类车辆的制动液，成分为聚甲基硅氧烷。由于聚甲基硅氧烷几乎不吸水，导致进入液压制动系统的水分会以水的形式存在，而水的沸点很低，会导致刹车失效，因此该级别制动液的更换周期非常短，一般为赛车专用，一些高要求的货车、卡车也会使用。

（4）DOT 5.1 级制动液：DOT 5.1 级制动液一般为硼酸酯型，由于基础成分不一样，DOT 5.1 级制动液的抗湿能力比 DOT 3 级制动液和 DOT 4 级制动液都要强很多。该级别制动液对水分有很强的分解能力，因此干沸点、湿沸点都很高，更换周期最长，价格也最高。

不同 DOT 级别制动液的优缺点比较如表 13-1 所示。

表 13-1 不同 DOT 级别制动液的优缺点比较

级别	DOT 3	DOT 4	DOT 5	DOT 5.1
优点	①成本低廉； ②容易购买	①容易购买； ②吸水性比 DOT 3 级制动液低； ③比 DOT 3 级制动液的沸点高	①不咬漆； ②不吸水； ③对所有的橡胶都具有良好的适应性	①性能指标最好； ②对所有的橡胶都具有良好的适应性
缺点	①对天然橡胶密封件有损害； ②对车漆有影响，易咬漆； ③非常容易吸水，一经打开，需要在一个星期内用完； ④吸入的水分容易使制动管路和制动泵体腐蚀	①易咬漆，会溶掉车漆导致车体腐蚀； ②价格比 DOT 3 级制动液高； ③仍旧有吸湿性，易导致制动管路和制动泵体腐蚀	①与其他类型的制动液相容性差； ②水分进入会导致液压制动系统局部腐蚀； ③在加注时，要非常小心气泡； ④有一定的压缩性，造成制动疲软； ⑤价格高； ⑥在一般的汽车配件商店买不到	①仍有吸水性； ②会咬漆； ③不容易买到； ④价格高

5. 使用制动液时的注意事项

（1）不同类型和不同品牌的制动液不能混合使用。由于配方不同，混合制动液会造成制动液性能指标下降。

（2）当制动液吸入水分或含有杂质时，应及时更换或过滤制动液，否则会造成制动压力不足，影响制动效果。

（3）车辆正常行驶时，不同型号的制动液要根据维修保养手册按时更换，否则制动液很容易由于使用时间长而变质。

（4）车辆制动出现跑偏时，应选择质量比较好的制动液更换，同时更换皮碗。

三、制动管路的检查

1. 发动机舱内制动管路的检查

（1）检查制动管路连接部分有无液体渗漏。

（2）检查制动管路有无凹痕、损坏。

（3）检查制动管路固定部件有无松动。

（4）检查制动总泵（前端）、油管（接口处）是否有渗漏，管路是否有破损，储油罐是否有裂纹。发动机舱内制动管路的检查如图 13-2 所示。

2. 检查车底部制动管路

检查车底部制动管路如图 13-3 所示，具体步骤如下。

（1）将车举升至合适位置。

（2）检查制动管路有无凹痕、损坏。

（3）检查制动管路有无渗漏。

（4）检查管路安装状况是否良好。

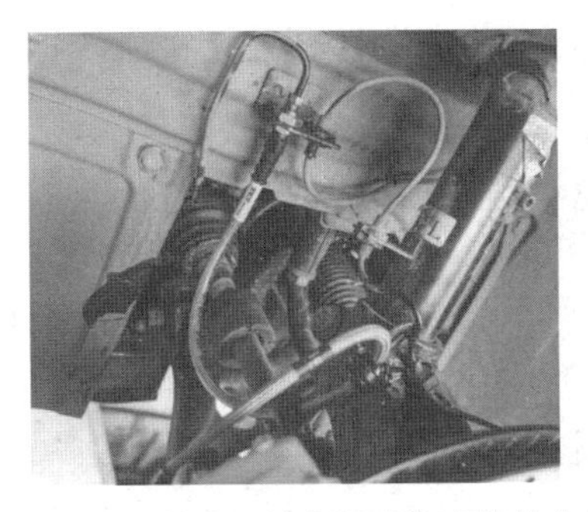

图 13-2　发动机舱内制动管路的检查

图 13-3　检查车底部制动管路

3. 检查制动软管

检查制动软管的具体步骤如下。

（1）偏转车轮至任何一侧极限位置。

（2）旋转车轮。

（3）检查制动软管的安装状况（见图 13-4），制动软管应不与车轮或者车身接触。

（4）检查制动软管是否老化、扭曲，是否有裂纹、凸起或其他损坏。检查制动软管是否老化如图 13-5 所示。

图 13-4　检查制动软管安装状况

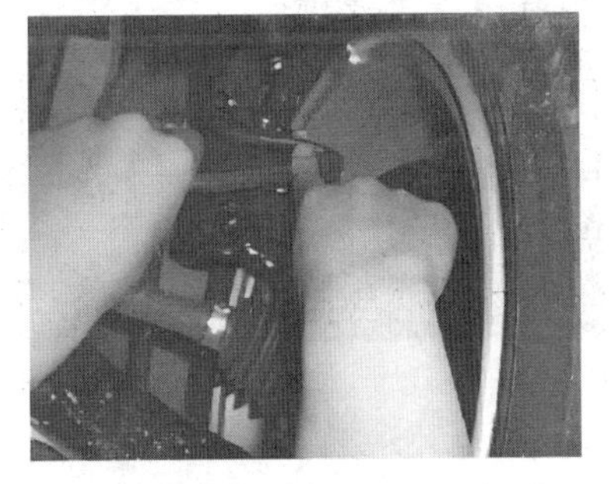

图 13-5　检查制动软管是否老化

（5）检查制动管道和软管的安装是否牢固，如图 13-6 所示。

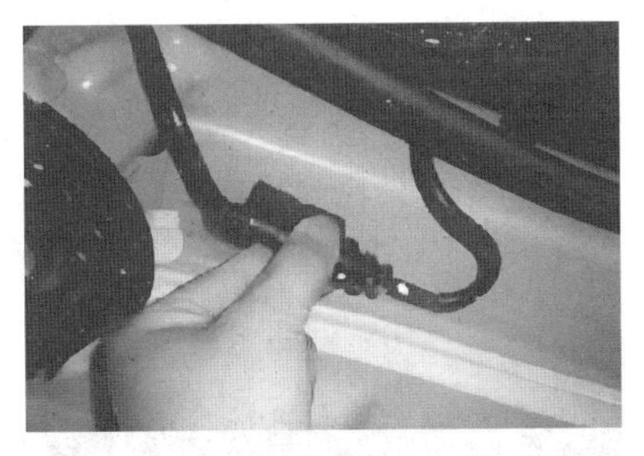

图 13-6　检查制动管道和软管的安装是否牢固

（6）检查制动分泵处是否存在泄漏，如图 13-7 所示。

图 13-7　检查制动分泵处是否存在泄漏

四、制动液液面高度的检查

（1）关闭点火开关，拔下安装在储液罐上的液位传感器电插头，旋下储液罐盖。观察制动液的颜色，制动液应为淡黄色或深黄色，变质时颜色变深且浑浊，如制动液已变色，则应更换制动液。检查制动液的颜色如图 13-8 所示。

（a）

（b）

图 13-8　检查制动液的颜色

（2）检查制动液液面高度。检查储液罐内的制动液液面是否正常。制动液液面应位于储液罐上“MAX”与“MIN”刻度线之间，如图 13-9 所示。若液量不足，应添加制动液至规定液位。

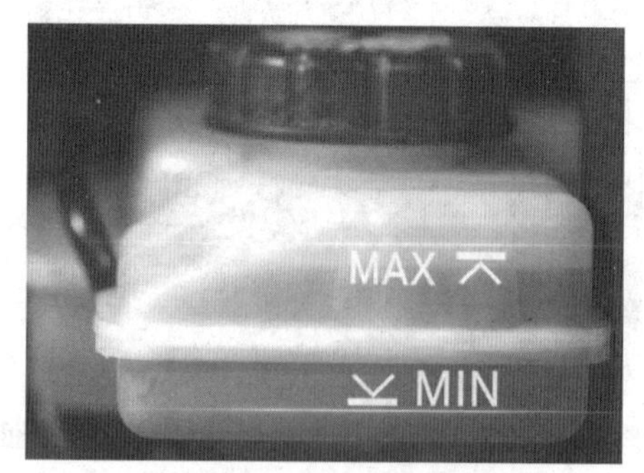

图 13-9　检查制动液液面高度

任务实施

☞ 任务准备

（1）防护装备：常规实训工作服、车内外防护三件套。

（2）工具设备：汽车整车、各种型号的制动液。

（3）辅助资料：卡片、记号笔、翻纸板。

☞ 实施步骤

（1）对车辆进行防护。

（2）收集车辆制动液的相关资料，填写任务报告。

（3）制订制动管路及制动液检查的工作计划。

（4）实施车辆制动系统的检查。

任务报告

任务一　制动液的认知与检查

班级		姓名	
组别		组长	

1. 接受任务（5分）	**得分：**

4S店来了一辆需要保养的车辆，车主请工作人员为其车辆检查制动管路有无老化和渗漏情况；检查制动液的质量及液面高度是否合适。作为工作人员，你应该了解液压制动系统的组成，了解制动液的作用及分类，掌握液压制动系统中制动管路的检查方法。

2. 信息收集（20分）	**得分：**

（1）液压制动系统由制动踏板、__________、__________、__________、液压油管等组成。

（2）车辆对制动液的要求主要有______________，______________，______________，__________，__________。

（3）制动液的沸点越高越好，较高的沸点能使制动液具有较低蒸发性。沸点应不低于________。

（4）不同类型和不同品牌的制动液不能________。

（5）当制动液吸入______________时，应及时更换或过滤制动液，否则会造成制动压力不足，影响制动效果。由于南方天气总体较为潮湿，这点尤其需要注意。

（6）当车辆制动出现________时，应选择质量比较好的制动液更换，同时更换皮碗。

3. 制订计划（15分）	**得分：**

制订制动管路及制动液的检查工作计划。

序号	工作步骤	具体内容

（续表）

4. 计划实施（50 分）			得分：
检查制动管路及制动液。			
序号	工作内容	分值	得分
1	发动机舱制动管路外观检查	20 分	
2	车底部制动管路外观检查	10 分	
3	制动液颜色检查	10 分	
3	制动液液面高度检查	10 分	
5. 检查评价（10 分）			得分：
请根据个人及小组成员在完成任务过程中的表现及工作结果进行自我评价和小组评价。 自我评价：____________________。 小组评价：____________________。			
任务总成绩：			

任务二　制动液的更换

任务引导

一汽大众汽车要求车辆在行驶每 50 000 km 或者 24 个月（以先到者为准）时更换制动液。当在进行其他常规保养项目检查时，如果发现制动液变质，则必须更换制动液，否则将直接危害行车安全。

任务目标

◎ 知识目标

（1）掌握制动液更换的方法。

（2）掌握制动液更换时的注意事项。

◎ 能力目标

（1）能正确地更换制动液。

（2）严格执行工作现场 8S 管理。

◎ 素质目标

（1）爱护工具和车辆，自觉地做好车辆的防护工作。

（2）培养汽车维修工作应精益求精的工作态度。

任务资讯

一、定期更换制动液的原因

由于制动液储液罐上有通气孔，空气中的水分或杂质会通过这个孔进入制动液中，另外，橡胶密封件的密封效果也不能做到完全隔离空气中的水分，因此水进入液压制动系统后会和其中的制动液混合后再被吸收或溶解。

含有水分的制动液沸点会降低，当液压制动系统的温度升高时，制动管路容易产生气阻，空气被压缩，从而造成制动力下降或制动失灵的现象。另外，液压制动系统工作中产生的金属粉末也会慢慢污染制动液，因此制动液在使用了一定年限或者汽车行驶了一定里程后必须进行更换。

二、制动液的规范更换流程

1. 工具及材料的准备

（1）材料：新的制动液。

（2）专用工具：制动液回收装置和制动液加注器，如图 13-10 所示。

（3）一般工具：扳手（一般为 10#，部分车型为其他型号）。

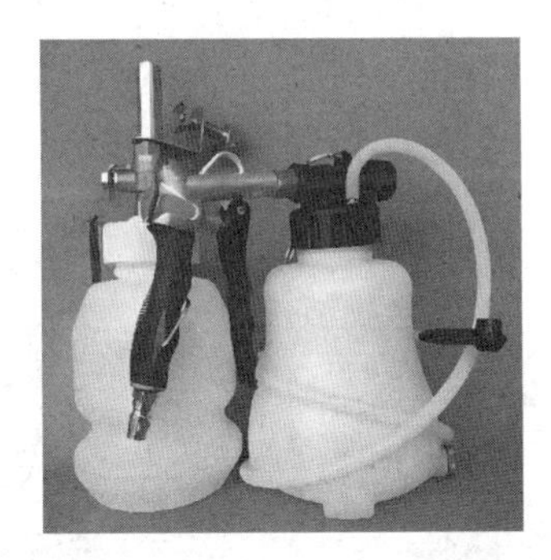

图 13-10　制动液回收装置和制动液加注器

2. 车辆准备

（1）将车辆停稳在工位上，拉好驻车制动器，关闭发动机，如图 13-11 所示。

图 13-11　拉好驻车制动器和关闭发动机

（2）工作人员必须戴好手套，以免制动液腐蚀皮肤。更换制动液前工作人员应先打开制动液储液罐盖，并检查制动液的型号，且在制动液储液罐周围垫好抹布。

3. 回收储液罐中的废液

用制动液回收装置先将储液罐中的废液全部回收（见图 13-12）。

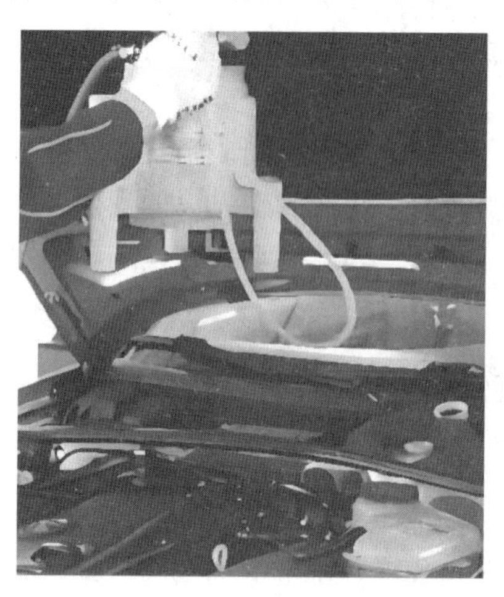

图 13-12　回收储液罐中的废液

4. 加注新的制动液

（1）将新的制动液倒入制动液加注器中。

（2）将制动液加注器安装到储液罐上，如图 13-13 所示。

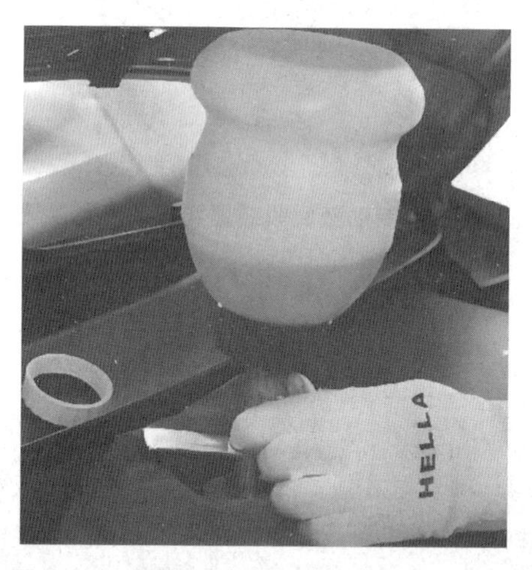

图 13-13　将制动液加注器安装到储液罐上

（3）举升车辆。

（4）排出废制动液。从距离储液罐最远的右后轮开始操作，将真空管连接到制动分泵上的放油接头，用扳手拧松放油螺栓，使制动液流出，观察制动液的颜色。当持续流出纯净的制动液时，拧紧放油螺栓，关闭阀门上的橡胶盖。排出废制动液如图 13-14 所示。

在排出废制动液的过程中，应防止制动液渗漏，同时一定要确保最后从管道流出的制动液清澈、纯净、无气泡。同时，应注意观察加注器中的制动液，防止其因液位过低而使制动管路中进入空气。其他制动分泵也应该按步骤继续操作，车轮的操作顺序为右后、左后、右前、左前，排出废制动液的顺序如图 13-15 所示。

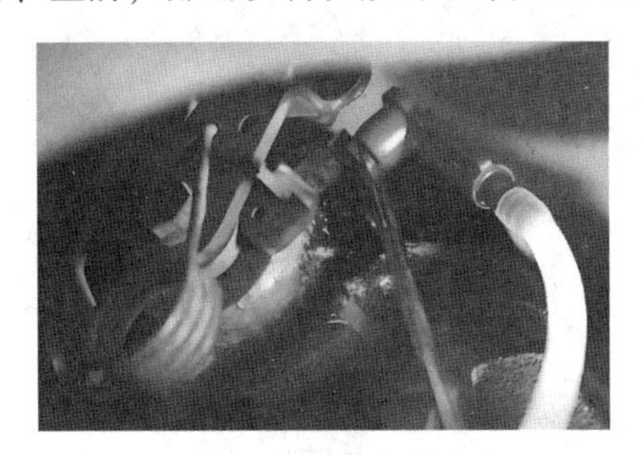
图 13-14　排出废制动液

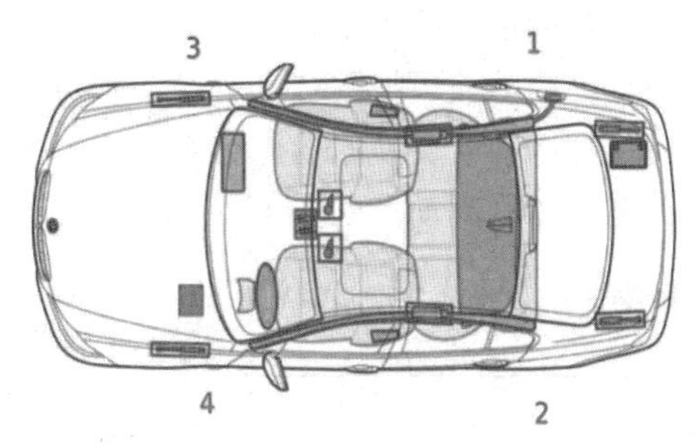

图 13-15　排出废制动液的顺序

（5）检查储液罐液面（如图 13-16 所示）。下降车辆，检查储液罐液面，储液罐液面应位于 MAX 标记和 MIN 标记之间，如果液面低于 MIN 标记，需要继续加注制动液，直到符合要求为止，最后拧紧储液罐盖。

（6）检查车辆制动系统。

① 关闭发动机舱盖，启动车辆，踩下制动踏板多次，检查制动反馈力及制动行程是否正常，如图 13-17 所示。

图 13-16　检查储液罐液面

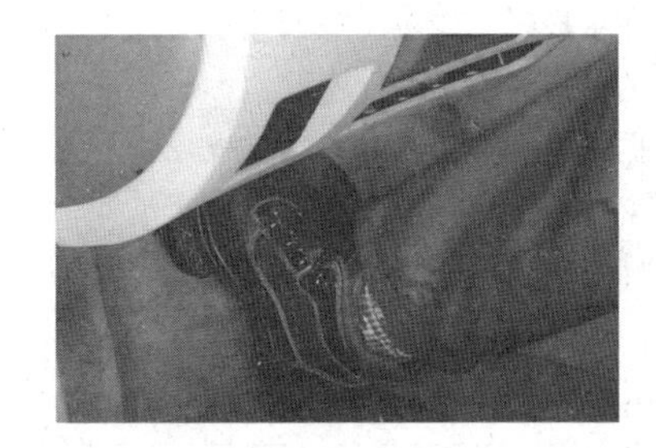
图 13-17　检查制动反馈力及制动行程

② 驾驶车辆进行路试，检查车辆制动系统性能是否正常。

5. 清理现场

（1）车身上凡是在作业过程中动过的部位均应用干净抹布清洁。

（2）地面必须用拖把清洁。

（3）举升机控制柜必须清洁。

（4）所有废弃物必须分类丢弃。

（5）所有物品必须归位。

任务实施

☞ 任务准备

（1）防护装备：常规实训工作服、车内外防护三件套。

(2) 工具设备：制动液回收装置、制动液加注器、扳手、汽车整车、举升机、新的制动液。

(3) 辅助资料：卡片、记号笔、翻纸板。

☞ **实施步骤**

(1) 对车辆进行防护。

(2) 收集制动液更换的资料，填写任务报告。

(3) 制订制动液更换的工作计划。

(4) 实施车辆制动液的更换。

任务报告

<table>
<tr><td colspan="4" align="center">任务二　制动液的更换</td></tr>
<tr><td>班级</td><td></td><td>姓名</td><td></td></tr>
<tr><td>组别</td><td></td><td>组长</td><td></td></tr>
<tr><td colspan="2">1. 接受任务（5 分）</td><td colspan="2">得分：</td></tr>
<tr><td colspan="4">4S 店来了一辆需要保养的车辆，车辆制动液已经 2 年没有更换了，车主请工作人员为其车辆更换制动液。作为工作人员，你应该掌握制动液更换的规范操作流程。</td></tr>
<tr><td colspan="2">2. 信息收集（20 分）</td><td colspan="2">得分：</td></tr>
<tr><td colspan="4">(1) 制动液的更换需要哪些工具和设备？
(2) 制动液在更换时，应该注意哪些事项？
(3) 制动液的更换周期是多少？
(4) 请你根据网上的资料或参考教材查找以下内容。
① 制动液如果缺少，怎样进行添加？
② 制动管路中如果有气体，应怎样进行制动系统的排气？</td></tr>
<tr><td colspan="2">3. 制订计划（15 分）</td><td colspan="2">得分：</td></tr>
<tr><td colspan="4">制订制动液更换的工作计划。
<table>
<tr><td>序号</td><td>工作步骤</td><td>具体内容</td></tr>
<tr><td></td><td></td><td></td></tr>
<tr><td></td><td></td><td></td></tr>
<tr><td></td><td></td><td></td></tr>
</table></td></tr>
<tr><td colspan="2">4. 计划实施（50 分）</td><td colspan="2">得分：</td></tr>
<tr><td colspan="4">实施制动液的更换。
<table>
<tr><td>序号</td><td>工作内容</td><td>分值</td><td>得分</td></tr>
<tr><td>1</td><td>举升车辆</td><td>10 分</td><td></td></tr>
<tr><td>2</td><td>频繁踩制动踏板</td><td>10 分</td><td></td></tr>
<tr><td>3</td><td>松开制动钳上的放气螺栓</td><td>10 分</td><td></td></tr>
<tr><td>4</td><td>往制动储液罐内加注新的制动液</td><td>10 分</td><td></td></tr>
<tr><td>5</td><td>制动管路排气</td><td>10 分</td><td></td></tr>
</table></td></tr>
</table>

（续表）

5. 检查评价（10分）	**得分：**
请根据个人及小组成员在完成任务过程中的表现及工作结果进行自我评价和小组评价。 自我评价：____________________________。 小组评价：____________________________。	
任务总成绩：	

项目十四

车轮定位的检测与调整

知识体系

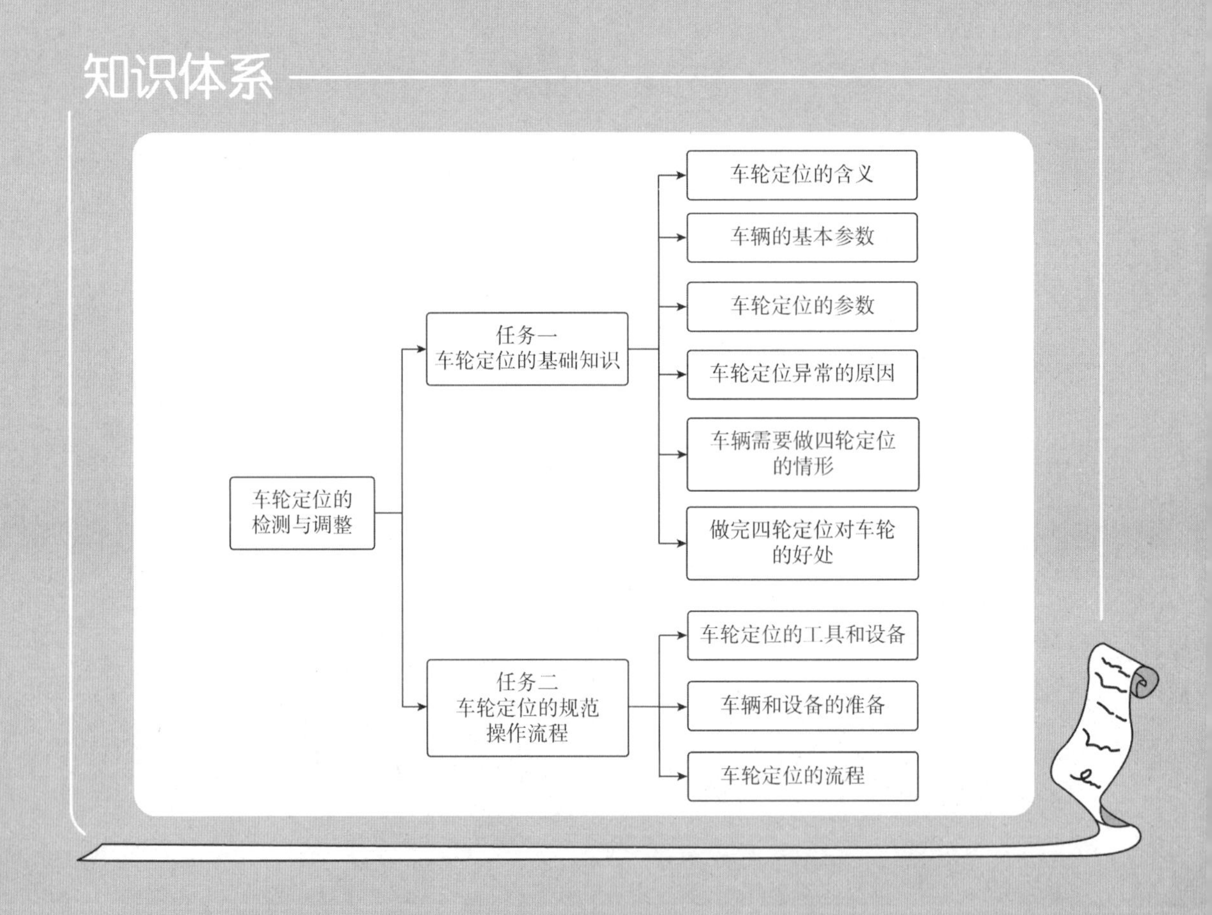

学习任务

本项目主要介绍车轮定位的相关知识，分为两个学习任务。

任务一：车轮定位的基础知识。

任务二：车轮定位的规范操作流程。

通过学习两个任务，了解车轮定位的含义，掌握车轮定位的参数，了解车轮定位的工具和设备，掌握车轮定位的检测与调整方法。

任务一　车轮定位的基础知识

任务引导

无论是在汽车维修厂，还是在4S店，都能看到车轮定位仪，能看到工作人员在为车轮做车轮定位。那么，车轮定位的含义是什么呢？车轮定位主要的参数有哪些呢？车辆什么时候需要做车轮定位呢？

任务目标

◎ 知识目标

（1）了解车轮定位的含义。

（2）掌握车轮定位的参数。

◎ 能力目标

（1）了解车辆出现何种情况时需要做车轮定位。

（2）能根据车轮定位异常情况判断车辆出现何种故障。

◎ 素质目标

（1）培养学生潜心研究、独立思考的能力。

（2）培养学生解决实际问题的能力。

任务资讯

一、车轮定位的含义

车轮定位即通过一些参数来精确定位车轮与转向节、车架之间的相对位置，以实现更理想的车辆直线行驶稳定性、转向便利性及减小轮胎磨损。最理想的状态便是：车辆在加速、制动及转向时，四个车轮都能够保持垂直于路面的状态，即与路面保持最大的接触面积。

二、车辆的基本参数

1. 车轮中心面

车轮中心面是指与车轮旋转中心线在轮胎中心处垂直相交的面（见图14-1）。

2. 轮胎触地点

轮胎触地点是指经过车轮旋转中心线的垂直线与车轮中心面在路面的交叉点（见图 14-2）。

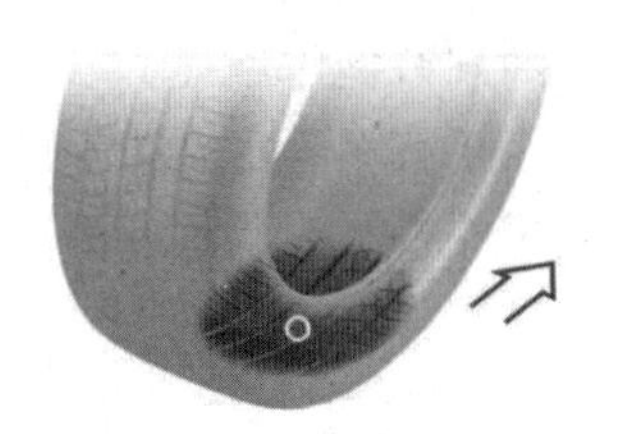

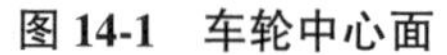

图 14-1　车轮中心面　　　图 14-2　轮胎触地点

2. 车体纵向中心平面

车体纵向中心平面即平分前后轴的平面（见图 14-3），它是后轴前束的测量基准。

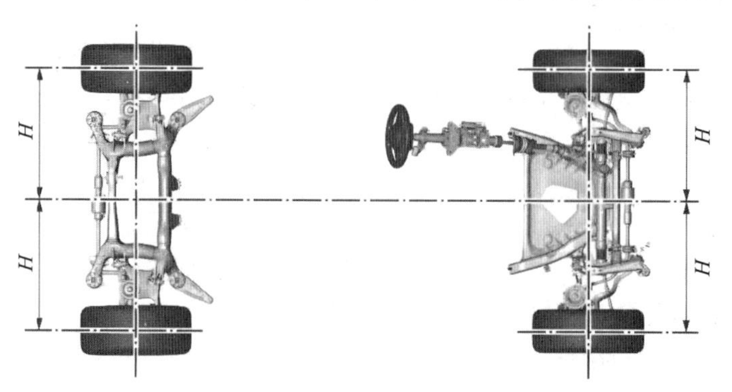

图 14-3　车体纵向中心平面

4. 几何中心线

几何中心线（见图 14-4）是指后轮前束角的角平分线。如果这条线偏离了车体纵向中心平面，就会产生一个行驶轴角，车辆将处于非同侧行驶状态。如果与车体纵向中心平面重合，汽车则沿着几何中心线行驶。几何中心线是前轴前束的测量基准。

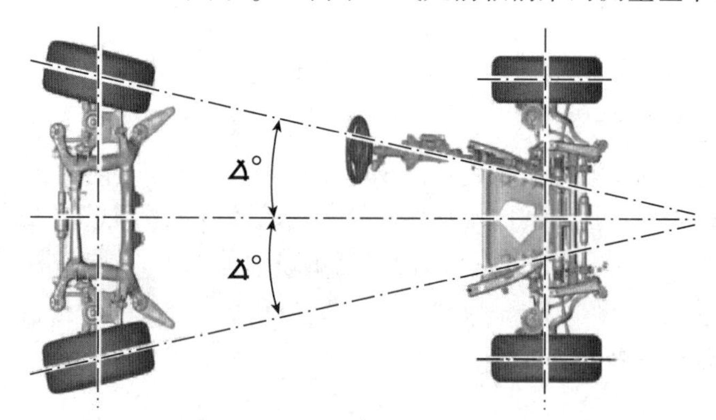

图 14-4　几何中心线

5. 最大转向角

最大转向角是指当转向盘向左和向右转到最大位置时，弯道内侧车轮和弯道外侧车轮同车轮中心平面所处的角度，如图 14-5 所示。由于存在轮距差角，因此左侧和右侧车轮的测量值不同。最大转向角和轴距对车辆转弯直径有着决定性作用，通过左右车轮的最大转向角可以判断车的横拉杆工作是否正常。最大转向角可以用电子转角盘测出，如果电子转角盘损坏或车辆使用的是机械转角盘，最大转向角则不能被测量。

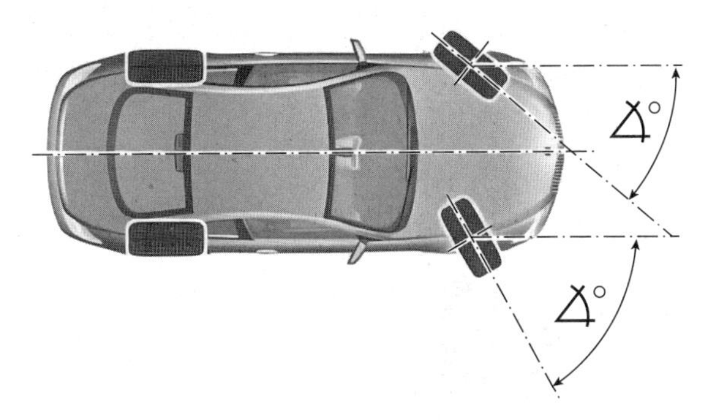

图 14-5　最大转向角

三、车轮定位的参数

汽车的转向车轮、转向节和前轴三者之间的安装具有一定的相对位置关系，这种具有一定相对位置关系的安装叫作转向车轮定位，也称前轮定位。前轮定位包括前轮外倾、主销内倾、主销后倾和前轮前束四个内容。

两个后轮与后轴之间也同样存在安装的相对位置关系，称后轮定位。后轮定位包括车轮外倾和后轮前束。

前轮定位和后轮定位统称为四轮定位。

1. 车轮外倾

（1）定义：在横向平面内，车轮上部相对于垂直面向外倾斜的角度。如果车轮上部相对于垂直面向外倾斜，则外倾为正；如果车轮上部相对于垂直面向内倾斜，则外倾为负，如图 14-6 所示。

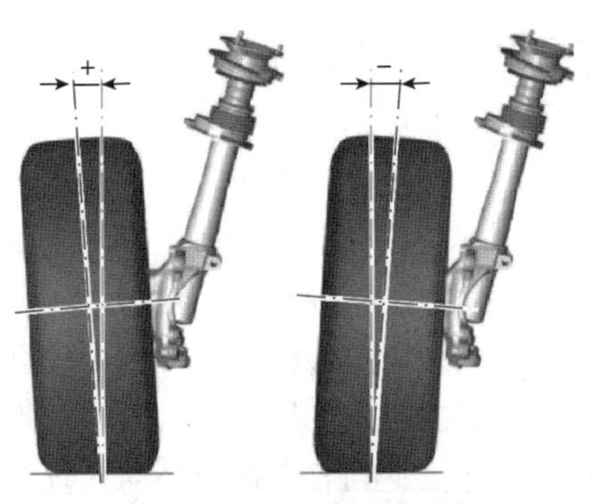

（a）外倾为正　（b）外倾为负

图 14-6　车轮外倾

（2）车轮外倾的作用如下：

① 减少轮胎的偏磨损。

② 减少轮毂外轴承及锁紧螺母的负荷，延长使用寿命。

③ 与拱形路面相适应。

一般来说，前轮外倾角为10°左右。由于轿车满载与空载时前轴的变形很小，所以，前轮外倾角很小，甚至为零。

2. 主销内倾

（1）定义：在汽车横向平面内主销上部向内倾斜的角度（一般为$\beta<8°$），如图14-7所示。

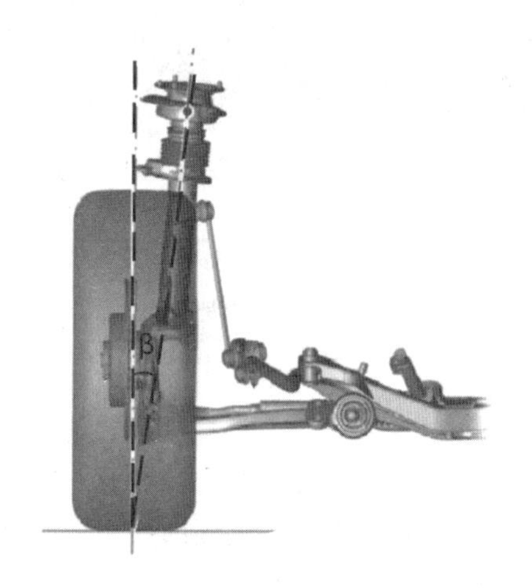

图 14-7　主销内倾

（2）用途：当车轮转向或偏转时，主销内倾能使转向轮连同整个汽车前部向上抬起一个相应的高度，在重力的作用下转向轮将回到原来的中间位置，即使得转向轮自动回正。

（3）主销内倾对车辆行驶性能的影响：

① 当左侧和右侧前车轮主销内倾角明显不同时，会造成转向系统跑偏。

② 内倾角过大会造成转弯时转向力过大。

③ 内倾角过小会造成转向装置恢复能力差。

3. 主销后倾

（1）定义：在汽车纵向中心平面内，主销轴线和地面垂直线的夹角（一般为$\gamma<3°$），如图14-8所示。

（2）主销后倾对车辆行驶性能的影响：

① 当正主销后倾过大时，可能会导致转向所需作用力较高。

② 负主销后倾角过大会造成转向回位性能较差。

③ 左侧和右侧主销后倾数值明显不同时会造成转向系统跑偏。

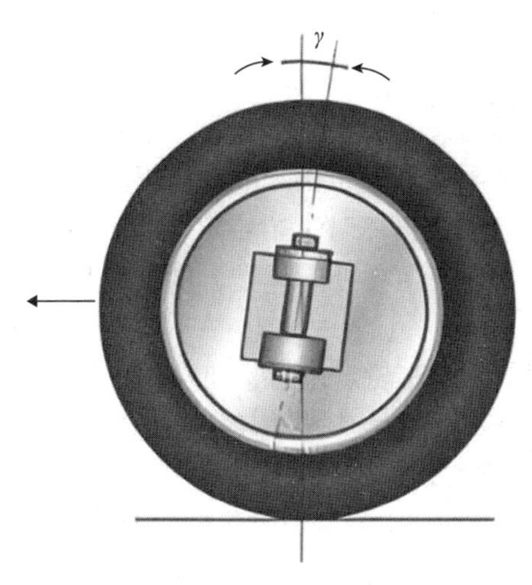

图 14-8　主销后倾

4. 前束

（1）定义：单个车轮的前束，前桥的单个前束表示某一车轮与几何行驶轴线之间的角度，如图 14-9 所示。后桥的单个前束表示某一车轮与车辆纵向中心平面之间的角度。某一车桥的总前束是指该车桥车轮前部距离与后部距离之间的长度差。

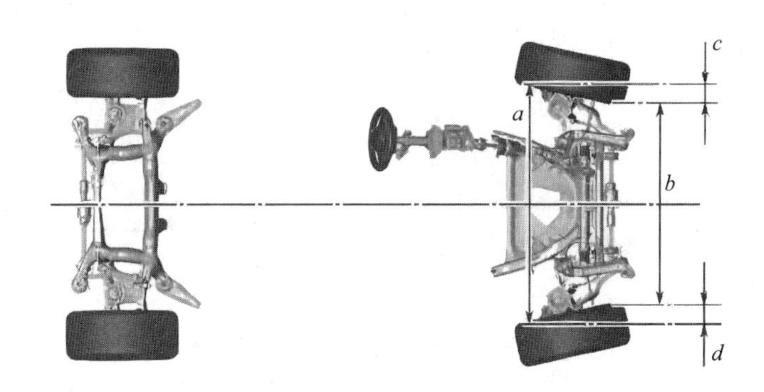

图 14-9　前轮前束

在进行电子四轮定位时，应测量车轮中心面与车辆纵向中心平面之间的角度（后桥定位），以及车轮中心面与几何中心轴线之间的角度（前桥定位），计算出以“度”为单位的角度值。测量信息保持不变。

前束：正（+）表示相关车桥两车轮的前部距离小于后部距离。

后束：负（-）则表示相关车桥两侧轮辋边缘之间的后部距离小于前部距离。

前束为 0：表示某一车桥两车轮的车轮中心面相互平行。

（2）作用：通过动态轮胎接触面内的张力，前束或后束可确保车轮的直线行驶状态。通过消除车轮悬架与转向传动部件内的间隙，可避免出现车轮颤动趋势。在设计具体车辆时，选择哪种前束值基本上取决于传动装置类型，应力求在车辆行驶过程中使前束值接近于 0。因此，可以通过规定前束值对某种驱动装置类型的典型特性做出正确反应。例如，

后轮驱动车辆的两个前车轮都有外倾趋势，可通过前束克服这种外倾趋势；前轮驱动车辆的车轮内倾趋势可通过后束克服。

四、车轮定位异常的原因

在一般行驶中，很少会有导致车轮定位参数超出规范的因素出现。但是如果是在撞击事件中，车体或悬架零件因撞击而损坏时，车轮定位将会发生改变。当悬架零件损坏时，应及时更换。如果已更换，但车轮定位还是异常，则可能是该悬架零件固定部位周边的车身或车架已变形。

车体是汽车安装的基础，决定车轮定位的悬架零件由车体支撑。车体尺寸异常时，将导致悬架系统的位置关系不正确，进而影响车轮定位。此时，应先做好车体的车身校正。

当主销后倾异常时，会发生以下故障：

（1）行驶稳定性下降：主销后倾角太小时，转向复位能力变差，会使行驶稳定性不足，进而造成车辆行驶不稳定。主销后倾角太大虽然可增加车辆直线行驶的稳定性，但同时也会导致车辆转向能力降低，操控性下降。

（2）跑偏：左右车轮的主销后倾角不同时，主销后倾角较大的车轮会有较高的直线行驶稳定性，而使得汽车偏向主销后倾角较小的车轮一侧。

五、车辆需要做四轮定位的情形

当驾驶车辆感到方向转向沉重、发抖、跑偏、不正、不归位，或者发现轮胎单边磨损、波状磨损、块状磨损、偏磨等不正常磨损，以及驾驶车辆车感飘浮、颠颤、摇摆等现象出现时，就应该做四轮定位了。

1. 轮胎气压和轮胎胎面磨损

不均匀的轮胎磨损表示轮胎、转向装置或悬架系统等出现了故障。轮胎不均匀的磨损和磨损过快有多种原因：其中最常见的原因有不适当的充气压力、未定期进行轮胎换位、驾驶习惯不当或原来的四轮定位不正确等。

2. 车轮振摆

振摆是由各种原因引起的轮胎不稳定旋转的一种情况。车轮或轮胎的振摆是指其不规则地上下或左右运动：左右运动就是指车轮或轮胎的横向振摆，上下运动就是指车轮或轮胎的径向振摆。与振摆有关的振动故障只能通过寻找振摆的来源来消除。与振摆相关的维修通常包括车轮中轮胎的再组装或更换、车轮轴承更换、轮毂的更换、轮胎或车轮平衡等几个方面。

3. 车轮跑偏

跑偏是指车辆在径直道路上行驶时，转向盘在不受任何外力作用的情况下，车辆行驶方向发生偏移的情况。跑偏通常是由下列原因造成的：

① 轮胎结构不合理。

② 轮胎配合不当或磨损不均匀。

③ 前轮定位或后轮定位不当。

④ 转向机阀偏离中心。

⑤ 制动调节不匀称或制动器拖滞。

六、做完四轮定位对车轮的好处

1. 减少轮胎磨损

四轮定位可以让轮胎与车体保持最佳角度，在提高抓地力的同时保证舒适性。如果车辆在发生异常现象时没有进行四轮定位，不但对车辆安全性有较大的影响，而且轮胎的寿命也会大大降低。

2. 提高操控性

轮胎保持正常状态对行车安全能提供非常大的帮助。经过四轮定位调整后，车辆的驾驶操控性就可以得到相应的保证。尤其是遇到紧急情况时，轮胎足够的抓地力可以使车辆尽可能地按照驾驶人员的操控要求来行驶。虽然这只是紧急情况，但驾驶本身存在一定的危险性，如果能在危险即将来临时做出相应的判断和反应，驾驶时的安全才能得到充分保障。

3. 提高燃油经济性

燃油消耗是随轮胎滚动摩擦系数的降低而减少的，这是显而易见的。经过四轮定位后，车辆可以按照正确的轨迹行驶，在一定程度上降低了风阻，燃油消耗也会随之减少。再配合标准胎压值，轮胎不但可以保持最佳抓地效果，还可以尽可能地降低与地面之间的摩擦，进而减少燃油消耗，取得一举两得的效果。

4. 有安全保障

轮胎好车就好，安全性也会大大提高。在进行四轮定位的同时，工作人员也会检查汽车悬架系统及其他部件的情况，这种检查可以判断出轮胎是否对底盘系统有不良影响。如果发现有异常，工作人员不但会对轮胎进行优化，也会对底盘做出相应修整，这样还可以通过轮胎的情况判断出相应部件的磨损程度，尽早发现安全隐患并进行彻底排除。

任务实施

☞ 任务准备

（1）防护装备：常规实训工作服、车内外防护三件套。

（2）工具设备：汽车整车、四柱式举升机。

（3）辅助资料：卡片、记号笔、翻纸板。

☞ 实施步骤

（1）对车辆进行防护。

（2）收集车轮定位的相关资料，填写任务报告。

任务报告

任务一　车轮定位的基础知识			
班级		姓名	
组别		组长	

（续表）

<table>
<tr><td>1. 接受任务（10分）</td><td>得分：</td></tr>
<tr><td colspan="2">在本次任务中，应了解车轮定位的含义、车轮定位的参数，掌握车辆在何种情况下需要做车轮定位，做车轮定位的好处有哪些。</td></tr>
<tr><td>2. 信息收集（20分）</td><td>得分：</td></tr>
<tr><td colspan="2">（1）前轮定位包括________、________、________和________四个内容。
（2）车轮定位即通过一些参数来精确定位________与________、________之间的相对位置，以实现更理想的车辆直线行驶________、转向________及减小________。
（3）简述前轮前束的作用。
（4）简述车轮外倾的作用。
（5）简述主销内倾和主销后倾的作用。
（6）简述车辆在什么情况下需要做四轮定位？</td></tr>
<tr><td>3. 任务实施（60分）</td><td>得分：</td></tr>
<tr><td colspan="2">查找、收集关于车轮定位的参数。
<table>
<tr><th>序号</th><th>参数名称</th><th>作用</th></tr>
<tr><td></td><td></td><td></td></tr>
<tr><td></td><td></td><td></td></tr>
<tr><td></td><td></td><td></td></tr>
</table></td></tr>
<tr><td>4. 检查评价（10分）</td><td>得分：</td></tr>
<tr><td colspan="2">请根据个人及小组成员在完成任务过程中的表现及工作结果进行自我评价和小组评价。
自我评价：________________________________。
小组评价：________________________________。</td></tr>
<tr><td colspan="2">任务总成绩：</td></tr>
</table>

任务二　车轮定位的规范操作流程

任务引导

在进行车轮定位时，需要使用的仪器是车轮定位仪。车轮定位仪是由哪些部件组成的呢？车轮定位应该怎样操作才是规范的呢？

任务目标

◎ 知识目标

（1）了解用于车轮定位的工具和设备。

（2）掌握车轮定位的检测与调整方法。

◎ **能力目标**

（1）能对车辆进行车轮定位。

（2）能严格执行工作现场 8S 管理。

◎ **素质目标**

（1）培养学生潜心研究、独立思考的能力。

（2）培养学生解决实际问题的能力。

任务资讯

一、车轮定位的工具和设备

1. 车轮定位工作台

车轮定位工作台（见图 14-10）主要用于执行精确的车轮定位并确保测量结果的可复制性，在进行车轮定位时，工作台的设置必须满足特定的要求。

（1）车轮定位工作台必须干净并且转车台和滑动板可以顺畅移动。

（2）所有的车轮接触点必须处于相同的高度。

（3）必须使用锁销或类似的锁止设备锁止转车台和滑动板来调节工作台，从而保证将车辆开上工作台或从工作台上开走时，转车台和滑动板不会移动。

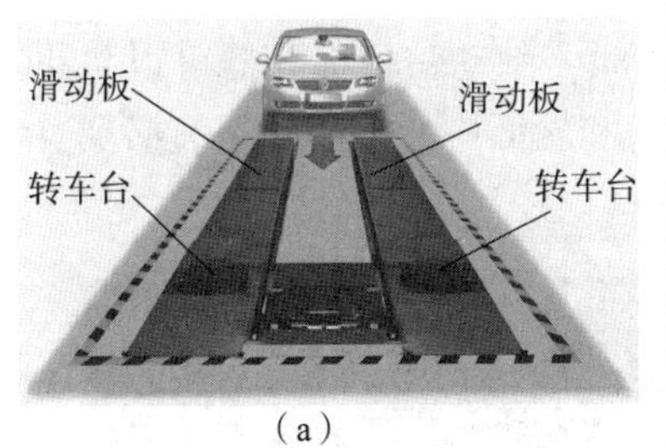

（a）

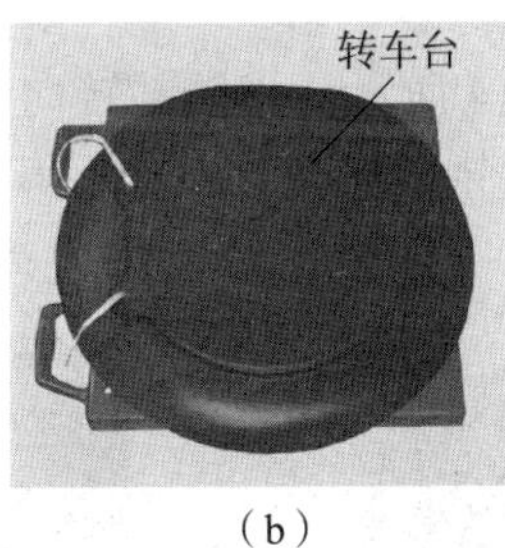

（b）

（c）

图 14-10　车轮定位工作台

2. 定位系统

定位系统（见图 14-11）由以下主要部件组成：带显示器和相应的定位软件的计算机、键盘和遥控器等输入装置，输出单元如打印机、传感器、传感器卡夹等。

图 14-11　定位系统

传感器如图 14-12 所示，传感器采用可充电蓄电池供电或者在必要时可连接至电源导线。定位系统一共有 4 个传感器，每一个都配有 CCD 摄像机，以进行红外线测量。

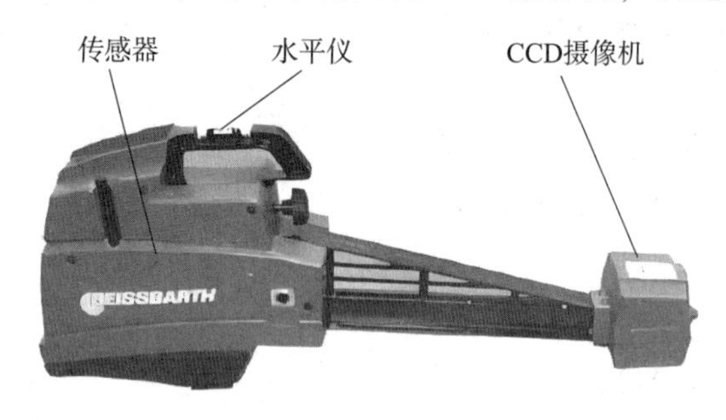

图 14-12　传感器

红外线光束通过透镜投射光标可以进行测量。水平面上的所有测量都是利用 2 个收发器 CCD 摄像机之间的相互通信开展的。

3. 测量装置支架

测量装置支架（见图 14-13）通常适用于 10 英寸到 23 英寸的车轮，卡夹上的支架刚好安装在轮胎胎面花纹上。

4. 制动踏板促动器

制动踏板促动器如图 14-14 所示，当转动转向盘时，制动踏板促动器可以防止车轮在转车台上转动，这对于测量主销后倾角、主销内倾角和轮面中心差角非常有必要。

图 14-13　测量装置支架

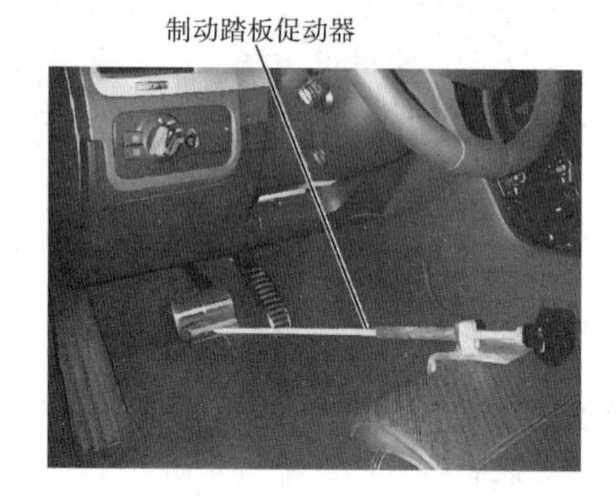

图 14-14　制动踏板促动器

二、车辆和设备的准备

1. 车辆停放

（1）检查举升机的水平状态：四个立柱或举升机底座所在面的水平高度误差应小于 1 mm；左右误差应小于 1 mm。

（2）汽车驶上举升机，轮胎必须位于转车台和滑动板之中。

2. 设备准备

取下转车台和滑动板的固定销（见图 14-15），用手按压震动前后的车身，使前后悬架复位，处于自由状态。然后用制动器锁止器锁住制动踏板。

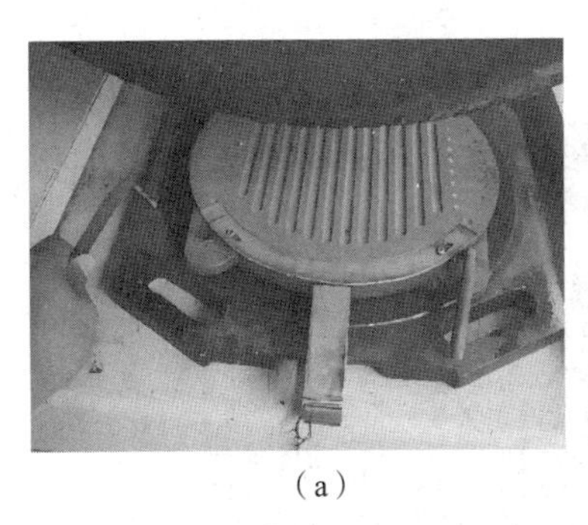
（a）

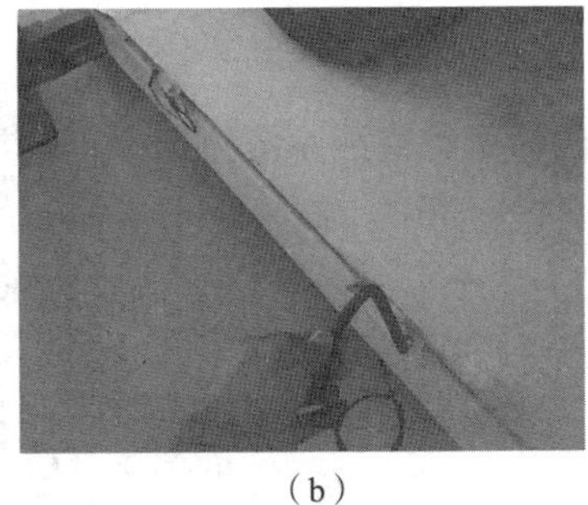
（b）

图 14-15　取下转车台和滑动板的固定销

3．安装夹具

（1）将夹具四个夹爪的定位端面紧压在轮辋边缘，如图 14-16 所示。

（2）旋紧手轮，锁紧夹具（见图 14-17）。在轮辋上用手轻晃一下，看夹具是否牢靠。

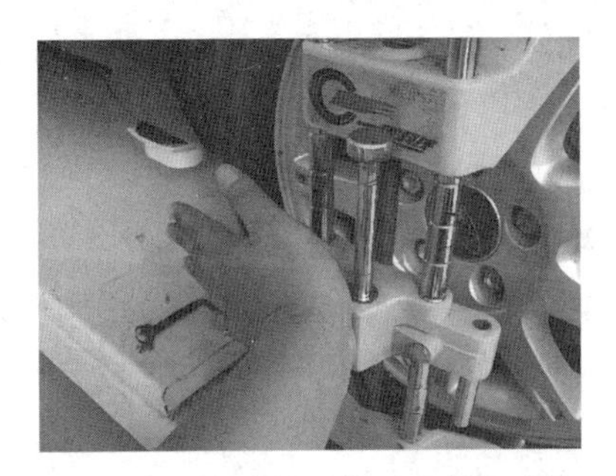
图 14-16　定位端面紧压在轮辋边缘

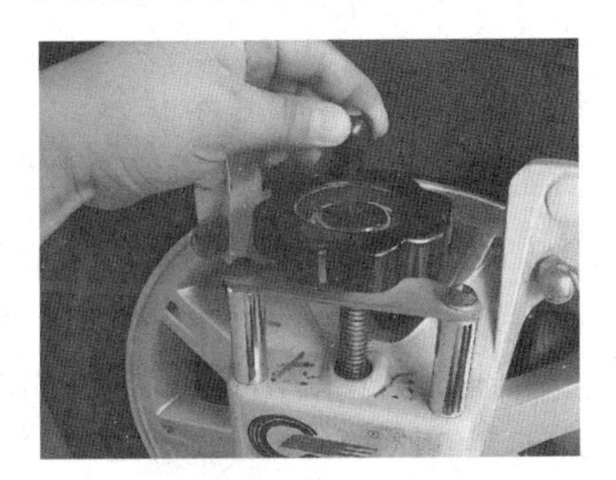
图 14-17　锁紧夹具

（3）为了避免夹具滑落，应用防护橡胶绳将夹具固定在辅板上，如图 14-18 所示。

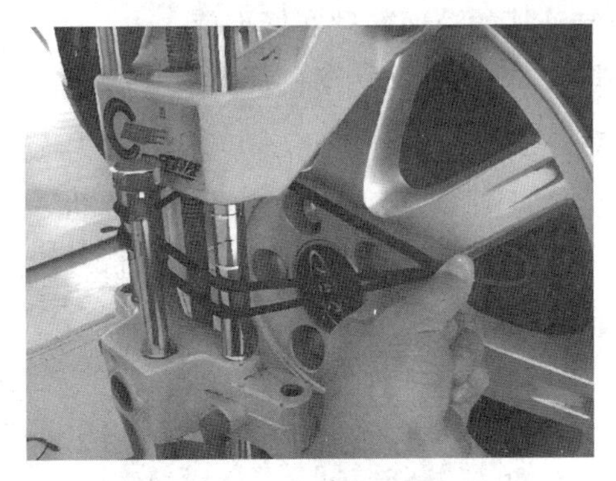
图 14-18　安装防护橡胶绳

4．安装传感器

将传感器上的销轴插入夹具的安装销孔中，保证销轴端面与销孔端面中间接触。

三、车轮定位的流程

1. 选择车辆类型

（1）进入四轮定位检测系统，选择车辆类型，如图 14-19 所示。

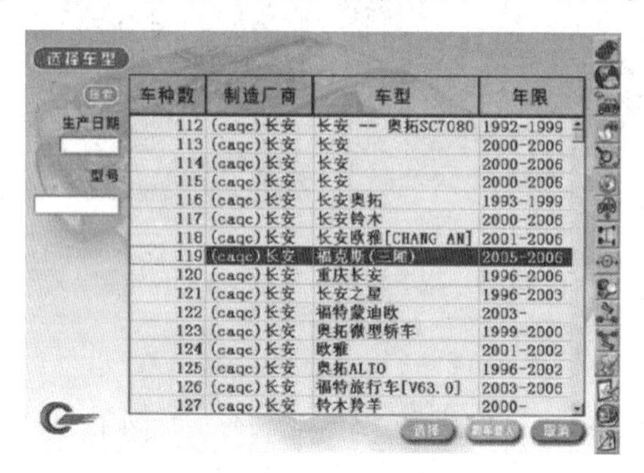

图 14-19　选择车辆

2. 进行车轮定位前的车况检查

（1）检查车辆悬架和减震器的状态。

（2）检查并确认车轮轮辋与轮胎尺寸是否相同。

（3）检查车辆悬架、车轮轴承、转向盘和转向连杆是否存在不允许的游隙和损坏。

（4）同一车轴上轮胎的胎面花纹深度相差不可超过 2 mm。

（5）轮胎的充气压力必须符合规定。

（6）必须遵守车辆的整备质量。

（7）燃油箱内的燃油不少于一半，必要时，装满燃油箱。

（8）备用车轮和车辆工具套件必须位于车辆的指定位置。

（9）车辆所有的液体储液罐的液面必须在标准值之内。

（10）确保在定位过程中，滑动板和转车台都不在其端部。

3. 执行车轮轮辋跳动补偿

执行车轮轮辋跳动补偿（见图 14-20）可以测量车轮转动一圈时车轮的横向跳动和测量装置支架的夹紧误差，并能对前束和主销后倾角读数进行补偿。

图 14-20　车轮轮辋跳动补偿

执行车轮轮辋跳动补偿时，必须提升车轮，使车轮离开地面。松开传感器上的固定螺钉，之后拧上带法兰的转角传感器可以测量出车轮的位置。

车轮轮辋跳动补偿开始后，应根据屏幕上的用户指南沿行驶方向，使车轮转动四分之一圈，转动三次。

4．车轮定位工作程序

（1）初始测定（见图 14-21）：工作人员把住车轮向右转 10°，按下传感器 M 键，然后向左转 10°，按下传感器 M 键，最后回转到 0 的位置，按下传感器 M 键。

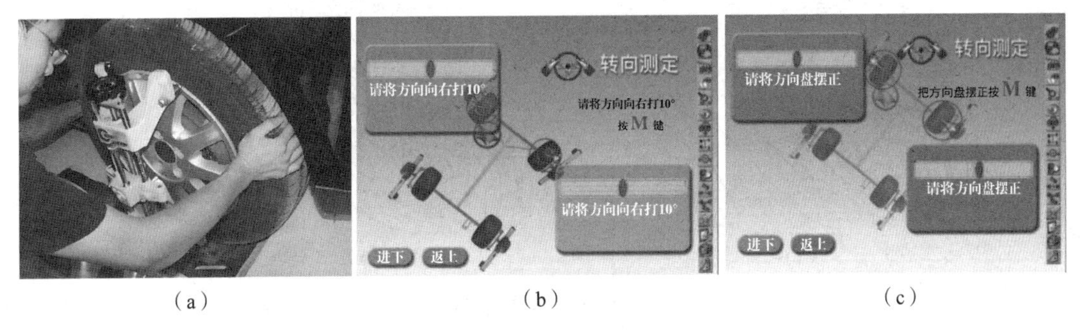

（a）　　（b）　　（c）

图 14-21　初始测定

（2）查看测定结果（见图 14-22）。

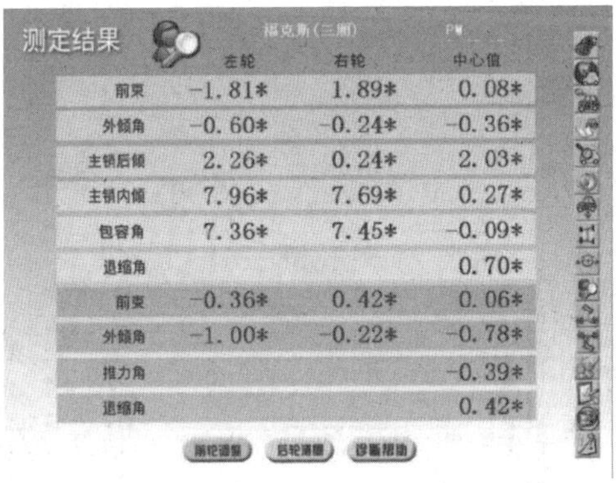

测定结果

	左轮	右轮	中心值
前束	-1.81*	1.89*	0.08*
外倾角	-0.60*	-0.24*	-0.36*
主销后倾	2.26*	0.24*	2.03*
主销内倾	7.96*	7.69*	0.27*
包容角	7.36*	7.45*	-0.09*
退缩角			0.70*
前束	-0.36*	0.42*	0.06*
外倾角	-1.00*	-0.22*	-0.78*
推力角			-0.39*
退缩角			0.42*

图 14-22　查看测定结果

（3）调整参数（见图 14-23）。

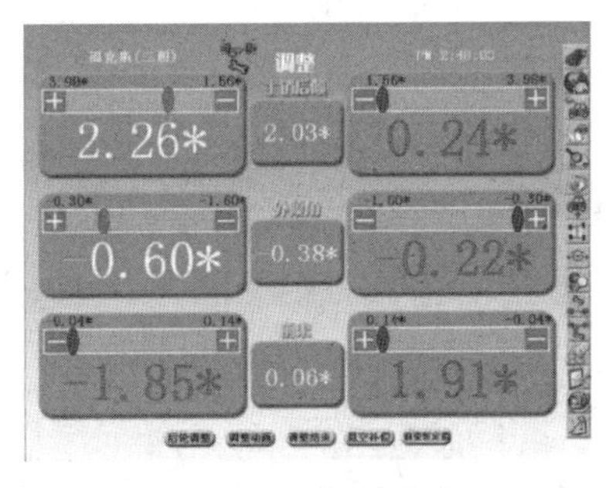

图 14-23　调整参数

（4）前束调整：

① 拆下车轮两端齿条防尘套安装夹子，拆开防尘套，露出调整螺母。

② 松开左、右横拉杆端锁止螺母，将左、右侧齿条端转动相同圈数，使前束达到规定值，如图 14-24 所示。

③ 紧固两侧横拉杆端的锁止螺母，拧紧力矩为 47 N · m。

④ 安装好防尘套。

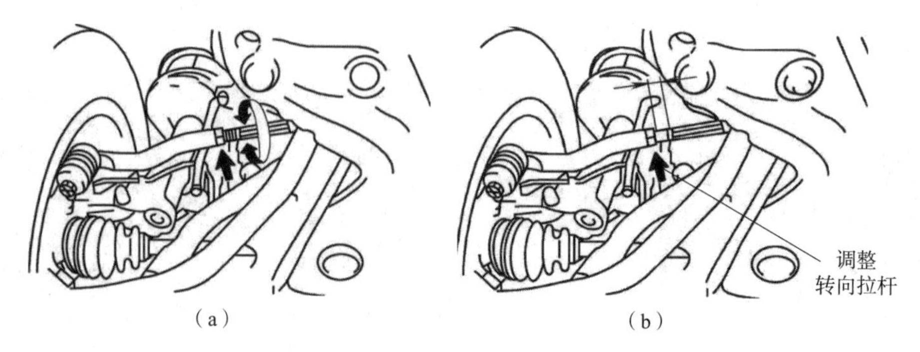

图 14-24 前束调整

（5）前轮外倾角调整：前轮外倾角应在前束调整正常的情况下进行调整。

① 拆下前轮。

② 拆下减震器下侧的 2 个螺母，如图 14-25 所示，若要重复使用螺栓或螺母，应在螺纹上涂抹发动机机油。

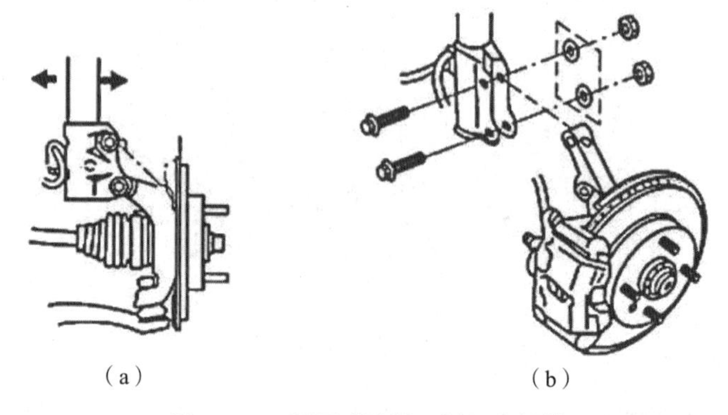

图 14-25 拆下减震器下侧固定螺栓

③ 清洁减震器和转向节的安装表面，临时装上 2 个螺母。

④ 沿前轮外倾角调整需要的方向上推或下拉减震器下端，以调整前轮外倾角。

⑤ 拧紧螺母，拧紧力矩 132 N · m。

⑥ 安装前轮，拧紧力矩 103 N · m。

⑦ 检查前轮外倾角。

⑧ 重复上述调整步骤，直至前轮外倾角符合要求。

5. 打印报告

车轮定位参数都调整完成后，所有的定位参数值都应在规定范围之内，这样车轮定位就完成了，最后打印定位报告。

任务实施

☞ 任务准备

（1）防护装备：常规实训工作服、车内外防护三件套。

（2）工具设备：四柱式举升机、车轮定位仪、汽车整车。

（3）辅助资料：卡片、记号笔、翻纸板。

☞ 实施步骤

（1）对车辆进行防护。

（2）收集车轮定位调整的相关资料，填写任务报告。

（3）制订车轮定位的工作计划。

（4）实施车轮定位的操作。

任务报告

<table>
<tr><td colspan="4">任务二　车轮定位的规范操作流程</td></tr>
<tr><td>班级</td><td></td><td>姓名</td><td></td></tr>
<tr><td>组别</td><td></td><td>组长</td><td></td></tr>
<tr><td colspan="2">1. 接受任务（5 分）</td><td colspan="2">得分：</td></tr>
<tr><td colspan="4">4S 店来了一辆需要保养的车辆，车辆在行驶过程中有跑偏现象，车主请工作人员为车进行必要的检查并做四轮定位。作为工作人员，你应该掌握车轮定位工具和设备的使用方法，并能调整定位参数，使车轮定位参数在规定范围内。</td></tr>
<tr><td colspan="2">2. 信息收集（20 分）</td><td colspan="2">得分：</td></tr>
<tr><td colspan="4">（1）简述车轮定位需要哪些工具和设备。
（2）简述车轮定位前要对车辆进行哪些必要的检查。
（3）利用网络资源和教材，查找前轮前束和车轮外倾有哪些调整方法，举例说明（需要说明车型和品牌）。</td></tr>
<tr><td colspan="2">3. 制订计划（15 分）</td><td colspan="2">得分：</td></tr>
<tr><td colspan="4">制订车轮定位的工作计划。</td></tr>
</table>

序号	工作步骤	具体内容

（续表）

4. **计划实施**（50 分）	**得分：**
实施车轮定位的实践操作。	

序号	工作内容	分值	得分
1	车辆停放在举升机上，保证车轮位置正确；安装设备	10 分	
2	检查胎压、车辆悬架	10 分	
3	将转向盘和制动踏板固定	10 分	
4	通过四轮定位仪检测，测量出各参数	10 分	
5	根据调整参数，调整车轮	10 分	

5. **检查评价**（10 分）	**得分：**
请根据个人及小组成员在完成任务过程中的表现及工作结果进行自我评价和小组评价。 自我评价：________________________________。 小组评价：________________________________。	
任务总成绩：	

项目十五

新能源汽车的保养

知识体系

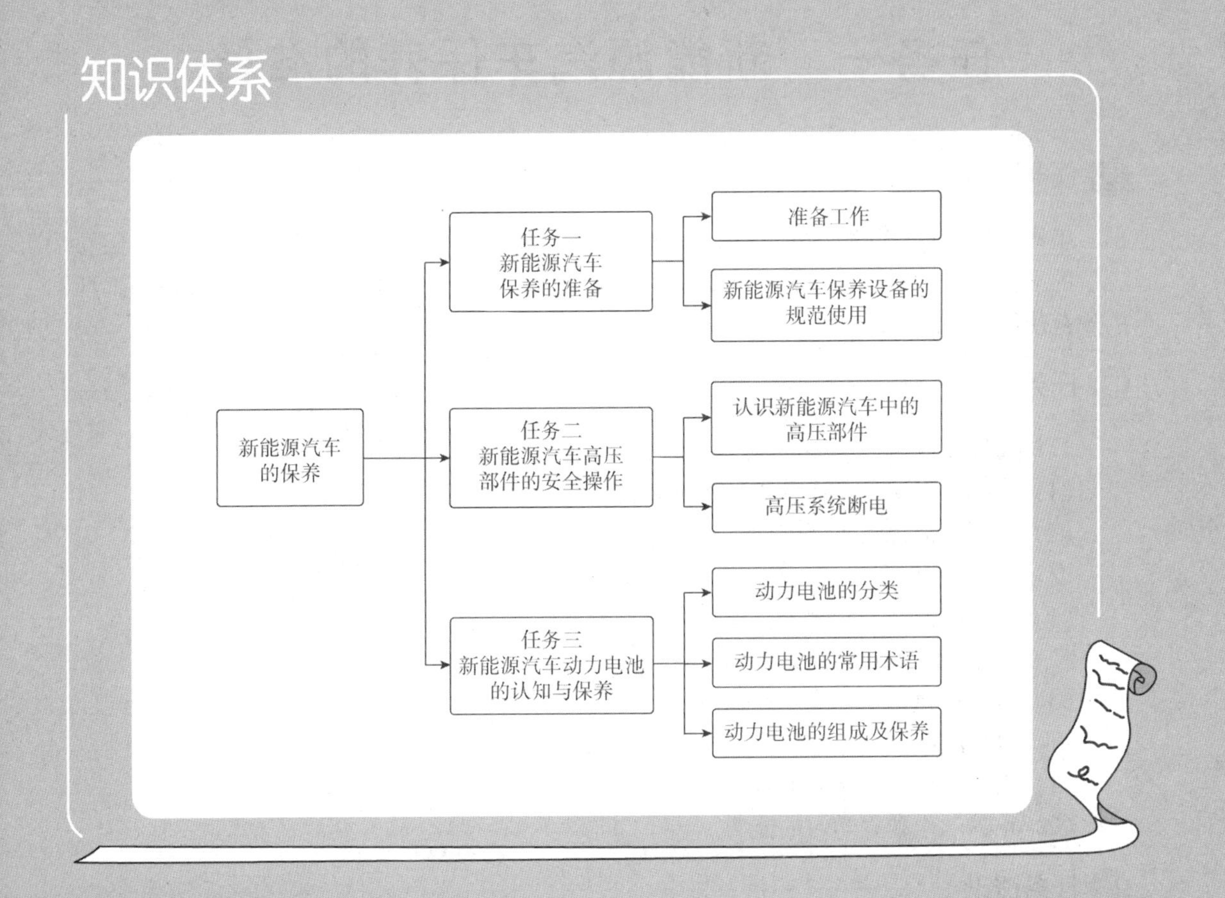

学习任务

本项目主要内容包括：新能源汽车保养工位的设施，在对新能源汽车进行保养时，工作人员的安全防护穿戴要求，在保养新能源汽车前，应怎样进行高压系统断电，动力电池的保养流程等内容。本项目主要分为三个任务。

任务一：新能源汽车保养的准备。

任务二：新能源汽车高压部件的安全操作。

任务三：新能源汽车动力电池的认知与保养。

通过三个任务的学习，在对新能源汽车进行保养时，学习者应能了解保养工位的要求及设施，注意自身的安全防护，防止高压触电；能认知新能源汽车的高压部件，掌握高压系统下用电的步骤；认知动力电池的结构，掌握动力电池的保养作业内容。

任务一　新能源汽车保养的准备

任务引导

工作人员在对新能源汽车开展保养作业前，为了保证作业中的人身安全，应掌握保养工位的准备要求、工作人员的准备要求，明确工具和设备的准备情况，并掌握设备和工具的规范使用方法。

任务目标

◎ **知识目标**

（1）掌握新能源汽车保养工位的准备要求。

（2）掌握新能源汽车保养中工作人员的准备要求。

◎ **能力目标**

（1）能严格遵守安全规范，保证人身安全。

（2）能正确规范地使用设备和工具。

（3）能严格执行工作现场 8S 管理。

◎ **素质目标**

（1）培养学生安全保养的意识。

（2）培养学生独立学习的能力。

任务资讯

一、准备工作

1. 保养工位的准备

保养工位的准备主要包括以下方面：

（1）新能源汽车保养作业应在专用场地进行，场地应干燥，通风良好。新能源汽车保养工位如图 15-1 所示。

（2）保养工位应设置警示隔离区和警示牌。

（3）非维修维护作业人员不应入内。

（4）保养工位周边不得有易燃物品及与工作无关的金属物品。

（5）保养作业区域应垫好绝缘胶垫，防止对地触电。

（6）新能源汽车保养作业区域应根据车型配备消防及电气高压防护应急设备，包括灭火器、消防钩、绝缘棒、防毒面具等，如图 15-2 所示。

图 15-1　新能源汽车保养工位

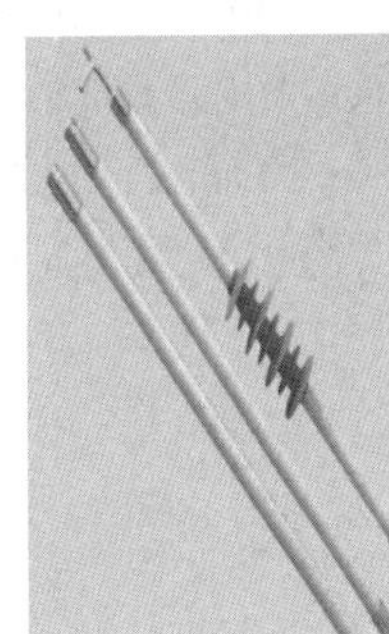
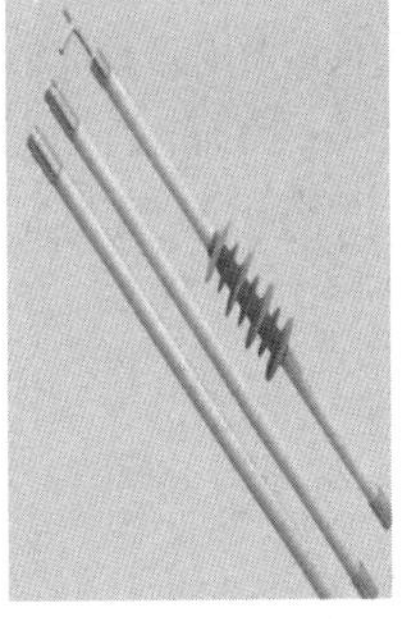

（a）灭火器　（b）消防钩　（c）绝缘棒　（d）防毒面具

图 15-2　消防及电气高压防护应急设备

2. 保养人员的准备

（1）新能源汽车保养作业人员应取得低压电工特种作业操作证，如图 15-3 所示。

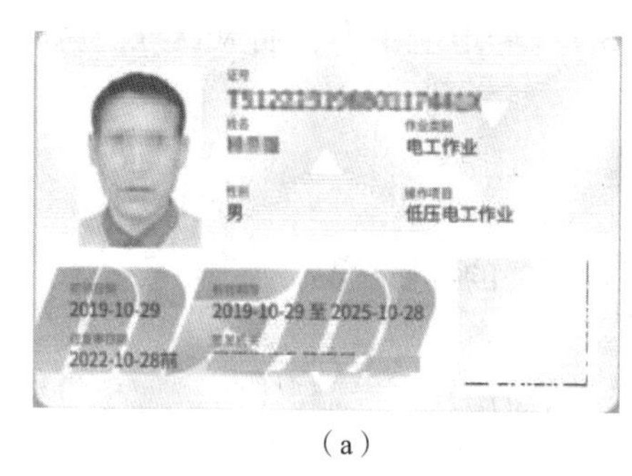

（a）

（b）

图 15-3　低压电工特种作业操作证

（2）新能源汽车保养作业中，应有不少于 2 人协同操作，保养作业人员应遵守电工安全操作规范。

（3）保养作业人员在进行新能源汽车保养作业时，应穿戴安全防护装备，使用具有绝缘防护功能的作业工具，不应佩戴金属饰品。安全防护装备包括：绝缘手套（耐压等级在 1000 V 以上）、绝缘鞋、护目镜、安全帽等。安全防护装备和作业工具应无破损，绝缘有效。

① 绝缘手套：绝缘手套又叫高压绝缘手套，是用绝缘橡胶或乳胶经压片、模压、硫化或浸模成型的五指手套，主要用于电工作业。绝缘手套是电力运行维护和检修试验中常用的安全工具和重要的绝缘防护装备，如图 15-4 所示。在使用绝缘手套前，保养作业人员必须对其进行充气检验，如发现有任何破损则不能使用。当保养作业人员进行作业时，应将衣服袖口套入绝缘手套筒口内，以防发生意外。

② 绝缘鞋：绝缘鞋是使用绝缘材质制造的一种安全鞋。电绝缘鞋的适用范围，实测电压 15 kV 以下的电绝缘皮鞋和布面电绝缘鞋，泄漏电流应小于 4.5 mA，绝缘鞋如图 15-5 所示。

③ 护目镜：护目镜是一种滤光镜，可以改变透过的光强和光谱，避免辐射光对眼睛造成伤害，作业中保护眼睛最有效和最常用的方法是戴护目镜。护目镜如图 15-6 所示。

④ 安全帽：当新能源汽车处于举升状态时，保养作业人员进行保养应戴好安全帽。使用安全帽前应检查其有无开裂或者损伤，有无明显变形，下颚带是否完好、牢固，佩戴时应调整并系好下颚带。安全帽如图 15-7 所示。

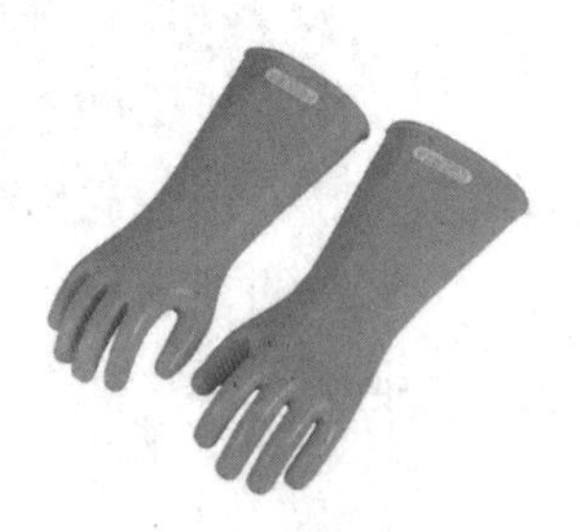

图 15-4　绝缘手套

图 15-5　绝缘鞋

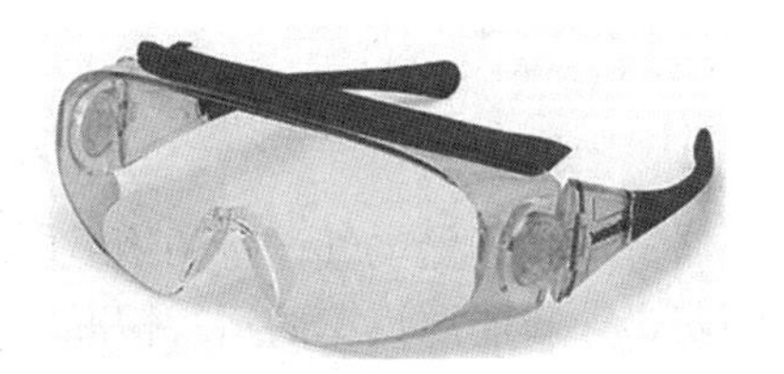

图 15-6　护目镜

图 15-7　安全帽

3. 保养工具和设备的准备

（1）诊断仪：在新能源汽车保养时，诊断仪主要用于复位指示灯、查看各个系统参数、清除故障码等作业中。诊断仪如图 15-8 所示。

（2）绝缘测试仪：绝缘测试仪是表征新能源汽车电气系统好坏的重要设备，如图 15-9 所示。高压线绝缘介质的老化或受潮等，均会导致高压电路和车辆底盘之间的绝缘性能下降。正负极引线通过绝缘层和底盘则会形成漏电电流回路，使底盘电位上升，进而危及乘车人员的人身安全。为了消除高压电对车辆和乘车人员的潜在人身威胁，保证新能源汽车电气系统的安全，保养作业人员在维修保养时需要使用绝缘测试仪检测新能源汽车。

图 15-8　诊断仪

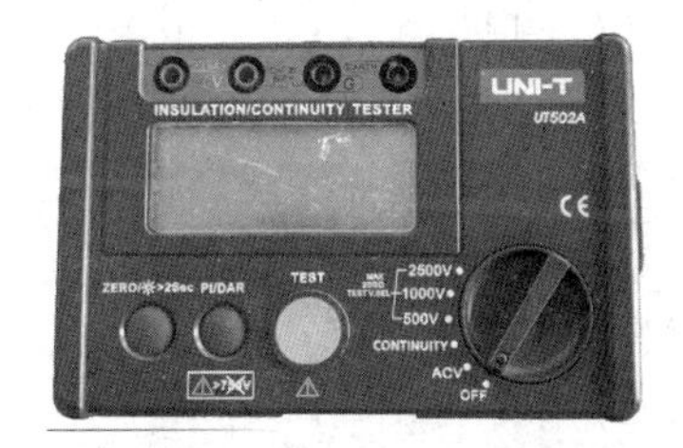

图 15-9　绝缘测试仪

（3）兆欧级电阻表：兆欧级电阻表，又叫摇表，是一种简便、常用的测量高电阻的直读式仪表，如图 15-10 所示。一般用来测量新能源汽车的电路、电机绕组、电缆、电气设备等的绝缘电阻，其测量单位为 MΩ。

（4）红外测温仪：温度异常往往是电气设备或机械设备发生故障的早期征兆，电气设备过热往往意味着短熔丝烧毁或过载。红外测温仪就是将物体发出的不可见红外线转变为可视化图像的仪器，如图 15-11 所示。

图 15-10　兆欧级电阻表

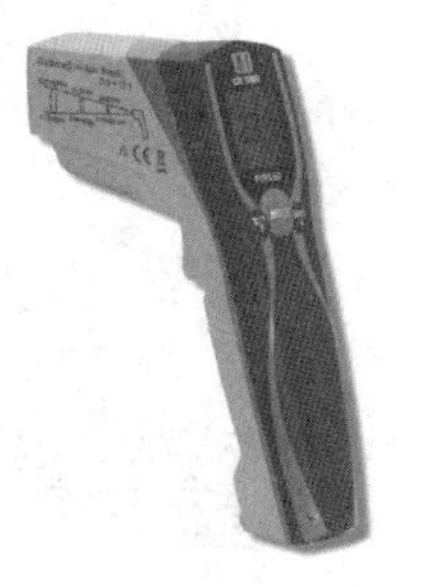

图 15-11　红外测温仪

二、新能源汽车保养设备的规范使用

1. 绝缘测试仪的规范使用

绝缘测试仪是一种常用的电器安全测试仪器，用于测量电气设备的绝缘电阻，以确保设备的绝缘性能符合要求，保障人员和设备的安全。新能源汽车的运行情况非常复杂，在运行过程中难免会出现部件和导线之间的摩擦、碰撞、挤压等情况，导致高压电路与车辆之间的绝缘性能下降。若是电源正负极通过绝缘层和底盘形成回路，则会造成漏电现象。因此，检测车辆底盘的绝缘性在汽车保养中极为重要。

（1）操作前的准备：

① 检查绝缘测试仪的外观是否完好，如有损坏或松动的部位需要进行维修或紧固。

② 检查绝缘测试仪的电源线和测试线是否完好，并确保其接地端正确连接。

③ 确保绝缘测试仪的电源开关处于关闭状态。

④ 准备好绝缘测试仪的使用说明书和技术资料，以备需要时参考。

（2）操作步骤：

以用绝缘测试仪检测吉利帝豪 EV450 高压母线的绝缘性为例。

① 正确连接绝缘测试仪的正负极导线，如图 15-12 所示。

② 把表的挡位调至 1000 V ，如图 15-13 所示。

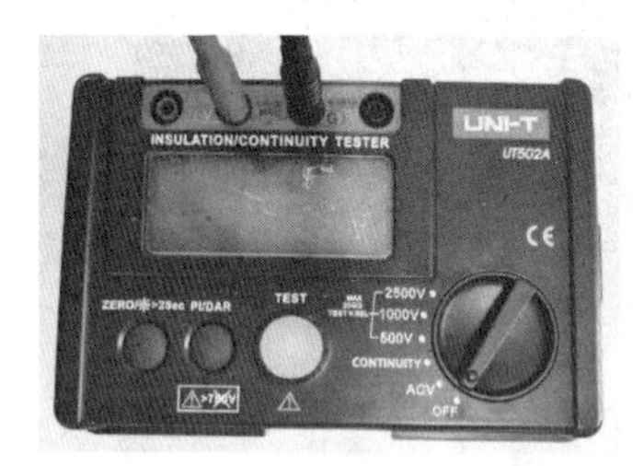

图 15-12　连接正负极导线

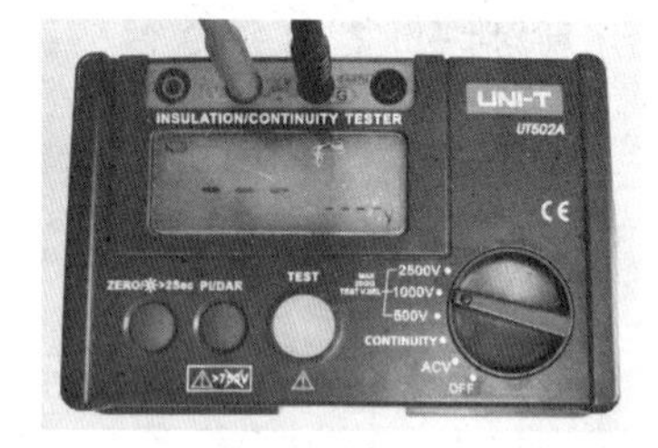

图 15-13　选择正确挡位（1000 V）

③ 用红色表笔连接吉利帝豪 EV450 的高压母线一个端子，用黑色表笔连接壳体，如图 15-14 所示。

图 15-14　测试高压母线

④ 测量完毕后，再用红色表笔测试高压母线的另一个端子。

⑤ 绝缘测试仪瞬间显示出 680 V 的电压测得的绝缘阻值是 5.5 GΩ，如图 15-15 所示。根据 1 V 电压的绝缘阻值应该大于 500 Ω，680 V 的电压，测得的绝缘阻值是 5.5 GΩ，远大于标准值，说明此高压母线绝缘。

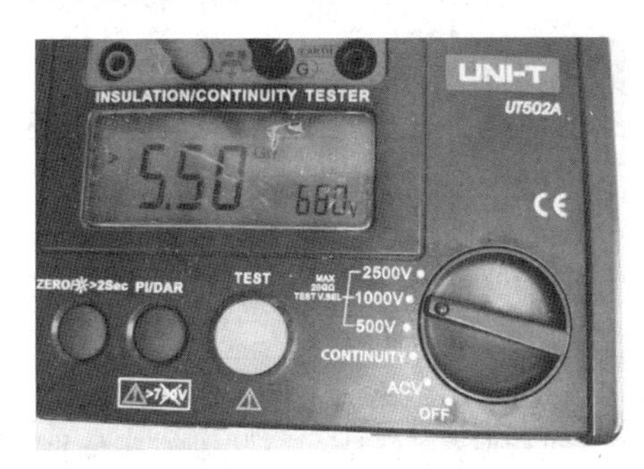

图 15-15　测试显示数值

⑥ 对绝缘测试仪进行清洁和保养。使用干净的软布擦拭仪器的外壳，并在存放之前对绝缘测试仪进行整理。

2. 兆欧级电阻表的规范使用

（1）准备工作。

① 根据被测设备的额定电压和额定电流选择合适量程范围的兆欧级电阻表。

② 检查兆欧级电阻表的外观是否完好无损，附件是否齐全。

③ 将兆欧级电阻表的电源线插入电源插座，并将另一端插入兆欧级电阻表的电源输入端。

④ 按下兆欧级电阻表的电源开关，观察表盘上的指针是否指示在零位。

（2）测量步骤。

① 将被测设备的电源断开，并将设备的电源线与兆欧级电阻表相连接。

② 将兆欧级电阻表的测量线与被测设备的绝缘部分相连接。

③ 观察兆欧级电阻表上的读数，并记录下来。

④ 保养作业人员在测量过程中，需要注意安全，不要触摸被测设备的带电部分和兆欧级电阻表的测量线。

（3）结束工作。

① 将被测设备的电源接通。

② 断开兆欧级电阻表的电源开关。

任务实施

☞ 任务准备

（1）安全防护装备：绝缘手套（耐压等级在 1000 V 以上）、绝缘鞋、护目镜、安全帽等。

（2）工具设备：吉利帝豪 EV450 汽车 1 辆、绝缘测试仪。

（3）辅助资料：卡片、记号笔、翻纸板。

☞ 实施步骤

（1）参观新能源汽车保养维修场地，注意观察场地内的各项安全设施和防火通道。

（2）实地演练电气高压防护应急设备的使用。

（3）根据查询到的信息，填写完成任务报告。

任务报告

<table>
<tr><td colspan="4" align="center">任务一　新能源汽车保养的准备</td></tr>
<tr><td>班级</td><td></td><td>姓名</td><td></td></tr>
<tr><td>组别</td><td></td><td>组长</td><td></td></tr>
<tr><td colspan="2">1. 接受任务（5分）</td><td colspan="2">得分</td></tr>
<tr><td colspan="4">保养作业人员在对新能源汽车进行保养维修时，应掌握保养工位的准备要求、掌握新能源汽车保养作业人员的准备要求，以及相关仪器设备的使用方法。请你利用教材、参考书及网络资源查找相关资料，并记录总结到以下报告中，并实际完成吉利帝豪EV450高压母线的绝缘检测。</td></tr>
<tr><td colspan="2">2. 信息收集（20分）</td><td colspan="2">得分：</td></tr>
<tr><td colspan="4">（1）新能源汽车保养作业应在专用场地进行，场地应________，________，垫好绝缘胶垫，防止________。
（2）安全防护装备应包括________、________、________、________等。
（3）________是一种常用的电器安全测试仪器，用于测量电气设备的绝缘电阻，以确保设备的绝缘性能符合要求，保证人员和设备的安全。
（4）诊断仪主要用于新能源汽车保养时，进行________，查看各个系统参数。
（5）温度异常往往是电气或机械设备发生故障的早期征兆，电气设备过热往往意味着________或________。</td></tr>
<tr><td colspan="2">3. 制订计划（15分）</td><td colspan="2">得分：</td></tr>
<tr><td colspan="4">请根据工作任务制订用绝缘测试仪检测吉利帝豪EV450高压母线绝缘性的工作计划。</td></tr>
<tr><td colspan="2">4. 计划实施（50分）</td><td colspan="2">得分：</td></tr>
<tr><td colspan="4">实施内容：检测吉利帝豪EV450高压母线的绝缘性。</td></tr>
</table>

序号	工作内容	负责人

序号	工作内容	分值	得分
1	正确连接正负极导线	10分	
2	选择正确挡位	10分	
3	测量高压母线一个端子	10分	
4	测量高压母线另一个端子	10分	
5	读取数值并分析	10分	

（续表）

5. 检查评价（10分）	得分：
请根据个人及小组成员在完成任务过程中的表现及工作结果进行自我评价和小组评价。 自我评价：________________________________。 小组评价：________________________________。	
任务总成绩：	

任务二　新能源汽车高压部件的安全操作

任务引导

工作人员在对新能源汽车开展保养作业前，应了解新能源汽车中的高压部件，掌握新能源汽车高压系统断电的方法，以保证人身安全，防止高压触电。

任务目标

◎ 知识目标

（1）了解新能源汽车的高压部件。

（2）掌握新能源汽车高压系统断电的方法。

◎ 能力目标

（1）能严格遵守安全规范，保证人员人身安全。

（2）操作流程正确规范。

（3）严格执行工作现场8S管理。

◎ 素质目标

（1）培养学生安全保养的意识。

（2）培养学生独立学习的能力。

任务资讯

一、认识新能源汽车中的高压部件

新能源汽车高压系统主要由交流充电口、高压线束、高压配电盒、逆变器、电机、电动空调、直流充电口、充电器、DC/DC（将高压直流电转为低压直流电）、风暖PTC（正温度系数电阻）、水暖PTC（正温度系数电阻）和动力电池组成，以上部件在车上的位置如图15-16所示。

新能源汽车高压系统驱动电流路线是：由动力电池流经高压控制盒、电机控制器，最后到驱动电机。新能源汽车充电路线是：由交流充电口（慢充口）流经车载充电机、高压控制盒，最后到动力电池。如果用直流充电（快充），则由直流充电口（快充口）流经高压控制盒，最后到动力电池。在踩刹车时，高压系统进行能量回收，驱动电机通过电机

控制器、高压控制盒，给动力电池充电；动力电池通过高压控制盒给空调压缩机和 PTC 加热器供电。新能源汽车高压系统组成如图 15-17 所示。

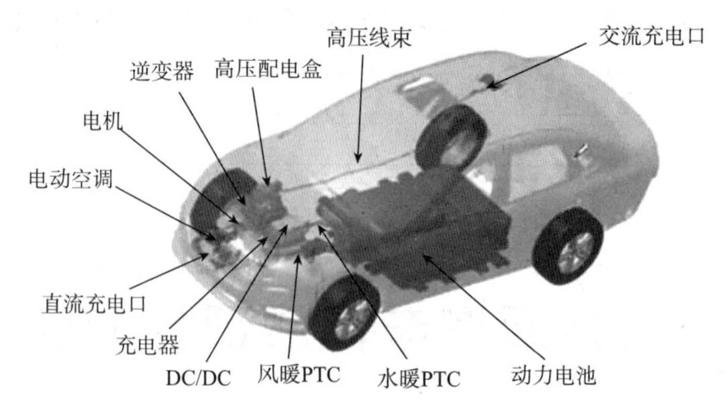

图 15-16　新能源汽车高压系统组成

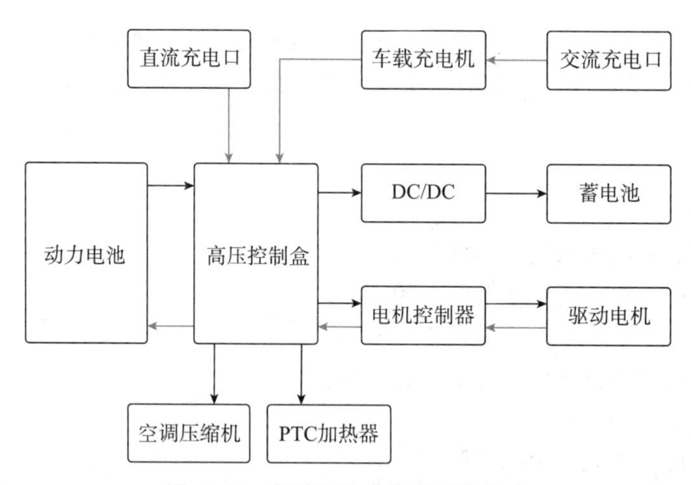

图 15-17　新能源汽车高压系统组成

二、高压系统断电

新能源汽车包含一组密闭的高电压动力电池。在车辆保养过程中，禁止任何人员在车辆未完全断电的情况下对车辆进行维修，并禁止触碰高压部件。严禁私自拆卸车内高压部件，严禁私自拔下、断开车上高压接插件和线缆，否则会造成严重的电击伤害和车辆损坏。

1. 高压互锁装置

高压互锁装置主要由插座、插头、中间互锁端子组成，如图 15-18 所示。高压互锁装置分为外置式和内置式两种，如图 15-19 所示。高压互锁装置的设计目的如下。

（1）在高压上电前确保整车高压系统的完整性，使高压系统在一个封闭的环境下工作，以提高安全性。

（2）当整车在运行过程中高压系统回路断开或者完整性受到破坏时，需要启动高压互锁装置以进行安全防护。

（3）防止带电插拔高压连接器，避免给高压互锁端子造成拉弧损坏。

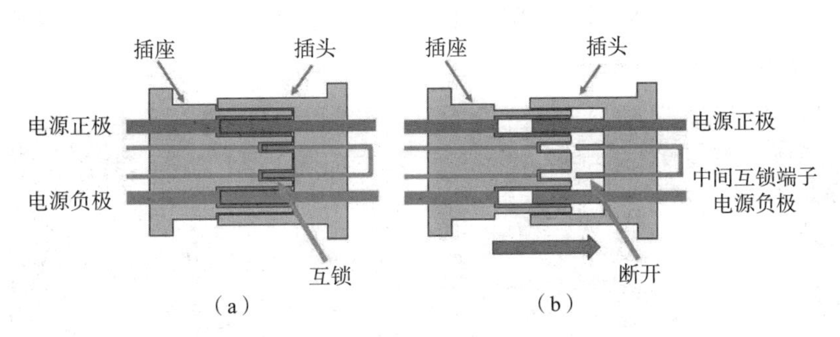

图 15-18　高压互锁装置的结构

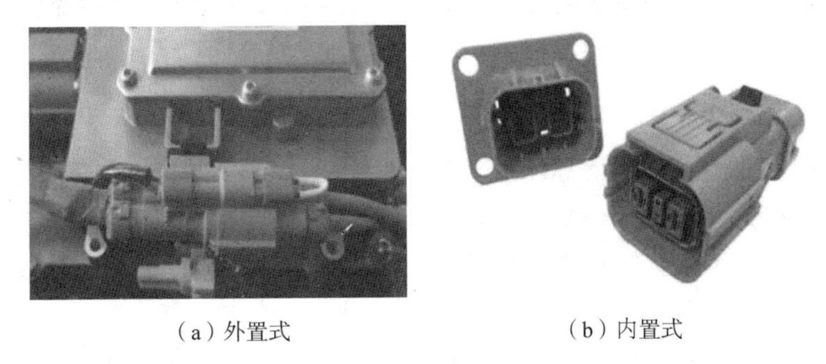

（a）外置式　　（b）内置式

图 15-19　高压互锁装置的类型

2. 高压系统断电的安全警告

根据人体伤害界限，人体接触电压的安全极限为：交流电压小于 25 V，直流电压小于 60 V。根据车辆制造标准，交流电压大于 30 V，直流电压大于 60 V。人体接触高压时，必须采取保护装置隔离人体，防止人体直接接触高压。因个体差异、接触环境等因素的不同，安全电压也有所不同。国家低压电工标准规定：1000 V 以下为低压电，1000 V 以上为高压电。在高压系统断电时，工作人员必须穿着安全防护用具。

3. 高压系统断电流程

（1）吉利帝豪 EV450 的高压断电流程如下。

① 关闭点火开关，取下钥匙。

② 工作人员戴好绝缘手套，拆卸蓄电池负极，如图 15-20 所示。

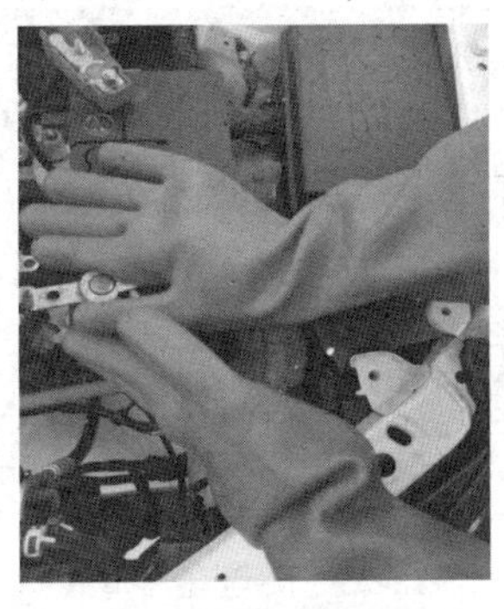

图 15-20　拆卸蓄电池负极

③ 验电。拔下高压母线。用万用表 1000 V 直流挡测量高压母线，测量数值为 0 V，表示高压系统断电。验电如图 15-21 所示。

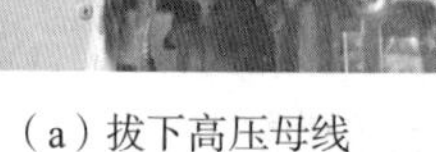

（a）拔下高压母线　　（b）测量高压母线

图 15-21　验电

（2）比亚迪 e5 的高压断电流程如下：

① 关闭点火开关，拆下蓄电池负极。

② 工作人员戴好绝缘手套，拔下维修开关（比亚迪 e5 的维修开关在驾驶室的手扶箱内），如图 15-22 所示。

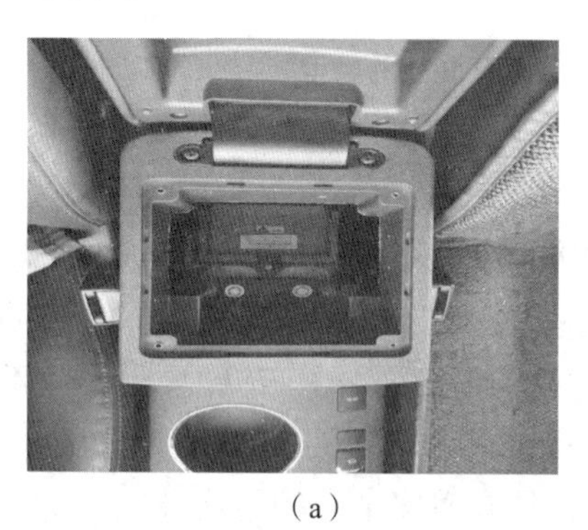
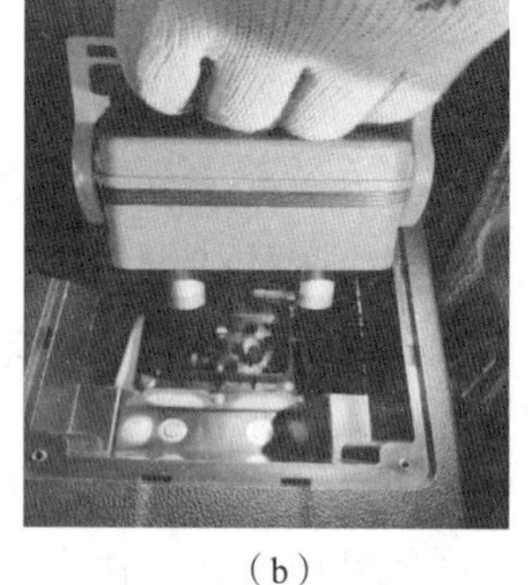

（a）　　（b）

图 15-22　拔下维修开关

③ 用万用表 1000 V 直流挡测量高压母线，测量数值为 0 V，表示高压系统断电，如图 15-23 所示。

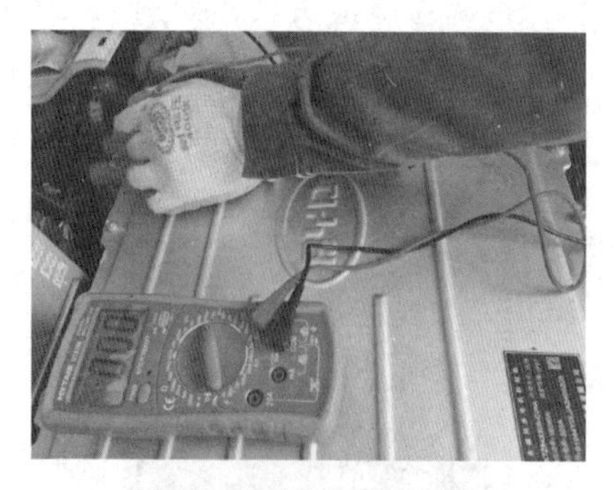

图 15-23　测量高压母线

任务实施

☞ 任务准备

（1）安全防护装备：绝缘手套（耐压等级在 1000 V 以上）、绝缘鞋、护目镜、安全帽等。

（2）工具设备：吉利帝豪 EV450 汽车 1 辆、万用表。

（3）辅助资料：卡片、记号笔、翻纸板。

☞ 实施步骤

（1）对新能源汽车进行实车观察，认知新能源汽车高压系统的组成部件。

（2）对吉利帝豪 EV450 汽车的高压母线进行拆装。

（3）使用万用表测量高压母线。

（4）根据查询到的信息，填写完成任务报告。

任务报告

<table>
<tr><td colspan="4">任务二　新能源汽车高压部件的安全操作</td></tr>
<tr><td>班级</td><td></td><td>姓名</td><td></td></tr>
<tr><td>组别</td><td></td><td>组长</td><td></td></tr>
<tr><td colspan="2">1. 接受任务（5 分）</td><td colspan="2">得分：</td></tr>
<tr><td colspan="4">新能源汽车在保养维修时，需要进行高压断电，以确保工作人员在保养维修过程中的安全。请利用教材、参考书及网络资源查找相关资料，记录总结到以下报告中，并实际完成吉利帝豪 EV450 的高压断电流程。</td></tr>
<tr><td colspan="2">2. 信息收集（20 分）</td><td colspan="2">得分：</td></tr>
<tr><td colspan="4">（1）新能源汽车电源系统由________、________、________、________组成。
（2）新能源汽车高压系统主要由__________、__________、__________、__________、电机、电动空调、直流充电口、充电器等组成。
（3）高压互锁装置主要由插座、插头、中间________组成，高压互锁装置分为________和外置式。
（4）根据人体伤害界限，人接触电压的安全极限为：交流电压小于________，直流电压小于________。</td></tr>
<tr><td colspan="2">3. 制订计划（15 分）</td><td colspan="2">得分：</td></tr>
<tr><td colspan="4">请根据任务要求制订吉利帝豪 EV450 高压断电的工作计划。</td></tr>
</table>

序号	工作内容	负责人

（续表）

<table>
<tr><td colspan="3">4. 计划实施（50 分）</td><td>得分：</td></tr>
<tr><td colspan="4">实施内容：吉利帝豪 EV450 高压断电的流程。
<table>
<tr><td>序号</td><td>工作内容</td><td>分值</td><td>得分</td></tr>
<tr><td>1</td><td>关闭点火开关，取下钥匙</td><td>10 分</td><td></td></tr>
<tr><td>2</td><td>戴好绝缘手套</td><td>10 分</td><td></td></tr>
<tr><td>3</td><td>拆卸蓄电池负极</td><td>10 分</td><td></td></tr>
<tr><td>4</td><td>拔下高压母线</td><td>10 分</td><td></td></tr>
<tr><td>5</td><td>用万用表测量高压母线，并读取数值</td><td>10 分</td><td></td></tr>
</table>
</td></tr>
<tr><td colspan="3">5. 检查评价（10 分）</td><td>得分：</td></tr>
<tr><td colspan="4">请根据个人及小组成员在完成任务过程中的表现及工作结果进行自我评价和小组评价。
自我评价：____。
小组评价：____。</td></tr>
<tr><td colspan="4">任务总成绩：</td></tr>
</table>

任务三　新能源汽车动力电池的认知与保养

任务引导

动力电池作为新能源汽车的核心部件，其性能好坏直接关系到整车的使用，动力电池的日常检查和保养对于发现故障、消除隐患起到了重要作用。本任务主要介绍动力电池的分类、组成及保养流程。

任务目标

◎ **知识目标**

（1）了解动力电池的分类。

（2）掌握动力电池的检查与保养流程。

◎ **能力目标**

（1）能严格遵守安全规范，保证人员人身安全。

（2）操作流程正确规范。

（3）严格执行工作现场的 8S 管理。

◎ **素质目标**

（1）培养学生安全保养的意识。

（2）培养学生独立学习的能力。

任务资讯

一、动力电池的分类

动力电池主要分为化学电池、物理电池（飞轮电池、电容电池）、生物电池（微生物电池、酶电池、生物太阳能电池）。其中化学电池最为常用，主要有AGM蓄电池、镍氢电池、锂电池、铅酸电池、燃料电池、镍铬电池等。下面主要介绍前三种电池。

1. AGM蓄电池

AGM蓄电池多用于带自动启停系统的汽车。与传统的铅酸电池相比，AGM蓄电池具有优异的循环性能和充电接受能力，使用寿命比普通铅酸电池长。AGM蓄电池使用七八年不会有任何问题。这种电池适用于具有发动机启停技术的车辆，也适用于电子系统较多的车辆。

2. 镍氢电池

镍氢电池的正极是氢氧化镍，负极是储氢合金，用氢氧化钾作为电解质。在正负极之间有隔膜，共同组成镍氢电池单体。在金属铂的催化作用下，可以完成充电和放电可逆反应。

镍氢电池的特点如下：

(1) 加速性能好，续航里程长。

(2) 对环境无污染。

(3) 快速充电时间短。

(4) 基本无记忆效应。

(5) 充电过程容易发热。

(6) 高温会加速正极板的氧化。

3. 锂电池

锂电池分多种材料，目前市场上常见的有钴酸锂、锰酸锂、磷酸铁锂、三元锂电池四种。

锂电池的特点如下：

(1) 能量比高，可达500 W · h/kg。

(2) 寿命长，有的已突破万次。

(3) 电池单体工作电压较高。

(4) 自放电低，每月不到1%。

(5) 无污染，电池中无有害物质。

(6) 无记忆效应。

(7) 使用安全，不易爆炸。

二、动力电池的常用术语

1. 电压

(1) 端电压是指蓄电池正极和负极之间的电位差，端电压又分为开路电压和放电

电压。

（2）额定电压是指电化学体系的电池工作时公认的标准电压。各种电池的额定电压如表 15-1 所示。

（3）终止电压是指放电终止时的电压值。

表 15-1　各种电池的额定电压

类型	电池单体额定电压
铅酸电池	2.1 V
镍镉电池	1.2 V
镍氢电池	1.2 V
锰酸锂电池	3.7 V
钴酸锂电池	3.6 V
磷酸锂电池	3.2 V

2. 容量

容量是指电池在充足电以后，一定的放电条件下能释放的电能，单位为安 · 时（A · h）。

3. 电池的能量

电池的能量是指在一定的放电制度下，电池能输出的电能，单位通常为瓦 · 时（W · h）。

4. 荷电状态

电池荷电状态（State of Charge）描述了电池的剩余电量，是电池使用过程中最重要的参数之一，此参数与电池的充放电历史和充放电电流大小有关。与燃油车相比，荷电状态类似于燃油车油量表的指针读数。

荷电状态值是一个相对量，一般用百分比的形式表示，取值范围为 0%～100%。目前较常见的是从容量角度定义荷电状态。动力电池的充放电过程是一个复杂的电化学变化过程，电池剩余电量受动力电池的基本特征参数和动力电池使用特性等因素的影响，这使得电池组荷电状态的测定非常困难。目前关于电池组荷电状态的研究，较简单的方法是将电池组等效为一个电池单体，通过测量电池组的电流、电压等内外界因素，找出荷电状态与这些参数的关系，进而间接地测试电池的荷电状态值。

5. 使用寿命

使用寿命是指电池实际使用时间的长短。通常充放电循环寿命是衡量二次电池性能的一个重要参数，锂电池通常为 600～1000 次。二次电池的充放电循环寿命与放电深度、温度、充放电制式等条件有关，减少放电深度可以大大延长电池使用寿命。

三、动力电池的组成及保养

1. 动力电池组成

动力电池主要由电池包总成（包括电芯、电池模组、电池组，见图 15-24）、CSC 采集系统、电池控制单元（BMU）、电池高压分配单元（B-BOX）等部件组成。

（1）电池模组是指将一个以上电池单体按照串联、并联或串并联方式组合，且只有

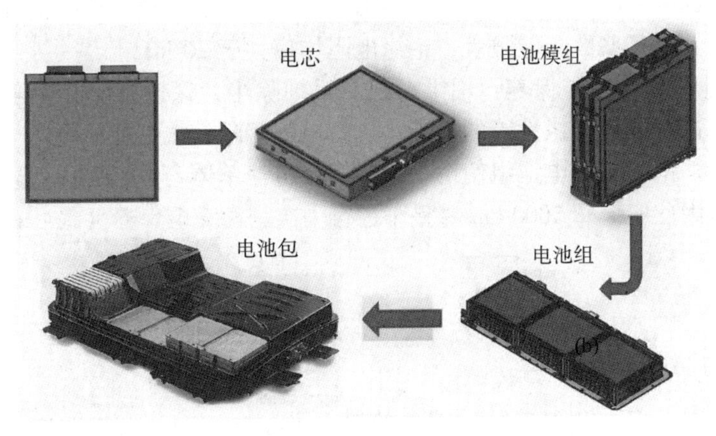

图 15-24　电池包总成

一对正负极输出端子作为电源使用的组合体。其中电池单体是指直接将化学能转化为电能的基本单元装置，包括电极、隔膜、电解质、外壳和端子，并被设计成具有可充电的功能。

（2）CSC 采集系统：每一个电池单元有多个 CSC 采集系统，以监测其中每个电池单体或电池组的电压、温度信息。CSC 采集系统将相关信息上报至电池控制单元，并根据电池控制单元的指令执行电池单体电压均衡。

（3）电池控制单元：电池控制单元安装于动力电池总成内部，是电池管理系统的核心部件，电池控制单元将电池单体的电压、电流、温度及整车高压绝缘等信息上报至整车控制器，并根据整车控制器的指令完成对动力电池的控制。

（4）电池高压分配单元：电池高压分配单元安装在动力电池总成的正负极输出端，由高压正极继电器、高压负极继电器、预充继电器、电流传感器和预充电阻等组成。

（5）直流母线：直流母线位于前副车架上部，断开 12 V 蓄电池正负电缆，等待 5 min 后，举升车辆，拔下直流母线，连接充电机端插件。在检查和维护高压零部件前，断开直流母线可以确保切断高压。

2. 动力电池的保养

（1）动力电池的检查流程。

① 将汽车停好，拉起手刹，用三角铁塞住车轮，戴好高压绝缘手套，断开高压维修开关。

② 检查外壳螺丝，动力线束。

③ 使用绝缘工具检查动力电池外壳螺丝紧固情况。

④ 戴绝缘手套检查动力线束接头有无松动、灼烧等情况。

（2）动力电池的保养操作步骤。

① 高压控制盒的检查保养：确保配电箱固定螺栓连接牢固，无松动，减震垫完好无破损，外壳接地线端头无锈蚀、固栓牢固无松动；确保外部接线牢固，无松动，线束自带保护罩安装到位；用干布或鸡毛掸除尘，保持高压控制盒干燥、干净；高压控制盒内部各

部位接线桩铜排的连接紧固，无松动，清除接线桩表面的氧化物；保证线束捆扎牢靠，无破损及刮擦；内部各保险电阻值正确，连接部位无明显锈蚀痕迹；检测铜排对底盘的绝缘电阻，测量使用 500 V 兆欧级电阻表，绝缘电阻均应大于 20 MΩ。

② 动力电池舱的检查与保养：用干布或鸡毛掸除尘，保持干燥、干净；保持电池箱体清洁、密封，进行电池绝缘性能的检测；进行电池管理系统性能的检测与精度校正；电池模块均衡充电。由于动力电池组使用一段时间后电池单体容量会有所差异，进而影响电池组的总容量，因此应该每 5000 km 对整车进行一次均衡充电保养（最好在电量快耗尽时保养）。

任务实施

☞ 任务准备

（1）安全防护装备：绝缘手套（耐压等级在 1000 V 以上）、绝缘鞋、护目镜、安全帽等。

（2）工具设备：吉利帝豪 EV450 汽车 1 辆、万用表、干布或鸡毛掸、兆欧级电阻表。

（3）辅助资料：卡片、记号笔、翻纸板。

☞ 实施步骤

（1）新能源汽车的实车观察，认知动力电池的组成部件。

（2）对动力电池进行保养。

（3）根据查询到的信息，填写完成任务报告。

任务报告

<table>
<tr><th colspan="4">任务三　新能源汽车动力电池的认知与保养</th></tr>
<tr><td>班级</td><td></td><td>姓名</td><td></td></tr>
<tr><td>组别</td><td></td><td>组长</td><td></td></tr>
<tr><td colspan="2">1. 接受任务（5 分）</td><td colspan="2">得分：</td></tr>
<tr><td colspan="4">新能源汽车在保养维修时，需要进行动力电池的检查与保养，作为工作人员，必须了解动力电池的各个部件，并熟悉电池的检查与保养步骤。请利用教材、参考书及网络资源查找相关资料，记录总结到报告中，并实际完成吉利帝豪 EV450 的电池的检查与保养。</td></tr>
<tr><td colspan="2">2. 信息收集（20 分）</td><td colspan="2">得分：</td></tr>
<tr><td colspan="4">（1）化学电池主要有 AGM 蓄电池、________、________、铅酸电池、燃料电池、________组成。
（2）______________________是指电池工作时公认的标准电压。
（3）________描述了电池的剩余电量，是电池使用过程中最重要的参数之一，此参数与电池的充放电历史和充放电电流大小有关。
（4）动力电池主要由电池包总成（电芯、模组、电池组）、______________、______________、电池高压分配单元等部件
（5）________安装于动力电池总成内部，是电池管理系统核心部件，其将电池单体的电压、电流、温度及整车高压绝缘等信息上报整车控制器，并根据整车控制器的指令完成对动力电池的控制。</td></tr>
</table>

（续表）

<table>
<tr><td colspan="4">3. 制订计划（15分）</td><td>得分：</td></tr>
<tr><td colspan="5">请根据任务要求制订高压控制盒的检查保养工作计划。</td></tr>
</table>

序号	工作内容	负责人

<table>
<tr><td>4. 计划实施（50分）</td><td>得分：</td></tr>
<tr><td colspan="2">实施内容：高压控制盒的检查与保养流程。</td></tr>
</table>

序号	工作内容	分值	得分
1	检查配电箱固定螺栓、减震垫、外壳接地线端头情况	10分	
2	检查外部接线、线束自带保护罩安装情况	10分	
3	用干布或鸡毛掸除尘，清除接线桩表面的氧化物	10分	
4	用万用表检查内部各保险电阻值	10分	
5	使用500 V兆欧级电阻表，测量绝缘电阻	10分	

<table>
<tr><td>5. 检查评价（10分）</td><td>得分：</td></tr>
<tr><td colspan="2">请根据个人及小组成员在完成任务过程中的表现及工作结果进行自我评价和小组评价。
自我评价：____。
小组评价：____。</td></tr>
<tr><td colspan="2">任务总成绩：</td></tr>
</table>